生产网络与区域创新论丛

丛书主编 曾 刚

跨界产业集群之间
合作网络研究

——以上海张江与台湾新竹IC产业为例

张云伟 著

经济科学出版社

图书在版编目（CIP）数据

跨界产业集群之间合作网络研究：以上海张江与台湾新竹 IC 产业为例/张云伟著．—北京：经济科学出版社，2016.2
（生产网络与区域创新论丛）
ISBN 978 - 7 - 5141 - 6631 - 6

Ⅰ.①跨…　Ⅱ.①张…　Ⅲ.①文化产业 - 产业发展 - 研究 - 中国　Ⅳ.①G124

中国版本图书馆 CIP 数据核字（2016）第 038850 号

责任编辑：王长廷　刘　莎
责任校对：王苗苗
责任印制：邱　天

跨界产业集群之间合作网络研究
——以上海张江与台湾新竹 IC 产业为例
张云伟　著
经济科学出版社出版、发行　新华书店经销
社址：北京市海淀区阜成路甲 28 号　邮编：100142
总编部电话：010 - 88191217　发行部电话：010 - 88191522
网址：www. esp. com. cn
电子邮件：esp@ esp. com. cn
天猫网店：经济科学出版社旗舰店
网址：http://jjkxcbs. tmall. com
北京密兴印刷有限公司印装
710 × 1000　16 开　13.25 印张　250000 字
2016 年 2 月第 1 版　2016 年 2 月第 1 次印刷
ISBN 978 - 7 - 5141 - 6631 - 6　定价：58.00 元
（图书出现印装问题，本社负责调换。电话：010 - 88191502）
（版权所有　侵权必究　举报电话：010 - 88191586
电子邮箱：dbts@ esp. com. cn）

总　序

　　2011 年，美国著名经济学家杰里米·里夫金（Jeremy Rifkin）在其著作《第三次工业革命》中提到第三次工业革命的特征及对生产生活的重大影响。2012 年 4 月，英国《经济学人》杂志刊发的《制造：第三次工业革命》对生产方式的变革进行了详细的阐述。随着云计算技术、通信技术的革命性突破，原材料、劳动力、资金等生产成本因子不再是决定区域国际竞争力的关键因子，而知识、信息和人才等创新因子地位快速跃升，传统生产区位被区域创新系统所超越。福特制生产方式在很大程度上已被柔性生产方式所取代，通畅、高效的网络成为企业获取知识和信息的重要来源，区内创新网络合作成为区域提升核心竞争力的重要途径。第三次产业革命极大地改变了人类的生产和生活方式。彼得·迪肯（Dicken Peter）在其著作《全球性转变》中描述全球化与地方化的关系时指出："全球化并非某种不可避免的终结状态，而是一组复杂、不确定的过程，很不均衡地发生在时空之中。由于这些过程，世界不同部分相互联系的本质和程度一直处于变动之中。"因此，生产网络的知识、人才、信息等创新要素的区域流动过程及其与区域创新系统的相互作用关系，也就成为社会各界特别是与区域经济有关的科研、管理、经营人员非常关注的问题。

　　受第三次工业革命的影响，全球化和地方化这两种力量交互作用，塑造了全球经济格局。在高度全球化的世界里，经济马赛克相互依赖、共同发展。自 20 世纪 80 年代以来，区域经济学家、经济地理学家对全球经济网络、地方内生发展进行了深入研究，出现了曼彻斯特学派（代表人物为 Peter Dicken 等）、集群战略学派（代表人物为 Michael Porter 等）、加州学派（代表人物为 Allen Scott 等）、欧洲创新环境学派（代表人物为 Philip Cooke 等）、关系经济学派（代表人物为 Harald Bathelt 等）。回眸国内，改革开放以来，我国经济取得了举世瞩目的成就，国际影响力快速上升，研究中国经济发展问题的论文著作同步大幅增加，"中国热"正在升温。然而，尽管国内学术界已经基本完成了对西方学者研究成果的翻译引进，部分学者特别是部分海外华人学者已经开始结合中国国情、中国案例对西方学者的观点进行商榷讨论，但跟随、附庸西方主流区域经济学、经济地理学理论的风气并未根本改变，与"中国学"兴起的时代要求和发展趋势有一段不短的距离。事实上，由于我国文化传统、政治制度、市场环境、发展水平与西方有很大的不同，中国经济发展之路、中国经济活动的目标、空间过程、组织、机理必然会呈现一些新的规律，迫切需要我们紧密结合中国国情，关注新时期全球经济网络联系的新特点，开展深入的实证分析和系统的理论创新，为"中国学派"的创立和发展贡献自己的力量。

华东师范大学人文经济地理学发展历史悠久。其发端始于 1953 年浙江大学地理学整建制迁入华东师范大学之际。20 世纪 80 年代初，华东师范大学人文地理学被批准为我国第一批博士点和硕士点，成为国内第一批开展区域经济学、人文地理学高层人才培养的单位。2007 年，华东师范大学人文地理学科被批准为国家重点学科和上海市重点学科，成为国家一级重点学科地理学的核心力量。拥有教育部人文社会科学重点研究基地华东师范大学中国现代城市研究中心、教育部战略研究基地华东师范大学科技创新与发展战略研究中心、上海发展战略研究所华东师范大学俞立中工作室 3 个省部级研究基地，成为国内最重要的人文经济地理研究基地之一。不仅拥有胡焕庸、李春芬、程潞、杨万钟等一批国内外知名的人文经济地理前辈，而且拥有刘君德、曾刚、杜德斌、宁越敏、谷人旭、吴永兴、丁金宏等一大批在国内外人文和经济地理学界有重要影响的当代学者，在经济地理与区域创新、城市地理与城市经济、世界地理与跨国公司、政治地理与行政区划、人口地理与城乡关系等领域，取得了一批具有重要影响的创新性研究成果。

本套丛书秉承理论创新与案例剖析相结合、全球态势与中国特色相结合、理论继承与理论创新相结合的原则，从网络权力、技术扩散、全球生产网络、区域创新系统、产业集群等视角出发，系统地论述了全球生产网络与区域创新发展、企业区位与产业集群演化、区域创新管理和区域创新环境建设之间的关系，不仅为海内外经济学、地理学、管理学、政治学等学科领域的研究人员提供参考，同时也为从事区域创新和企业管理的相关政府工作人员、企业家、行业协会工作人员提供借鉴。然而，由于主客观条件的制约，本套丛书必然存在一些问题，欢迎读者批评指正。

在本套丛书的撰写、出版过程中，国内外学术界同仁、相关政府管理人员、企业家给予了大力支持，经济科学出版社的王长廷主任、袁溦、刘莎等编辑为本套丛书的顺利出版付出了艰辛的劳动，特此致谢！

华东师范大学终身教授、城市与区域规划研究院院长 曾刚
2014 年 11 月于华东师大丽娃河畔

前言

　　随着第三次科技革命的来临与经济全球化的深入，交通与通信技术日新月异，资源的跨区域流动性空前加大。以大型跨国公司为主导的全球生产网络成为新时期重要的经济现象，不少中小型企业也将其研发、生产嵌入全球生产网络之中。受其影响，产业集群的开放性特征越来越明显，资本、技术、人才等创新资源在不同产业集群之间的交流更加频繁，不同产业集群之间的联系越来越密切。不同经济体产业集群之间相互联系成为新时期全球经济空间组织的一道风景线，其对全球经济发展的推动作用越来越大。因此，分析不同产业集群之间合作的前提条件、合作机制、演化机理等具有重要的理论与应用价值。

　　本书以华东师范大学曾刚教授主持的教育部人文社科基金项目"网络权力与企业空间行为、企业创新"、国家社科基金重大项目"加快推进生态文明建设研究"、上海市政府决策咨询研究项目"构建浦东开放型创新体系"、上海市软科学重点项目"基于长江经济带发展战略的长三角科技创新合作研究"、上海市科技发展基金软科学重点项目"张江建成世界一流高新区的发展思路与策略研究"等研究课题及上海社科院林兰主持的国家自然科学基金面上项目"层级式产业集群内部技术权力突破与创新升级研究"为支撑，在 2010 年至 2015 年的时间内对张江高科技园区内 20 多家集成电路企业及上海半导体协会、上海市集成电路协会、张江集团等部门进行了 30 多次访谈和调研，为本书顺利完成奠定了扎实的基础。

从网络的空间范围来看，经济地理学者比较关注以地方网络为主的产业集群理论和以全球联系为主的全球生产网络两大理论流派。艾伦·斯科特等（Allen Scott et al.）产业集群论者对产业集群的概念及内涵、组成结构、合作机制、类型、演化机理等内容进行了系统研究。近年来，哈罗德·巴泽尔等（Harald Bathelt et al.）部分学者也开始重视外部联系对于产业集群发展的重要性，关注产业集群外部联系机制及其影响。彼得·迪肯等（Peter Dicken et al.）全球生产网络论者则主要分析了全球生产网络的内涵、结构、治理机制、跨国公司与国家制度的相互作用等，以跨国公司为主要研究对象，分析了经济全球化的现象，强调资本、技术、人才的全球扩散及地方制度响应。然而，无论是新区域主义者提出的产业集群理论，还是贸易理论演化而来的全球生产网络理论都无法解释位于不同经济体产业集群之间合作的经济空间组织现象，更没有解释这种跨界产业集群之间合作联系的机理和过程。本书在借鉴产业集群、全球生产网络理论的基础上，构建了超越产业集群和全球生产网络理论的全新分析框架，系统阐述了跨界产业集群之间合作网络的概念及内涵、发生机制、前提条件、制约因子、组成结构、合作机制与演化机理等。并在实地调研的基础上，对张江与新竹集成电路产业集群之间合作网络进行了实证分析。

在本书中，笔者首先论述了全球与地方的经济空间组织关系。斯科特的产业集群理论、迪肯的全球生产网络理论是经济地理学重要的两个理论学说。产业集群理论主要强调地方性，关注一定区域内微观主体之间联系对区域经济发展的作用。全球生产网络则主要强调了全球性，关注跨国企业的全球生产布局、相互之间的功能联系及与地方的关系。随着全球化的深入，跨国投资规模越来越大，国际间的人才流动越来越频繁，不同经济体产业集群之间的联系越来越密切。单个产业集群不再是封闭式的独立发展，而是深深地嵌入全球生产网络之中。不同经济区产业集群之间的互利合作成为全球经济的重要形式之一。然而，现有的产业集群理论、全球生产网

生产网络与区域创新论丛

络理论却对这种跨界产业集群之间合作经济现象关注不够。本书首次较为系统地论述了除产业集群、全球生产网络以外的第三大空间体系。本着继承与创新相结合的原则，搭建了超越产业集群与全球生产网络理论的跨界产业集群之间合作网络的分析框架，解释了不同经济区产业集群之间合作的经济现象，在一定程度上深化了经济地理学关于生产网络的认识，推动了经济地理学的理论创新。

其次，笔者修正了区域合作中的错位竞争理论。不少经济地理学者认为，错位竞争是区域之间合作共赢的基本策略，不同区域之间发展不同的主导产业会有利于区域之间进行合作发展，减少恶性竞争，从而提升资源的整体利用效率。然而，笔者认为，错位竞争并不一定会促进区域之间的合作发展，也可能会制约区域合作的形成。错位竞争并不一定能够成为区域合作的前提条件，相似的产业基础才是区域合作的前提条件。这在一定程度上修正了区域经济合作中的错位竞争理论。

再次，笔者重新审视了地方部门在区域合作中的作用。不少经济地理学者认为，地方部门之间相互配合是区际合作的基础和前提。无论是产业转移，还是区域战略合作，地方部门之间的合作不可或缺。然而，上海张江与台湾新竹 IC 产业集群之间的合作实践表明，地方政府与当局各部门之间的合作有利于跨界集群之间的经济合作，但不是前提条件。企业是区域跨界合作的主体，在区域合作过程中起着主导作用，通过行业协会之间的联合行动，同祖同宗的中华文化可以弥补地方部门之间合作不足留下的空缺。

最后，笔者重新阐述了距离在经济地理学中的意义。区位论等传统经济地理学理论认为，距离长短与跨界区际合作成反比。距离通过阻碍资源及信息的交流，增加企业之间交易的交通成本等方式而损害区域合作。只有距离较近的区域之间才容易发生合作关系，相距较远的区域之间很难形成合作关系。然而，笔者再次证明，地理临近并不是决定区域合作的关键要素，不同的区域可以借助组织临近、关系临近，搭建跨界产业集群之间密切的互动合作关系。

在本书的编写过程中，华东师范大学、上海社会科学院、复旦大学、同济大学等单位的专家给予了指导和帮助，上海市政府发展研究中心上海发展战略研究所与张江集团等单位给予了大力支持，经济科学出版社的王长廷主任、刘莎老师等为本书的出版付出了辛勤的劳动，在此一并感谢。不足之处，敬请批评指正！

张云伟

2015 年 12 月

生产网络与区域创新论丛

目　　　录

第 1 章

跨界产业集群之间合作
网络提出的时代背景

跨界产业集群之间合作网络的出现具有非常明显的时代特征。第一，全球化、信息化与贸易自由化丰富了全球生产组织网络。在全球化不断深入的情况下，全球生产组织网络更加复杂，全球各地企业之间的上下游联系愈加频繁。第三次科技革命通过缩短各类要素在全球移动的时间距离，弱化空间距离对于生产组织的影响，强化全球化在全球经济组织体系中的作用，使得全球各地联系更加频繁。同时，贸易自由化发展趋势与跨国企业全球战略将全球经济紧紧联系在一起。第二，随着交通方式、制度的改善，全球各地区对于人才争夺更加激烈，全球人才流动也更加频繁。第三，随着投资贸易规则愈加明确，跨国投资迅猛增长，吸引外资成为各国推动区域经济发展的重要手段。在此背景下，跨界产业集群之间合作网络成为新时代背景下全球经济空间组织的基本单元。

在全球化不断深入、人才全球流动愈加频繁、跨国投资更加丰富的背景下，亚洲一些国家或地区通过后发优势战略，在不断嵌入全球生产网络的同时推动全球经济重心东移。一些国家通过经济转型及开放政策迎接经济全球化发展趋势，通过政策制度不断变化强化本区域与外部区域之间的联系。高科技园区是亚洲各国政策转变与经济转型的集中体现，是嵌入全球生产网络中的关键节点，也是各国顺应全球化趋势整合全球发展要素的重点区域。最终，全球各国主要高科技园之间形成相互联系，密切协作的关系。作为当前发展最为强劲的高新技术产业之一——集成电路产业，已经形成全球密切联系的合作网络，尤其是聚集在各个科技园区的企业相互之间构建广泛联系。在全球经济重心东移的大环境下，中国大陆及台湾地区成为全球集成电路产业最为重要的区域，深深嵌入集成电路全球生产网络中。同时，位于中国大陆与中国台湾地区科技园区内的集成电路产业集群，通过各种联系建立广泛的联系，推动着中国集成电路产业的快速发展。

1.1 全球化与信息化强化全球生产组织链接

1.1.1 全球化不断深入强化跨区域上下游联动发展

随着经济全球化的深入，跨国公司为降低成本和开拓新市场在世界各地建立分支机构，促使上下游配套企业重新布局并建立跨区域全球链接关系，从而将全球各地的产业集聚区连接起来，形成了跨界合作网络。这种跨国企业全球投资导致创新资源跨界流动的现象在高新技术产业尤为明显。高技术产业发达的区域往往离不开创新资源的全球流动，如美国硅谷、英国剑桥、德国巴登—符腾堡、日本筑波、韩国大德研究开发特区、我国上海张江和北京中关村、我国台湾新竹科学工业园等地（廖建锋等，2004；汤继强，2008；浩然，2012；长城企业战略研究所，2006；王伟、章胜晖，2011）。这些区域的创新来源并不局限于本地，与外部通道具有重要关系，外部知识获得和合作创新对于区域内高技术企业发展非常重要。随着交通和通信条件的改善推动全球化的进一步深入，不仅大型跨国公司通过跨国投资参与跨区域合作，而且小型企业也逐渐走出区域，在其他区域建立分支机构以获得技术或市场信息。产业集群内各类企业、研发机构、中介组织与外界密切的联系成为一个产业集群快速创新发展的关键。不同地域上的微观主体之间的相互联系、相互依赖发展是全球化与地方化两种力量共同作用的结果，已经成为当今全球经济的重要表现形式。

1.1.2 第三次科技革命丰富微观主体跨区域联系

第三次科技革命不仅改变着人类的生活方式，而且正改变着全球经济的生产组织模式，缩短了不同区域之间的距离，为不同地域产业集群之间相互合作提供了可能。第三次科技革命是人类文明史上继蒸汽技术革命和电力技术革命之后科技领域里的又一次重大飞跃（见表1-1），以原子能、电子计算机、空间技术和生物工程的发明和应用为主要标志的一场信息控制技术革命，极大地改变了人类生产与生活的方式。20世纪80年代以来，国内外学者对第三次科技革命史的研究日益深入，相关研究成果不断问世。美国著名经济学家、趋势学家、美国华盛顿特区经济趋势基金会总裁杰里米·里夫金认为第三次科技革命是互联网和可再生能源技术的出现和使用。这种技术极大地改变了人类的生产和生活方式，也使得商业模式发生变革。第三次科技革命通过信息技术，将远距离的企业联系得更加紧密。

表 1-1　　　　　　　　　　　三次科技革命比较

名称	第一次科技革命	第二次科技革命	第三次科技革命
开始时间	18 世纪 60 年代	19 世纪 70 年代	20 世纪 40 年代
开始国家	英国	美国、德国	美国
核心标志	蒸汽机的发明和广泛使用	电力的发明和广泛使用	电子计算机的发明和广泛使用
主要成果	蒸汽机（英国瓦特）、火车（美国富尔顿）、轮船（英国史蒂芬孙）	内燃机、汽车（卡尔本茨）、飞机（莱特兄弟）、电灯、电话、电车、电动机	电子计算机、原子能、航天技术、生物技术、海洋技术等
时代特征	"蒸汽时代"	"电气时代"	"自动化时代"（智能化时代、信息化时代等）
影响	它是生产技术上划时代的变革；极大地提高了社会生产力；大大改变了世界面貌	大大促进了资本主义经济的发展；也为社会经济发展提供了更广泛的途径	极大地提高了劳动生产效率；产生了一大批新型工业；推动了人们工作、学习、生活现代化
相同点	都创造了巨大的社会生产力；都促进了社会经济的迅速发展；都大大促进了人民生活水平的提高		
不同点	第一次科技革命主要资本主义国家先后陆续进行；第二次科技革命主要资本主义国家几乎同时进行；第三次科技革命与前两次相比最大的不同点是：一是产生了一大批新型工业；二是推动了人们工作、学习、生活现代化		

资料来源：方家喜.新科技革命正在催生新产业革命.经济参考报.2012-06-14.

第三次科技革命弱化了国家和企业的边界限制，加强了网络建设和跨界区域之间的合作。传统的集中式的经营活动将逐渐被第三次科技革命的分散经营方式取代，传统的等级化的经济和政治权力将让位于以节点组织的扁平化权力。第三次科技革命带来的这种扁平式、合作性的商业模式已经全面超越了传统意义上的集中型、层级式、自上而下的生产组织结构，符合现代商业的需求。随着分散、合作式商业模式的引入，同传统的垄断式资本主义相连的产业正在遭受严重的挑战（杰里米·里夫金，2012）。在第三次科技革命中出现的电子计算机在一定程度上改变了跨国企业的组织方式，促使跨国企业能够更好地组织全球各区域各部门，这推动了不同区域之间的经济联系。第三次科技革命促使不同区域之间的信息交流更加容易，这使得不同区域产业的分工和合作更加容易，合作和交易成本更低，使得跨界产业集群之间合作网络逐渐形成并发展。

1.1.3 贸易自由化弱化制度对跨区域联动限制

在世界贸易组织等相关机构的推动下，贸易自由化成为当前全球经济的主要特征之一。贸易自由化是国家之间贸易障碍减少的表现之一，同时也推动了不同国家地区之间的相互联系，使得区域发展之间的联系更加紧密。这使得分布于世界上不同区域内的产业集群之间具有密切的知识和物质联系。

世界贸易组织、欧盟、东盟和亚太经合组织等相关国际机构和组织在一定程度上减弱了国家制度对于国际贸易的阻碍作用，促进了区域发展的相互依赖程度。世界贸易组织是历史最为悠久，影响最为深远的国际贸易组织。亚太经合组织在促进北美与亚洲地区相互依赖发展方面具有重要意义，推动北美一些区域产业集群与亚洲地区一些产业集群建立起密切的联系。世界贸易组织前身是 1948 年成立的关税与贸易总协定，独立于联合国的永久性国际组织，被称为"经济联合国"。1995 年 1 月 1 日正式开始运作，该组织负责管理世界经济和贸易秩序，总部设在瑞士日内瓦莱蒙湖畔。其基本原则是通过实施市场开放、非歧视和公平贸易等原则，来实现世界贸易自由化的目标。世贸组织成员分为四类：发达成员、发展中成员、转轨经济体成员和最不发达成员。2012年 10 月 26 日在瑞士日内瓦召开的总理事会会议上正式批准老挝成为其第 158个成员国。至此，世贸组织正式成员已经达到 158 个。世界贸易组织具有管理、组织、协调、调节和提供五种职能。亚太经济合作组织（Asia‐Pacific Economic Cooperation‐APEC）成立之初是一个区域性经济论坛和磋商机构，经过十几年的发展，已逐渐演变为亚太地区重要的经济合作论坛，也是亚太地区最高级别的政府间经济合作机制。它在推动区域贸易投资自由化，加强成员间经济技术合作等方面发挥了不可替代的作用。它是亚太区内各地区之间促进经济成长、合作、贸易、投资的论坛，始设于 1989 年，现有 21 个成员经济体。亚太经合组织的运作是通过非约束性的承诺与成员的自愿，强调开放对话及平等尊重各成员意见，不同于其他经由条约确立的政府间组织。亚太经合组织总人口达 26 亿，约占世界人口的 40%；国内生产总值之和超过 19 万亿美元，约占世界的 56%；贸易额约占世界总量的 48%。这一组织在全球经济活动中具有举足轻重的地位。

贸易自由化的表现之一是全球 FDI 的逐年增长，这说明了跨区域之间的经济合作逐渐增强（Haberly & Wojcik，2014）。贸易自由化影响了经济微观主体的行为，使得跨国企业更加倾向于在世界不同区域建立分支机构，以达到降低成本、获取知识和开拓市场的目的。贸易自由化使得处于不同制度下的地区更加易于建立密切的联系，推动跨界产业集群之间合作网络的形成。

1.2　人才国际流动日益加剧推动知识跨区域转移

经济全球化的深入和交通与通信技术的进步引发人才的跨区域流动现象越来越明显。这种现象不仅发生在国内，而且在国与国之间也非常普遍。人才跨界流动不仅传递了知识、文化和制度信息，而且将多个区域连接起来，构成了跨界产业合作网络。例如，20 世纪 60 年代，美国 128 公路与硅谷的人才流动将美国高科技产业发展的高地硅谷和 128 公路地区联系起来，形成跨界的实践社区。发达国家和发展中国家之间的人才流动不仅带动了发展中国家地区经济的发展和科技进步，而且成为发达国家和发展中国家产业集群联系的纽带之一。这种现象在电子信息领域表现尤为明显，如美国硅谷与中国台湾地区新竹、印度班加罗尔、中国张江和苏州等地的人才流动（Saxenian，2006）。张江、深圳和苏州等地区信息产业集群的快速发展与美国硅谷、中国台湾新竹的人才外流具有直接关系（Wei，Liefner & Miao，2011；Wei，Luo & Zhou，2010；Yang & Hsia，2007；Lee，2009）。人才的跨界流动推动了全球化进程，促使不同区域产业集群相互依赖与共同发展。总体上，近年来全球人才国际流动呈现出规模扩大、意愿增强、网络化三大特征。

第一，人才国际流动的规模在不断扩大、速度在不断加快。据联合国统计，2010 年全球有国际移民 2.14 亿人，比 2005 年的 1.95 亿人增加约 1 900 万人。尽管全球金融危机延缓了国际移民向发达国家流动的速度，但总的来说流向发达国家的人数还是在不断上升的，据统计 2000~2005 年增长了 1 280 万人，2005~2010 年增长 1 050 万人。

第二，人才国际流动的意愿在加强。根据普华永道调查，52% 的人把

"家"定义为"现在生活的地方"或者"世界的任何地方",有86%的人准备在有意居住的地方居住得更长时间。从区域分布来看,非洲的人才最愿意到外国工作(93%),其次依次是南美洲(81%)、大洋洲(76%)、中东地区(74%)、中东欧(72%)、西欧(70%)、亚洲(69%)、北美洲(69%)。从国别来看,美国、英国、澳大利亚等国家人才最愿意到海外工作,分别为58%、48%、39%。另外一项研究表明,3/4的受访者愿意在海外工作生活至少3年,63%的已经生活了6年以上,51%人准备向所在国申请永久居留。

第三,人才国际流动的网络化特征日益明显。从人才国际流动的方向来看,最初的人才国际流动主要有两种:其一是发达国家向发展中国家或地区的流动,以公司外派模式为典型。一般经历了单向流动、人才环流(在回流基础上形成的双向闭合流动)、人才开放流动。人才由欧美跨国公司推动的,大多是发达国家向海外公司外派员工模式,属于单向度的流动;紧随其后的是,随着新兴市场的发展,人才流动出现了双向流动的趋势,既有外派的模式,也有人才回流的趋势,既有从东方向西方的流动,也有西方向东方的流动,同时还出现了洲际之间的流动;而后,人才的流动不再是单向度的人才流入或流失,也不是封闭的人才流出和回流,而是在开放的系统中由众多人才输出国(母国)、人才流入地和第三目的地构成的人才网络。其二是发展中国家或地区向发达国家的流动,以留学为典型,从其流动形态来看,基本上也遵循了单向流动、人才环流(在回流基础上形成的双向闭合流动)、人才开放流动的阶段(汪怿等,2015)。

1.3 跨国企业跨界投资加强跨区域行业联动

跨国企业改变了全球生产的空间组织模式,使得区域经济发展由封闭式走向开放式,使得全球生产要素跨越国界流动频繁,推动全球经济马赛克相互联系,也推动部分有经济社会条件的区域率先嵌入全球生产网络当中(Crescenzi, Pietrobelli & Rabellotti, 2014),进入价值链高端环节(Crescenzi, Pietrobelli & Rabellotti, 2014)。

跨国公司指具有全球性经营动机和一体化经营战略,在多个国家拥有从事生产经营活动的分支机构,并将它们置于统一的全球性经营计划之下的大型企业。19世纪末20世纪初,欧美资本主义国家进入垄断竞争阶段,由此产生了跨国公司,产生了海外设立分支机构的现象。在第一次与第二次世界大战期间，跨国企业在规模和数量上获得极速发展。进入 21 世纪，跨国企业无疑成为主导世界经济发展的重要力量。1980 年全球拥有 1.5 万家跨国公司，分支机构为 3.5 万家。2001 年，世界各地大约有 6.5 万家跨国公司，共有 85 万家子公司，所有外国子公司共有雇员 5 400 万人。2011 年，跨国公司的外国分支机构在世界各地雇佣的员工总数增长至 6 900 万人。根据 2012 年《财富》公布的跨国企业数据和世行公布的世界经济体数据，2011 年跨国企业荷兰皇家壳牌石油公司（ROYAL DUTCH SHELL）营业收入高达 4 844.89 亿美元，高于世界经济体 GDP 排名第 25 位的国家挪威。近年来，虽然发达国家的跨国企业一直位于世界 500 强的前列，但发展中国家的跨国企业发展迅速。在 2012 年《财富》世界 500 强排行榜中，中国上榜企业 79 家，再次超越日本，上榜总数仅次于美国的 132 家。中国内地上榜企业共 73 家，总收入为 39 846.71 亿美元（约合 253 799.63 亿元人民币），占 2011 年国内生产总值 47.2 万亿元的 53.77%。这些大型跨国企业通过建立分支机构的方式将全球经济紧密联系在一起。世界 500 强排名第一的壳牌集团在全球 45 个国家有勘探活动，在 28 个国家有石油生产，是全球上游活动最广泛的石油跨国公司。壳牌公司集团在全球 100 多个国家建立了巨大的销售网络：在全球 33 个国家建有 54 座炼厂和一批石化生产基地及相关经营公司，建立了规模很大的全球生产、销售市场体系，在比利时、法国、德国、荷兰、英国、日本、新加坡、美国、加拿大等地设有 12 个科研和技术支持中心。

跨国公司的海外投资往往首先选择在同类产业集中的地区，不仅能够降低配套企业建设的成本，而且能够吸引更多的专业知识技能，产生外部规模经济效益，最终使得不同区域之间的产业集群形成初步联系。例如，大众汽车在上海建立分支机构的同时，也加强了上海汽车产业集群与德国沃尔夫斯堡地区产业集群的联系；罗氏在上海建立制药厂和研究中心的同时，也加强了上海生物医药产业集群与瑞士或国际其他地区生物医药产业集群之间的联系。

1.4　全球化与地方化融合成就中国转型升级

1.4.1　全球经济重心东移与亚洲区域创新热点崛起

近年来，全球各类生产要素空间流动加剧，作为全球发展洼地的亚洲一些国家或地区接受了欧美发达地区的资本、技术与人才，迅速在全球经济格局中成为重要角色。目前，整个亚洲的 GDP 总量在世界总量中占到 20% ~ 30%。由于亚洲拥有庞大而快速增长的消费群体，波士顿公司预测，亚洲将于 2018 年超越北美成为全球最富裕地区，尤其是中国的个人财富增长将最为显著。同时，亚洲作为世界最大的制造业基地，中国制造业产值占世界的比重仍将继续上升，日本和韩国在汽车、新材料、电子等领域将继续保持较强的创新能力，印度的制造业也在快速崛起，越南、菲律宾、马来西亚承接产业转移的能力将不断增强。

从城市发展视角来看，世界经济格局正在向南、向东转移。亚洲一些新兴经济体的城市尤其是它们的巨型和中型城市在转移过程中的作用举足轻重。中国的迅速发展正是得力于巨型城市的成长和新的巨型城市的诞生。根据 2012 年 3 月美国麦肯锡全球研究院发布的《城市世界：都市经济力量分布图》，在未来 15 年中，随着世界城市重心向南、向东的转移，越来越多新兴经济体城市进入"全球城市 600 强"。到 2025 年，预计有 136 个新兴经济体城市进入"全球城市 600 强"；依据 GDP 排名的全球顶尖的 25 个城市中的 9 个将位于亚洲，而 2007 年只有两个这样的城市。

从企业视角来看，亚洲一些新兴经济体正成为全球大公司的集聚地。根据 2013 年 10 月麦肯锡发布的《城市世界：变化中的全球商业格局》研究报告，全球商业格局正在转向新兴经济体。2013 年，全世界年收益在 10 亿美元以上的大公司大约有 8 000 家。到 2025 年，另有 7 000 家大公司将诞生。这些新公司的 7/10 将位于新兴经济体，即到 2025 年，4 800 家大公司有望落户新兴经济体。此外，新兴经济体拥有的财富 500 强企业日益增多。从 1980 ~ 2000 年，财富 500 强中只有 5% 的公司来自发达经济体之外。自从 2000 年以来，新兴经济体的公司以平均每年 14% 的速度进军财富 500 强排行榜。到 2010 年，已经有 85 家新兴经济体的公司荣登排行榜（见图 1 - 1）。预计到 2025 年，新兴经济体的公司将占据财富 500 强的 45% 以上。

1.4.2　全球化与地方化融合促进发展中国家崛起

由于区位条件和制度的差异，全球化对于不同地区的作用效果和方式差异明显，形成不同的经济空间表现形式。在这个过程中，往往部分地区具备更加优越的区位条件，获得了更多的发展机会。全球化力量在一定程度上强化了地方化作用，形成较大规模的产业集聚区，也促使这些产业集聚区之间形成错综复杂的联系。

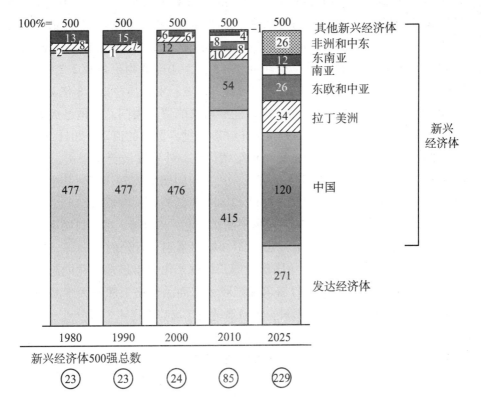

图 1-1　新兴经济体拥有财富 500 强公司变化情况

　　经济全球化主要表现在贸易全球化、投资全球化、金融全球化和跨国公司生产经营全球化四个方面。近年来，经济全球化的发展势头迅猛，表现之一就是世界贸易的增长率以及远远快于世界经济的增长速度。经济全球化使得国家之间形成相互依赖、共同发展的局势，尤其使得发展中国家与其他国家建立广泛的联系。国际金融危机后，各国经济复苏增长的不平衡也带来世界贸易复苏增长的不平衡。与发达国家贸易增速相对缓慢相比，发展中国家成为世界贸易增长的一个主要来源，对世界贸易的拉动作用日渐上升（见表 1-2）。近年来，发展中国家贸易发展呈现出以下几个鲜明特征：第一，发展中国家引领全球贸易增长；第二，发展中国家的进口增长表现格外抢眼；第三，南南贸易发展迅速。2011 年以来"金砖国家"的贸易增长依然强劲。据巴西外贸秘书处统计，2011 年 1~9 月，巴西货物出口 1 900.0 亿美元，增长 31.1%；进口1 669.6 亿美元，增长 26.3%；贸易顺差 230.3 亿美元，增长 80.1%。据俄罗斯海关统计，2011 年 1 ~ 8 月，俄罗斯货物出口 2 475. 3 亿美元，增长 10. 2%；进口 1 845. 0 亿美元，增长 46. 4%；贸易顺差 630. 3 亿美元，下降 36. 1%。据南非国税局统计，2011 年 1 ~ 8 月，南非货物出口 640. 6 亿美元，增长 27. 3%；进口 659. 2 亿美元，增长 27. 5%；贸易逆差 18. 6 亿美元，增长 33. 8%。据印度商务部统计，2011 年 1 ~ 3 月，印度货物出口 802. 2 亿美元，增长 55. 4%；进口 1 007. 1 亿美元，增长 24. 1%；贸易逆差 204. 8 亿美元，减少 30. 6%。作为出口世界第一、进口世界第二的贸易大国，中国已成为世界各国重要的贸易伙伴，中国对外贸易正在影响世界贸易的流动。2011 年以来，中国进出口平稳较快发展，贸易结构继续优化，外贸发展更趋平衡。2011 年 1 ~ 9 月，中国进出口 26 774. 4 亿美元，比去年同期增长 24. 6%。其中，出口 13 922. 7 亿美元，增长 22. 7%；进口 12 851. 7 亿美元，增长 26. 7%。贸易顺差 1 071 亿美元，下降 10. 6%，贸易平衡状况进一步改善。进出口增速呈高开低走态势，单月出口增速从 1 月份的 37. 6% 回落到 9 月份的 17. 1%，进口增速从 51. 6% 回落到 20. 9%。中国出口增长体现了出口市场多元化的趋势，而在国内经济稳定增长拉动进口需求和国际大宗商品价格上涨等因素共同作用下，中国进口增长继续快于出口，进口增速高于出口增速 4 个百分点①。

表 1 - 2   2008 ~ 2010 年世界货物贸易量与世界实际 GDP 增长的变化

	2008 年	2009 年	2010 年
世界货物出口量增长率（%）			
世界	2. 3	- 12. 1	14. 1
发达经济体	0. 9	- 15. 2	12. 9
发展中经济体和独联体国家	4. 6	- 7. 5	16. 1
按市场汇率计算的实际 GDP 增长率（%）			
世界	1. 3	- 2. 6	3. 7
发达经济体	0. 1	- 4. 0	2. 7
发展中经济体和独联体国家	5. 6	2. 1	7. 1

资料来源：WTO 秘书处. 2011 - 9 - 23. 转引自王燕，2011.

经济全球化的推进不仅加快了技术、跨国企业和资金的全球扩散，也促进

---

① 陆燕. 世界贸易 2011 年回顾及 2012 年展望. 2011 - 11 - 14，商务部网站：http：//www. cait-ec. org. cn/c/cn/news/2011 - 11/14/news_3020. html.

一些地区尤其是发展中国家条件优异的区域形成产业集聚区。这种全球化力量加强了地方化力量，使得大批外部通道发达的产业集群得以形成。由于全球化和地方化作用的空间差异及耦合，一些区域发展成为地区经济中心，并大幅提升创新能力，占据全球价值链和商品链的其中一段，在全球产业集群网络中起着重要作用（Lema，Quadros & Schmitz，2015）。以汽车产业为例，随着汽车产业的全球转移，日本主要汽车产业分布于工业发达的太平洋沿岸的三湾一海地区。这一地区的土地面积仅占日本全国的 30.7%，但 80% 以上的汽车制造业都聚集在这里（田江艳、王承云，2010）。在中国工业布局的历史背景下，全球化影响下的中国汽车产业主要分布于东北老工业基地、环渤海、长江三角洲和珠江三角洲地区，高度集中于长春、北京、上海和广州等城市（白景锋等，2011）。集成电路产业的全球化路径与汽车产业颇为相似，都高度集中于部分发展条件较好的区域，形成新的产业集群。随着全球化深入，我国台湾新竹通过吸引硅谷创新资源形成集成电路产业集聚区。我国上海和深圳等地同样是在全球化背景下形成了集成电路产业集聚区。

经济全球化与地方化力量的融合还体现在发展中国家中各类开发园区的出现。这些科技园区正是在经济全球化背景下地方政府模仿硅谷和巴登符腾堡等地的结果。我国台湾新竹科学工业园区通过嵌入全球生产网络和吸引海外人才逐渐形成具有一定竞争力的集成电路产业集群。韩国大德开发特区和日本筑波科学城等都是全球化和地方化共同作用的结果。在中国，全球化与地方化共同作用的结果主要体现于沿海各类开发园区的出现，如张江高新区、深圳高新区和苏州工业园区等。

事实上，经济全球化并不能忽视空间差异，也不能导致地理终结。由于经济全球化对于不同地区的作用方式和效果不同，经济全球化的结果只能是部分地区嵌入全球生产网络之中，产业高度集中于全球的某些热点区域。由于地方化的存在和规模经济效益，往往在一些热点区域形成具有国际影响的产业集群。在经济全球化和地方化共同作用下，某一产业总是集中于全球地区形成经济马赛克。并且这些经济集聚区之间相互密切联系，形成跨界产业集群之间的合作网络，甚至是全球产业集群合作网络。

1.4.3　制度由封闭转向开放促使中国转型升级

制度对经济发展模式具有重要的影响，封闭的国家制度限制国内经济与外部的联系，开放的国家制度能够促进与世界其他区域的经济合作。在由计划经济体制向市场经济体制转轨的过程中，封闭落后的经济体必然吸引外资进入，加强本地经济与国际其他区域经济体的联系。

自 20 世纪 50 年代以来，中国的计划经济虽然曾一度为中国早期的经济恢复和初步发展做出了巨大贡献，但随着时间的推进其弊端日渐明显。20 世纪 70 年代末中国开始实行经济改革政策和对外开放政策。1979 年，党中央、国务院批准广东、福建在对外经济活动中实行"特殊政策、灵活措施"，并决定在深圳、珠海、厦门、汕头试办经济特区，福建省和广东省成为全国最早实行对外开放的省份。1988 年 4 月 13 日在第七届全国人民代表大会上通过关于建立海南省经济特区的决议，建立了海南经济特区。深圳等经济特区的创建成功，为进一步扩大开放积累了经验，有力推动了中国改革开放和现代化的进程。至此，中国逐渐由计划经济走向了市场经济，通过市场换技术等战略吸引外资进入。流入中国的 FDI 一直保持逐年增长态势。截至 2010 年年底，中国累计吸引 FDI 超过 1.12 万亿美元，项目近 72 万家。长期以来，中国吸引的 FDI 来源地比较集中，香港、日本、韩国、美国是中国内地 FDI 的重要来源地。2010 年，FDI 前五位的国家和地区投资总量占 77%。中国制造业是利用外资的主要行业。通信设备、计算机及其他电子设备业 2001～2010 年累计额占制造业利用外资总额的 18.1%，其次是电气机械及器材业 7.6%，交通运输设备业 6.8%，纺织服装、鞋、帽业 5.6%，通用设备业 5.3%。2001～2010 年，通信设备及其他电子设备行业吸引外资从 22.9% 下降至 17%，纺织业从 6.2% 下降至 3.2%；电气机械及器材业从 4.0% 上升至 11.2%，通用设备业从 4.3% 增加至 7.0%，专业设备业从 2.5% 上升到 6.3%，交通运输设备业从 4.7% 上升到 6.6%。从 2001～2010 年，中国 FDI 地区分布从不平衡走向更不平衡。从外资项目的地区分布来看：东部地区 2001～2010 年保持在大约 86% 的比例；中部地区从 2001 年的 8.2% 增加到 2010 年的 11.2%；西部则从 5.8% 下降至 5.0%。

当前，尤其是东部沿海地区的外资对中国经济发展的贡献突出。在汽车、电子信息、生物医药和软件等技术密集型行业，东部沿海地区已经嵌入全球生产网络中。中国大陆的深圳已经成为我国香港和台湾等地对内投资的首选地。台湾许多电子信息企业在深圳建立分支机构，以充分利用深圳的低价劳动力，并打通中国市场。深圳还是香港服装制造企业的内地工厂，在香港总部的控制下利用劳动力优势为全世界生产各种各样的服装。上海成为聚集欧美大型跨国企业研发机构的重要区域。目前，上海已是中国内地吸引外商投资规模最大、外资总部机构最多的城市。截至 2015 年 7 月底，外商在上海累计设立跨国公司地区总部 518 家，其中亚太区总部 35 家；投资性公司 305 家，研发中心 388 家。在鼓励跨国公司设立研发中心方面，上海出台了一系列政策措施，如《上海市鼓励跨国公司设立地区总部规定的实施意见》、《上海市关于鼓励外商投资设立研发中心的若干意见》。这些规范性文件的颁布实施，将给予外商设立地区总部和研发中心在进出口管理、通关、检验检疫等方面进一步的鼓励和扶持，对符合条件的地区总部及其设立的研发中心，海关和出入境检验检疫部门为其进出口货物提供通关便利。地区总部及其设立的研发中心引进国内优秀人才的，可以优先办理本市户籍。这些政策将进一步吸引跨国公司研发中心进驻上海。上海也是中国聚焦跨国公司高端制造分支机构的核心区域。在汽车制造行业，上海与德国大众、美国通用等跨国企业建立合资工厂，推动上海汽车制造业发展。近年来，在电子信息行业，中芯国际、宏力半导体、华虹 NEC 等具有外资背景的企业先后在上海浦东成立，成为浦东电子信息产业制造领域的核心企业。这些企业在上海的入驻不仅带动了上海相关产业的发展，也加强了上海部分产业集群与德国汽车产业集群、台湾地区新竹电子信息产业集群的联系，对这些区域的发展也具有一定的影响。

中国利用广阔的市场和低廉的劳动力吸引大批外资企业进入中国，通过这种方式中国已经嵌入全球生产网络当中，与世界其他经济集聚区域形成密切的互动合作网络。这种跨界生产网络的形成推动了中国地区经济的发展，缓解了中国的就业压力。另外，通过技术引进跨界生产网络推动了中国的产业升级，但同时也造成技术严重依赖国外一些先进制造区域。大量倾向于外资企业的优惠政策在一定程度上压缩了国内民营经济发展的空间。总之，中国对外开放战略加强了中国沿海地区产业集群与世界发达经济集聚区之间的联系，但也促使中国的一些产业集群的创新发展严重依赖于国外的技术输入，位于价值链的低端环节，只能获得有限的附加值。

1.5　高科技园区成为中国与全球联动发展的重要载体

改革开放三十年来，我国通过吸引外资在全国各地形成了具有一定规模的高科技园区，以跟踪全球产业发展新趋势。截至 2015 年 2 月，我国国家高新区总数已达 129 家，绝大部分分布于东部沿海地区。高科技园区成为中国与全球其他地区联动的重要载体，尤其是中国东南沿海地区高科技园区与国际其他地区的联系更多。中国沿海地区高新区利用土地、税收等优惠政策吸引大型跨国企业入驻，并进一步吸引国内外中小企业进入，形成了由跨国企业主导的产业集群。在全球化背景下，这些产业集群嵌入全球生产网络当中，与世界其他地区产业集群形成跨越国界的合作系统。然而我国大多数高新区内的产业集群在嵌入全球生产网络的过程中，技术严重依赖于国外，处于价值链低端环节，在全球产业集群竞争中处于劣势。这种类型高新区往往存在本地知识溢出效应不明显、自主创新能力不足等问题。未来，此类高新区内的产业集群进一步升级不仅需要培育本地自主创新型企业，而且需要构建与国外领先地区产业集群之间的联系通道。

1.6　集成电路成为中国嵌入全球生产网络的重要行业

　　集成电路作为信息产业的基础和核心，是国民经济和社会发展的战略性新兴产业，在推动经济发展与社会进步、提高人民生活水平以及保障国家安全等方面发挥着重要作用，成为当前国际竞争的焦点和衡量一个国家或地区现代化程度以及综合国力的重要标志。2011年1月，国务院正式发布《国务院关于印发进一步鼓励软件产业和集成电路产业发展若干政策的通知》（国发〔2011〕4号），该政策进一步明确了集成电路产业在我国未来发展中的重要地位，即："软件产业和集成电路产业是国家战略性新兴产业，是国民经济和社会信息化的重要基础"。开展我国集成电路产业集群与其他区域产业集群空间联系的研究对于推动我国战略性新兴产业快速发展具有重要的现实意义。2014年6月，中国国务院印发《国家集成电路产业发展推进纲要》，部署充分发挥国内市场优势，营造良好发展环境，激发企业活力和创造力，带动产业链协同可持续发展，加快追赶和超越的步伐，努力实现集成电路产业跨越式发展。

　　2014年，中国37.7%的集成电路产业营业收入来自长江三角洲地区（包括上海市、江苏省和浙江省）。长江三角洲地区已初步形成了包括研究开发、设计、芯片制造、封装测试及支撑产业在内较为完整的集成电路产业链。上海张江高科技园区是长三角集成电路产业发展的龙头区域，起着创新推动的重要作用。与世界顶尖集成电路产业集群建立密切联系有利于整合国内外创新资源，推动张江高科技园区集成电路产业发展，推动长三角集成电路产业的快速发展与创新升级。张江高科技园区是上海市发展集成电路产业的主要区域，拥有华虹、宏力、中芯国际、锐迪科、日月光、先进半导体、贝岭、新进半导体、联芯科技等大型企业。张江高科技园区是中国集成电路的制造中心与研发中心，也是连接海外集成电路产业园和国内其他集成电路产业园的核心枢纽。研究跨区域集成电路产业集群合作机制和演化机理对于张江高科技园区集成电路产业集群高效整合全球创新资源，吸收、转移国外先进技术，推动中国集成电路产业高效快速发展具有重要意义。

生 产 网 络 与 区 域 创 新 论 丛

第 2 章

跨界产业集群之间合作网络内涵界定与相关理论研究进展

20 世纪 80 年代以来，网络成为经济地理学关注的重要对象，一些学者认为网络成为区域发展的重要驱动力量。总体来说，网络理论主要包括强调内生的产业集群理论与强调外生的全球生产网络理论。新区域主义者认为本地网络是区域创新发展的重要动力，强调区域的内生性，提出了产业集群理论，并系统分析了产业集群的内涵、类型等。曼彻斯特学派及夏威夷学派则认为由跨国企业主导的全球网络对于全球经济的重要性，强调了地方发展的外生性，并提出了全球生产网络的分析框架，对其内涵、分析框架、对区域发展的影响进行了详细系统的分析。然而，产业集群理论并不能解释经济全球化背景下区域发展的外生驱动现象；尽管产业集群外部通道的分析中包括了外部网络对于区域发展的重要性，但未能解释世界各地的产业集群之间的相互分工、合作及竞争的现象；而全球生产网络理论则忽视了地方化作用，对地方网络没有足够的重视。为此，经济地理学迫切需要建立一个超越产业集群与全球生产网络的理论分析框架，以解释不同经济体产业集群之间相互合作的经济空间组织现象。跨界产业集群合作网络是产业集群和全球生产网络理论的深化研究，能够解释全球化与地方化作用下全球经济发展新的空间组织形式，是经济地理学中网络研究的深化。总结分析产业集群、外部通道及全球生产网络研究进展能够发现争论点及研究不足，有利于跨界产业集群合作网络分析框架的构建及其机制探讨。

2.1 跨界产业集群之间合作网络概念界定

2.1.1 网络

"网络"最早是应用图论的术语，指的是由若干条线段（有方向与数值的量度）把若干点（有等级的差别）连接在一起的连通图，用来研究各种空间实体内在联系的状态、变化与趋势（曾菊新，2001；文嫮，2005）。其后，网络在各学科中得到广泛的应用，其中在电学中应该最为广泛。1993年出版的《现代汉语词典》将网络一词在电学内，定义为"在电的系统中，由若干元件组成的用来使电信号按一定要求传输的电路或这种电路的部分"。在计算机领域中，网络就是用物理链路将各个孤立的工作站或主机相连在一起，组成数据链路，从而达到资源共享和通信的目的。凡地理位置不同，并具有独立功能的多个计算机系统通过通信设备和线路而连接起来，且以功能完善的网络软件（网络协议、信息交换方式及网络操作系统等）实现网络资源共享的系统，可称为计算机网络。后来，社会学、心理学、经济学等学者将网络应用于研究中。经济学借用了"网络"概念，用来指由各种经济行为者（结点）所组成的联系之网（Malilat et al.，1993）。随着第三次科技革命的深入，经济地理学家逐渐重视网络对于经济发展的重要性，将网络引入其研究当中。特别是进入20世纪80年代后，经济地理学中关于网络的研究成果层出不穷，产生了新区域主义、全球生产网络、关系经济地理学等研究分支。哈坎森（Hakansson）、赵建吉、文嫮等学者分别从各个角度对网络进行了界定（Hakansson，1987；赵建吉，2011；文嫮，2005；盖文启，2002），并分析了网络的基本形态（见图2-1）。

本书认为经济地理学中的网络主要指的是由经济行为相关主体构成的网络，不仅包括由企业、机构等构成的网络，还包括由个人组成的社会关系网络。按照合作内容的不同，可以分为生产网络、研发合作网络；按照治理机制来分，可以分为企业或机构联系形成的正式网络和个人相互联系形成的非正式网络；按空间范围来分，不仅包括本区域内的各种网络，还包括跨越国界、区界的全球网络。

生产网络与区域创新论丛

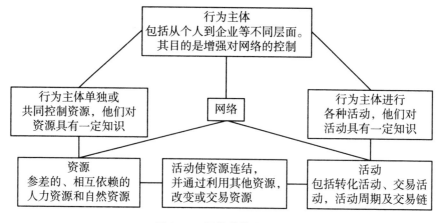

图2-1　网络的基本形态

资料来源：哈坎森（Hakansson，1987），赵建吉（2011）.

2.1.2　跨界合作

在经济地理学中，与跨界合作相似的概念包括区域合作、区域性经济合作、跨区域经济合作等。区域合作指的是区域之间通过优势互补、共享或叠加，把分散的经济活动组织起来，激发了经济活力，形成一种合作生产力（李小建等，2006）。区域性经济合作是指某一个区域内两个或两个以上的国家，为了维护共同的经济和政治利益，实现专业化分工和进行产品交换而采取共同的经济政策，实行某种形式的经济联合或组成区域性经济团体。跨区域经济合作主要是指不同地区（包括跨越大洲或同一大洲内各大区域、次区域）的国家或经济组织之间建立的经济合作。建立这种合作关系的各方，可以是国家对国家，也可以是国家对区域经济组织，还可以是区域经济组织与另一区域经济组织。与区域合作、区域性经济合作、跨区域经济合作等概念不同的是，跨界合作并没有指出合作的主体，其主体可能是区域，也可能是以区域为载体的政府、组织或经济组织形式。

本书所指的跨界合作是基于经济地理学视角提出的，"界"主要指的是经济体的边界。跨界合作指的是不同经济体内的主体（可能是政府、企业等微观主体，也可能是产业集群、区域创新系统等经济组织形式）在经济与信息等方面相互联系。这种联系有利于促进经济发展及创新的产生。跨界合作网络在地域空间上可能是连续的，也可能是不连续的。

2.1.3　企业网络

企业网络的研究分为资源基础学派、组织学习学派、经济社会学派、制度经济学派（吴勇志，2010）。资源基础学派从战略联盟的观点分析了企业网络的形成，强调资源禀赋的重要性，以资源的异质性解释企业联盟的形成（Duncan，1982；Hagedoorn，1993；Wernerfelt，1984；Barney，1991），认为企业网络是企业获得外部互补资源的重要方式（Richardson，1972）。组织学习学派认为企业网络是企业的研究开发（R&D）同盟或其延伸（Powell，1996；Powell，1992）。经济社会学派认为企业网络是企业社会资本的重要部分，是通过关系和联结建立起来的，这种来源于企业网络的社会资本能增加相应的人力资本的价值（Coleman，1988；Granovetter，1973）。制度经济学派认为企业网络为企业摆脱科层制束缚实现某种特殊交易提供了可能，网络是一种组织某种特殊交易的制度形式，这种制度形式能够使某种单纯由价格机制或权威机制无法协调的交易得以实现（Arnold，2000；Thorelli，1986）。波维尔（Powell，1990）把交易组织形式分为市场、网络与科层制，并在规制基础、调节手段、冲突解决方式、灵活性等多个维度对这三种治理模式进行对比研究，认为网络已经成为一种稳定的介于市场与科层制之间的第三种交易组织形式。近年来，经济地理学家从空间视角进一步界定了企业网络的内涵。文嫱、张云逸等认为企业网络是介于市场组织和层级组织之间的一种中间型组织（文嫱，2005；张云逸，2009），并与层级组织和市场组织进行了区分及对比（见表 2 - 1）。

表 2 - 1　　　　　　　　　企业网络与市场组织和层级组织的比较

企业特征	层级组织（hierarchy）	企业网络（network）	市场组织（pure market）
目的	中央执行者的利益优先	合作者的利益优先	提供交易场所
资产、资源	资产专用性高、不易交易；松散资源、缓冲存货；固定、大量的有形资产	适中的资产专用性；非松散资源；柔性；较多的无形资产	低资产专用性易于交易
垂直一体化	高 生产投入所有权集中化	可变 所有权单元分散化	无 生产投入所有权分散
信用	高	中等偏高	低

续表

企业特征	层级组织（hierarchy）	企业网络（network）	市场组织（pure market）
产权转移	生产时引起的工资索取权；生产投入或未来收入流的劳动索取权小或无	分散的/有效的产权转移；协商/常常共享的收入流索取权	销售时产生的工资或收入由产权决定
冲突解决	详尽的合约行政命令	关系/有效的产权合约，共同协商，互利互惠	市场规范法律体系
边界	固定，刚性，内部连接边界界限强典型的静态连接或联合	柔性，可渗透，相对的连接；边界界限较弱；频繁的动态连接或联合	具体，完全细微边界界限不明显公平的、一次性连接或联合
联系	长期存在；通过渠道（垂直）；一点到多点或多点到一点	需要时存在；直接；多点到多点	短期存在；直接；多点到多点
激励	低，预先确定过程步骤和产出，主要取决于固定工资	较高，业绩导向，利益来自多重交易	高；强调销售额或退出市场
决策轨迹	高层远距离	共同参与协商接近行动地点	即时完全自主
信息集中	静态环境中的最低寻找通过专业化机构（如市场）	分配的资源集中等寻找	通过价格传达信息，价格向量极其重要，需要寻找价格
产品	大量生产，大规模经济	更新快、定制化规模和范围经济	允许极大变化的现货合约
控制、权威影响模式	地位或规则基础命令/服从关系	专业技能、声誉基础，重信任；通过形成连接影响控制	通过价格机制取得调节

资料来源：文娟（2005），马歇尔（Marshall，1997），赵建吉（2011）.

本书认为企业网络是基于资源共享，通过直接或间接联系形成的由企业组成的一种资源组织形式。从空间视角来看，企业网络可以是坐落于某个地区的一种组织形式，也可以跨越不同国家或地区，甚至分布于全球范围内。在不同的空间尺度下，企业网络的类型、组织机制、作用机理等都不相同。

2.1.4 产业集群

产业集群概念来源于西方欧美国家，主要包括以波特（Poter）为代表的战略管理学派和以 OECD 为中心的集群政策学派。波特认为产业集群是在某一特定领域中，在地理位置上集中且相互联系的公司和机构的集合，并以彼此的共通性和互补性相连接（Poter，1998a；杨慧、殷为华，2015）。此后他又对产业集群更进一步阐述，认为产业集群是特定行业内的，相互既竞争又合作的企业、专门化供应商、服务商、下游企业及支撑组织机构（如大学、行业协会等）的空间集聚（Poter，1998b）。经合组织认为产业集群是扩展了的投入—产出链或购买—供应链，包括最终市场产品的生产者以及一级、二级等直接或间接介入产品交易的供应商，由多重部门或行业组成（Browen，2000；滕堂伟，2009）。

20 世纪 80 年代，中国经济地理学界将产业集群理论引入中国（王缉慈，2001；曾刚、文嫮，2004；刘志高、王琛、李二玲、滕堂伟，2014），此后关于产业集群研究文献层出不穷。但部分成果并没有准确理解产业集群的内涵，与其他相关概念混为一谈。进入 21 世纪，王缉慈等学者对产业集群与专业化城市、产业部门、投入产出链、企业的地理邻近（王缉慈等，2006）、工业园区（王缉慈，2005）、产业集中（王缉慈，2004）、产业链、创新集群（王缉慈，2007）等相关概念进行了对比分析，明晰了产业集群的内涵。王缉慈（王缉慈，2010）认为产业集群是一群在地理上邻近而且相互联系的企业和机构，它们具有产业联系而且相互影响。通过联系和互动，在区域中产生外部经济，从而降低成本，并在相互信任和合作的学习氛围中促进技术创新。然而，集群中相互学习和促进创新的效应可能产生，也可能不产生。国内其他一些学者则从技术创新视角对产业集群进行了界定。曾刚、文嫮、滕堂伟等学者认为产业集群是指企业在一个特定的区域内通过纵向和横向层面所展开的经济技术合作和竞争所形成的、空间临近的产业群体（曾刚、文嫮，2004），产业集群具有空间集聚性、网络性、根植性、开放性特征（滕堂伟、曾刚等，2009）。

本书继承产业集群现有理论，认为创新是产业集群中企业合作的重要动力，产业集群中的联系包括以企业为主的组织联系和以人才流动为主的关系联系，并认为知识、技术流动、技术转让对于创新具有非常重要的积极作用。此外，本书中的产业集群更加注重产业集群的外部性特征，强调产业集群内企业的外部联系对于产业集群发展的重要性。

2.1.5 跨界产业集群之间合作网络

目前关于由不同产业集群组成合作网络的概念性描述还非常稀少。现有少数文献仅强调了由人员组织的网络对于产业集群之间联系的重要性。恩格尔等（Engel J. S. et al.）等认为创新集群网络的基本要素是个人、企业以及他们之间的关系。内部和外部的关系是基于正式非正式联系网络支持形成的。社会组织是创新集群网络中的一个重要成分，普遍存在于创新集群网络中。这些组织网络常常以一个行业内具有密切联系的专业人士非正式集会形成，有些会发展成为具有密切联系的专业联盟。有些组织网络具有国家和民族认同，并将这种联系从本地扩展至全球，如印度、伊朗、以色列与法国等人员组成的组织网络（Engel & Del - Palacio，2009）。此外，赵建吉（2011）从技术联系的角度界定了全球技术网络的概念（见图 2 - 2）。

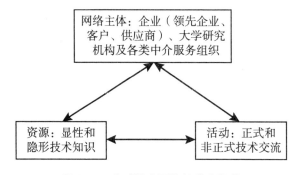

图 2 - 2 全球技术网络的基本构成

资料来源：赵建吉（2011）.

本书认为跨界产业集群之间合作网络指的是在不同地区具有相互依赖关系的两个产业集群（产业集群 A 与产业集群 B）通过正式或非正式联系形成的空间组织体系，能够充分利用不同地区优势，更为高效地整合创新资源。他们所依托的制度可能相同，也可能差异较大。跨界产业集群之间合作网络具有地域性不连续性、相互依赖性、制度复杂性等特征，由位于不同经济体的两个产业集群和外部通道构成。全球产业集群合作网络由多个跨界产业集群之间合作网络相互联系形成，充分利用了嵌入全球各产业集群的优势，能够更高效组织全球创新资源，推动全球产业创新发展。

2.2　产业集群理论研究进展

自 20 世纪 80 年代以来，产业集群一直以来是经济地理学、管理学和经济学等学科关注的焦点。多年来，学术界研究成果覆盖了产业集群内涵、结构、演化等理论问题（Hervas‐Oliver，Gonzalez，Caja & Sempere‐Ripoll，2015）。

2.2.1　产业集群概念

产业集群的相关研究很多，但并未形成严格统一的概念。由于研究背景与视角的差异，各学科学者对产业集群的定义也有不同的提法（见表 2－2）。波特对产业集群的界定强调区域微观主体之间的合作对于地区竞争力的积极作用，但并未从经济全球化背景下思考产业集群的运作机制（曾刚、文嫦，2004）。产业集群虽然描述了后工业化时代区域经济集聚发展的现象，但目前所给出的定义没有充分考虑集群的外部特性。

表 2－2　　　　　　　　　　部分学者关于产业集群定义

代表人物	定　义
波特 （1990，1998，2001）	产业集群是一组地理上临近的相互联系的公司和关联机构，它们同处在一个特定的产业领域，由于具有共性或互补性而联系在一起。集群通常包括下游产业的公司、互补产品的生产商、专业化基础结构的供应者和提供培训、教育、信息、研究和技术支撑的其他机构。
联合国工业开发组织 （UNIDO，1995）	产业集群是生产一系列相同或相关产品而面临共同的挑战和机遇的企业在部门和地理上的集中。
经合组织 （OECD，1998）	产业集群可以描述为众多相互依赖的企业（包括专业化的工艺供应商）、知识生产机构（大学、科研院所和技术支撑机构）和一些中介服务机构（经济商、智囊团）以及客户所组成的一种生产网络。
斯科特 （Scott，2002）	产业集群是基于合理劳动分工的生产商在地域上结成的网络（生产商和客商、供应商以及竞争对手等的合作与链接）与本地的劳动力市场密切相连。

生
产
网
络
与
区
域
创
新
论
丛

代表人物	定 义
罗森菲尔德 (Rosenfeld, 1997)	产业集群是为了共享专业化的基础设施、劳动力市场和服务, 同时共同面对机遇、挑战和危机, 从而建立积极的商业交易、交流和对话的渠道, 在地理上有界限而又集中的一些相似、相关、互为补充的企业。
王缉慈 (2001)	产业集群是指大量专业化的产业 (或企业) 及相关支撑机构在一定地域范围内的柔性集聚, 它们结成密集的合作网络, 植根于当地不断创新的社会文化环境。
仇保兴 (1999)	由一群彼此独立自主但相互之间又有特定关系的小企业组成; 在这种特定关系中隐含着专业分工和协作现象, 即产业集群中企业间的互为行为; 互为行为包括小企业间的交换和适应; 集群中存在企业间的互补和竞争关系; 信任与承诺等人为因素来维持集群的运行并使其在面对外来机构竞争时拥有其独特的竞争优势。
魏江 (2003)	一群位于同一小地理区域的相关企业组成的集合体, 它是具有地理边界的中小企业在某一特征关联背景下的产业生态系统。
曾刚、文嫣 (2004)	产业集群是指企业在一个特定的区域内通过纵向和横向层面所展开的经济技术合作和竞争所形成的、空间临近的产业群体。

资料来源: 根据代瑞红 (2009) 绘制.

2.2.2 产业集群类型

根据不同的分类标准, 产业集群可分为不同的类型, 每一类型都具有独特的结构特征和运行机理等。根据产业集群的空间尺度可以将集群分为微观、中观和宏观层面产业集群 (Roelandt, 1997) (见表 2-3)。根据时间维度的不同, 产业集群可分为暂时性产业集群和永久性产业集群 (见表 2-4) (刘亮, 2012), 临时性产业集群在时间特征、空间分布、合作机制等方面与永久性产业集群具有重大差别 (Li, 2015; 单双、曾刚, 2015)。根据产业集群内主体规模及技术权力大小, 分为意大利式产业集群、卫星式产业集群和轮轴式产业集群 (刘珂, 2006)。根据内部组成结构的差异, 马库森 (Markusen, 1996)、彼得和乔格 (Peter & Jorg, 1998) 等学者将产业集群分为意大利式、卫星式和轮轴式产业集群 (见表 2-5)。

表 2 - 3　　　　　　　　　　　不同空间尺度产业集群

层次	集群的本质	研究的重点
国家层面（宏观）	经济结构中产业间的相互联系	1. 国家或地区经济的专业化模式 2. 创新以及产品升级的需要
产业层面（中观）	相似产品的生产链在不同阶段内，产业内部与产业间的相互联系	1. 产业基准与 SWOT 分析 2. 探索创新需要
企业层面（微观）	专业供应商与一个或几个核心企业，企业间的联系	1. 企业战略发展 2. 价值链分析与管理 3. 创新活动的合作发展

资料来源：李帅帅（2010）.

表 2 - 4　　　　　　　　　　不同时间维度产业集群分类比较

	暂时性产业集群	永久性产业集群
空间分布	不固定，具有移动性	固定在某个区域内
构成主体	不固定，分布广泛，来自世界各地	比较固定，位于本地区域内
合作机制	以水平合作为主	以垂直合作为主
功能	信息交流	推动产品创新和生产

资料来源：根据刘亮（2012）整理.

表 2 - 5　　　　　　　　　　　不同组织结构产业集群类型

	意大利式产业集群	卫星式产业集群	轮轴式产业集群
主要特征	以中小企业居多；专业性强；地方竞争激烈；基于信任的关系	以中小企业居多；依赖外部企业；基于低廉的劳动成本	大规模地方企业和中小企业；明显的等级制度
主要优点	柔性专业化；产品质量高；创新潜力大	成本优势；技能/隐性知识	成本优势；柔性；大企业作用重要
主要弱点	路径依赖；面临经济环境和技术突变适应缓慢	销售和投入依赖外部参与者；有限的诀窍影响了竞争优势	整合集群依赖少数大企业的绩效

生
产
网
络
与
区
域
创
新
论
丛

续表

	意大利式产业集群	卫星式产业集群	轮轴式产业集群
典型发展轨迹	停滞/衰退；内部劳动分工的变迁；部分活动外包给其他区域；轮轴式结构的出现	升级；前向和后向工序的整合，提供客户全套产品或服务	停滞/衰退（如果大企业停滞/衰退）；升级，内部分工变化
政策干预	集体行动形成区域优势；公共部门和私营部门合营	中小企业升级的典型工具（培训和技术扩散）	大企业/协会和中小企业支持机构的合作，从而增强了中小企业的实力

资料来源：刘珂（2006）.

2.2.3 产业集群理论缺陷

产业集群进入学术界研究领域不久，就有学者批判产业集群的研究框架。马丁和森利（Martin & Sunley）发文抨击了波特关于产业集群的理论分析框架（Martin & Sunley，2003），认为产业集群存在概念模糊、范围不确定等问题。胡伯弗朗兹（HuberFranz，2012）进一步对集群与创新的关系进行深入研究，研究发现位于产业集群内的企业的创新能力并不一定突出。

2.3 产业集群外部联系理论研究进展

进入 21 世纪，国内外学者开始重视产业集群外部联系的研究，认为从多空间尺度视角来解释产业集群显得十分必要（王秋玉、吕国庆、曾刚，2015）。多年来，各学科学者针对产业集群外部联系的微观主体、联系方式、主要内容、效果和与本地蜂鸣的对比等方面进行了深入的探讨。

2.3.1 外部联系的微观主体

产业集群的外部联系特征引发了各学科学者激烈的争论，对于产业集群内外部联系的微观主体研究是其关注的焦点之一。产业集群的外部联系依托于集群内的研究机构、大学、企业和中介服务组织等微观主体。但产业集群的外部联系微观主体是跨国公司还是中小型企业还没有统一的认识。

在这些研究成果中，认为大型跨国企业在产业集群外部联系过程中起主导作用的文献较多，但也有些学者认为中小型企业也具有外部联系。苗长虹（2006）认为在跨国公司不仅推动了地方生产网络的构建，而且通过相互之间建立联系将世界各地的产业区相互联系起来。一些学者认为在不同的高技术产业集群中跨国公司在产业集群外部联系构建的过程中所起的作用不同。哥布林（Giblin，2011）认为在生物技术产业集群中，大型公司扮演着领导角色，影响了区域的技术发展轨迹，刺激了当地产业体系的形成，能够产生集聚影响，加强集群内企业的联系和集群的可持续发展，进而推动集群的本地网络和全球网络链接；但在软件企业中，领导型组织并没有产生集聚效应，也没有推动本地网络与全球网络的链接。另外一些学者认为小企业也与外部集群建立了联系。维克哈姆和威奇（Wickham & Vecchi，2008）认为不仅集群内大企业与外部具有发达的联系通道，而且小企业也与外界联系密切，单个小企业不需要本地集群制度的支持与其他产业集群内企业就有直接的联系。欧文－史密斯和波维尔（Owen－Smith & Powell，2004）强调网络重要节点的特征及网络结构对知识流动的影响，更加重视网络的组织和制度特征。

根据技术水平和有无专利划分来看，不同类型的企业外部联系特征不同。托特灵等（Todtling et al.，2006）根据对于奥地利各行业的调查，发现相比于中等技术水平的企业来说，高新技术企业更加依赖于国际网络和知识流动。格特勒和莱维特（Gertler & Levitte，2005）发现虽然在加拿大生物医药产业中，本地集体学习对于创新起到重要作用，但相比没有专利的公司来说，拥有专利并且更多地利用编码化知识的生物医药公司更加广泛地招聘国外的员工。此外，与无专利公司相比，拥有专利的公司更加可能与国外公司合作，这证明了全球联系对于知识产业化的重要性。

除了各类企业之外，公共研究机构与外部产业集群也存在联系。比鲁西、萨马拉和赛迪塔（Belussi，Sammarra & Sedita，2008）发现创新与 R&D 网络的外部链接有关系。与公司相比，公共研究机构与外部联系的程度更大，调研对象中 87% 的公共研究机构在区域外拥有合资伙伴，23% 拥有国际合作者。

2.3.2　外部联系的主要方式

产业集群的发展并不是在封闭环境下进行的，与外界的联系通道是产业集群的重要组成部分。全球通道指的是连接产业区内公司与外部信息池的通道（Bathlet，2002）。不同类型的产业集群具有不同的外部联系机制。产业集群与外部的联系依托于集群内的企业、研究机构和开发主体等。对于不同的联系主体，其拥有不同的外部联系方式。产业集群内大型企业和中小型企业就拥有不同的外部联系方式；同时，不同国际化程度的企业也具有不同的外部联系机制。

根据联系主体的不同，产业集群的全球通道可以分为外部置入型和本地嵌入型两种基本类型。外部置入型主要指的是通过产业集群内的外资企业来实现全球链接；本地嵌入型指的是通过本土企业实现与全球经济的链接。由于外资企业与本地企业的根植性差异，这两种外部通道的表现形式和作用机理也各不相同（苗长虹，2006）。

产业集群在与外界的联系中既有商业联系也有非正式社会网络的联系。瓦克赛尔和马尔姆伯格（Waxell & Malmberg，2007）认为生物医药企业的商业联系全球趋势较为明显，而非正式社会联系网络和劳动力市场主要处于本地化趋势。马双、曾刚和吕国庆（2014）认为产业集群与外界联系的非正式联系主要包括临时性集群、基于项目合作的人才环流以及知识中介三种。特里波等（Trippl，Tödtling & Lengauer，2009）在区分知识联系类型的基础上，分析了不同空间尺度产业集群内企业获得知识的主要方式，认为知识溢出和非正式网络在所有的空间尺度下都具有重要意义，并出现在当地和国家尺度下与研发伙伴合作的过程中。卡尔森和诺德胡斯（Karlsen & Nordhus，2011）发现高度国际化的当地公司通过认知或组织邻近性与外界联系，欠国际化公司依赖于社会和制度邻近性与本地大型企业合作，避免了寻找全球资源的过程。

由于外部联系对象具有一定的特性，所以产业集群与外部联系的机制也有多种类型。阿格（Aage，2003）基于不同知识创造、学习机制和边界跨越策略组合模式及产业区的知识获取能力，构建了矩阵分析模型讨论跨越边界的不同组织机制的影响，认为企业获得外部信息的三大策略：同行交流（direct peer）、守门员（gatekeepers）和制度（hierarchy），根据工作性质的不同，企业采用不同的策略获取外部知识。他认为产业区获得外部信息的最主要的方式是技术守门员的吸收转化。技术守门员是在获取信息的过程中起着中心作用的微观主体（Tushman & Katz，1980；Cohen & Levinthal，1990），不仅与内部存在紧密联系而且与外界信息资源交流频繁。技术守门员的作用是获取外部信息资源、转化吸收、然后转移给产业区内其他微观主体。根据阿格（2003）的研究成果，外部联系指的是通过不同边界跨越机制获取外部信息资源，包括信息提供者、接受者和信息转移过程；信息提供者可能是顾客、杂志，也可能是企业，信息的接受者常常积极地意识到与外界的知识联系。正如相互联系的过程一样，外部信息的来源载体也具有不同的特点。根据不同信息来源体承载解释性知识（interpretative knowledge）的程度可以分为八类（见表 2 - 6），如顾客、全球技术资源、大学和学生交流等信息来源体往往传递的知识具有较低程度的解释性，而咨询公司、非正式研究工作等信息来源常常趋向于传递高解释性知识。

表 2 - 6　　　　　　　　　　产业集群外部信息来源方式

非当地资源	过程
供应商	协作学习
竞争者	合作联盟、雇佣员工
客户	通过在项目开发过程合作解决问题达到预期目标
全球技术资源	参加会议、展览会等，查询数据和文献
大学	雇佣毕业生、与研究人员的非正式联系、向研究人员咨询
研究机构	非正式联系
区域的非本地连接	通过技术守门员联系，包括批发商和咨询公司
教育和培训体系	熟练的劳动力培养

资料来源：马莱克齐和奥伊纳斯（Malecki & Oinas，1999）.

　　大学主要通过开办国际会议、学者交流等方式推动产业集群外部链接，因而相对于企业，大学在与其他地区建立联系的方式也更加丰富。陈守明和李杰通过研究同济大学的国际知识管道建设，对外部联系的主要方式进行了总结（陈守明、李杰，2006）。

　　位于世界各地的微观主体与其他地区形成组织和认知邻近性，建立知识和信息流的通道，从而形成包括世界各地的全球集群网络（global clusters）（Lechner，Dowling，2003）。基于阿比诺等（Albino，Carbonara N. & Messeni P. A.，2007）、麦森尼和佩特鲁泽利（Messeni & Petruzzelli，2008）的研究成果，佩特鲁泽利等（Petruzzelli，Albino & Carbonara，2009）等将认知邻近性、组织邻近性和地理邻近性应用于外部知识获得的解释当中，分析了技术区（technology districts）如何利用三种邻近性获得外部知识，进一步演化成叫做技术集群（technology cluster）的一种新的经济系统（见图 2 - 3）。技术集群不仅包括位于技术区边界内的主体，而且也包括位于技术区外与区内主体具有认识和组织邻近性的部分主体。根据技术集群的特征，技术集群可以被定义为基于邻近性与外部主体建立联系扩宽了其地理边界，使得技术区演化成为技术集群。技术区主要通过组织和认知邻近性获得外部知识。具体来说，技术集群通过组织邻近性获得外部知识的机制可以分为以下四种：国际战略联盟、并购和兼并、国际联盟、跨国公司的层次相关性。通过实证分析佩特鲁泽利得出两条主要结论：一是与产业区内主体的空间距离和通过组织邻近性获得外部知识没有必然联系，二是与产业区内主体的空间距离与通过认知邻近性获得外部知识具有正相关效应。

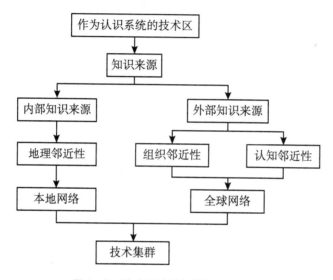

图 2-3　技术区的知识获得分析框架
资料来源：佩特鲁泽利、阿比诺和卡波纳拉（Petruzzelli，Albino & Carbonara，2009）.

产业集群与不同类型产业集群的联系方式是不同的，与一些技术领先的产业集群存在的技术人才联系和技术联系较多，而与金融实力较强地区的联系则主要是资金流动产生的商业联系。正如萨克斯恩尼安（Saxenian）所说，在产业集群技术学习过程中跨国技术社区是非常重要的，因为它能够跨越国界传递技术、管理、合同等信息，人才能够在技术层次不同的产业集群之间流动。无锡 IC 产业也具有同样类似的特点，国内企业的技术学习依赖于外部链接和与中国技术社区的联系。无锡企业的经营主要依赖于与珠江三角洲、中国香港、中国台湾和新加坡等地的联系。为了提高他们的客户服务，无锡的 IT 公司通常在珠江三角洲建立跨集群关系以及在深圳设立办事处（Chou，Ching，Fan & Chang，2011）。

表 2-7 无锡 IC 产业集群与外界的主要联系

	人才联系	商业联系	技术和装备联系	知识溢出和学习效应
无锡集群	基础劳动力供应	本地产业链的投入产出联系	实属企业的旧工厂、装备和场地	产业链中的技术学习和合作
深圳集群	销售人员	国内消费者的电子市场	—	创业和管理技能的转移、企业治理的制度形成
中国香港	金融管理人员	—	—	国际金融服务
中国台湾	技术管理团队	—	生产和管理的"Know-how"知识	企业经营模式
新加坡	—	6 英寸国际客户联系	二手 6 英寸晶圆装备生产技术	成熟的 6 英寸晶圆生产技术学习
韩国	—	—	二手 8 英寸晶圆装备生产技术	成熟的 8 英寸晶圆生产技术学习

资料来源：周、程、范和张（Chou, Ching, Fan & Chang, 2011）。

2.3.3 外部联系的主要类型

全球通道可以分为基于组织联系和基于个人联系两种通道。第一种类型是基于企业互动联系的合作关系。通过所有权和战略联盟，全球通道实现对创新资源的跨界转移。在成熟而高度发达的产业集群中，大部分全球管道是由内生型企业构建和保持；然而，在欠发达产业集群，与全球通道有联系的组织并不是内生的，常常是跨国企业的本地分支机构。跨国公司是网络组织者，经营着自己的全球管道体系，通过在不同的产业集群中建立分支机构推动货物、服务和知识的转移。跨国企业有着更加国际化的通道，能够通过所有权降低风险以及减少其他知识跨集群转移的空间交易费用，但是又具有高额的组织费用，所有权并不一定能够确保通道功能的实现。跨国企业的本地子公司或联盟合作者必须拥有较高水平的"吸收能力"和"接收能力"，促进知识和资源的转移。

第二种全球通道的类型是由个人基于社会邻近性构建的个人关系，是由亲属、朋友和其他类型的弱联系构成。个人关系典型的例子就是全球离散的犹太人之间的联系（Agrawal et al., 2006；Saxenian, 2006；Zaheer et al., 2009）。在跨越集群建立个人关系时，由于出生地的相同，他们具有文化相似性并享有

共同的国家背景，相互之间信任度很高，因而容易构建起他们之间的个人
关系。

　　根据集群内与外界联系主体的集中与分散，全球通道的网络结构可以分为
集中型网络结构和分散型网络结构。结合全球通道的类型和网络结构，产业集
群与外界的联系可以分为四种（见图 2 - 4）：即集中型通道（centralized pipe-
lines）、分散型通道（decentralized pipelines）、集中型个人关系（centralized
personal relationships）和分散型个人关系（decentralized personal relationships）。

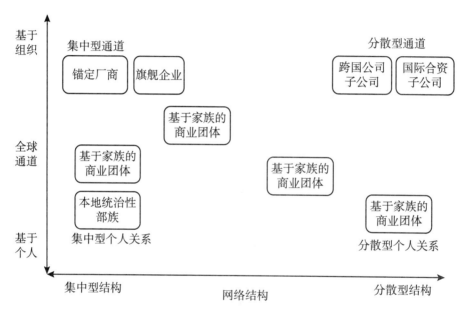

图 2 - 4　产业集群外部链接的主要类型
资料来源：罗仁泽和穆达比（Lorenzen & Mudambi，2012）.

　　第一种产业集群与外部的联系类型是集中型通道，如旗舰企业和锚定厂商
（anchor tenants）。旗舰企业是集群企业和全球市场的守门员。锚定厂商吸引来
自全球市场的顾客和投资者。在成熟发达的产业集群，旗舰企业和锚定厂商可
能是资源丰富的内生型企业，长期投资于全球管道的建设。然而，对于刚刚起
步的产业集群，旗舰企业和锚定厂商很可能是跨国企业的当地子公司。技术守
门员可能是小企业也可能是公共研究机构。

　　第二种联系类型是分散型管道，如位于集群内广泛参与当地知识共享的高
技术内生型企业、国际化合资企业或跨国企业的子公司。这两类企业都与集群
内同类企业进行了广泛的 R&D 等合作。集中型和分散型网络可能不由跨国企

业绝对大小所决定，而是与其相对大小有关系。如果一个产业集群拥有很多较大的跨国企业，他们都可能是锚定厂商或旗舰企业。因为每个跨国企业都会提供一条通道，所以网络结构可能是分散型的，硅谷和本格拉的 ICT 集群就是这样的例子。

第三种联系类型是集中型个人关系。部族是该类型的主要外部链接者，基本上是围绕德高望重者或其他领导者基于个人关系而建立的。部族统治本地的现象在亚洲比较常见，特别是在家庭联系密切的中国商业网络中。

最后一种联系类型是分散型个人关系。在高度密集的知识活动中，全球"阿尔戈英雄"是最重要的外部链接者，由相互依赖的离散人员组成，每个人都在不同的产业集群中工作。由于具有共同的语言、文化及经验，他们可能从一个产业集群跳入另一个产业集群建立合作企业。离散人员在以较低密度知识经济为特征的母国经济发展中起到了重要作用。

其中，拥有全球通道并且是分散型网络结构特征的产业集群具有持续的溢出潜力，而拥有集中型全球通道和网络结构特征的产业集群具有有限的溢出效应和较小的发展潜力（见表 2－8）。

表 2－8　　　　　　　　产业集群外部联系的类型及后发潜力

	个体尺度	集群尺度	效果
通道	战略行为，在技术方面具有本地化特性	专业化创新，技术和产业的集中增长	集中型网络结构：对个体有益的知识，有限溢出效应，较小的后发潜力
			分散型网络结构：对公共集体有益的知识，可持续的溢出效应，较大的后发潜力
个人关系	紧急行动，技术方面具有远距离传输特性	跨越多种技术和产业的多样化创新实验	集中型网络结构：对个体有益的知识，有限溢出效应，较小的后发潜力
			分散型网络结构：对公共集体有益的知识，可持续的溢出效应，较大的后发潜力

资料来源：罗仁泽和穆达比（2012）.

2.3.4　外部联系的作用效果

产业集群与外部的联系不仅能够推动升级改造，而且能够推动本地互动发展和防止产业集群路径锁定等。外部联系对于产业集群与外界隐性和显性知识的交流具有重要作用（Bathelt，2004）。然而，不同方式的外部联系的作用效果具有一定差别。

首先,外部联系能够推动产业集群经济发展。巴泽尔等(Bathelt, Malmberg & Maskell, 2004)认为不仅内部联系对于集群非常重要,而且集群外部联系也很重要,隐性知识不仅在本地转移,而且也可以通过全球通道在集群之间流动。朱利亚尼(Giuliani, 2005)认为一个成功产业集群的经济增长依赖于公司的知识基础、内部联系的强度和外部联系的强度。马尔姆伯格和马斯科尔(Malmberg & Maskell, 2006)认为坚持本地化学习的重要性不同于当地相互作用,而往往比外部互动更为重要;相反,建立与外部知识资源通道的能力本身或许是一种最重要的本地化能力。

对于不同类型的产业集群,其外部联系的作用效果差异明显。以分析型知识为基础的产业集群依赖于与集群外微观主体正式的知识、密集的研发活动以及与 R&D 机构的合作,其内部公司在全球尺度寻找他们的战略客户,供应商和知识提供商。由综合型知识为基础的产业集群更多地依赖集群本地资源,如当地招聘,本地供应商基础和当地竞争(Isaksen, 2009)。同样地,格特勒和沃尔夫(Gertler & Wolfe, 2006)发现加拿大以综合型知识为基础的产业集群其知识来源于本地,而以分析型知识为基础的产业集群更多地依靠全球化资源。对于产业集群内单个企业来说,分析型知识与综合分析型知识融合才能具有较强的创新能力(Tödtling & Grillitsch, 2015)。

产业集群外部联系能够促进本地知识互动(Scott, 2002; Saxenian & Hsu, 2001),如好莱坞电影产业集群和硅谷高技术产业集群。产业集群外部联系的作用效果与产业集群内部企业的本地知识联系和知识吸收能力也有关系。卢卡斯等(Lucas, Sands & Wolfe, 2009)认为非本地因素涉及市场联系,如由供应商、客户和竞争者组成的全球网络,公司建立和保持长距离市场联系的基础在于获得本地商业知识的能力。同样地,公司吸收集群外知识的能力部分取决于与当地知识的联系。产业集群竞争力依赖于公司利用本地和外部知识资源的能力和国际市场的成功产品。朱利亚尼等(Giuliani & Bell, 2005)认为产业集群内的知识体系及其与外界集群知识网络连接与个别企业的吸收能力具有直接关系。

产业集群外部信息获取的效果与联系主体及知识交流的方式和机制相关。对于垂直组织的知识交流类型,产业集群内技术守门员与外界的信息交流效果较好(Aage, 2003)。对于以水平联系为主的知识交流类型,竞争者之间的信息获取能力较强(见表 2 - 9)。

表 2 - 9　　　　　　　　　　产业区的外部信息获取效果

知识创造的组织方式 边界跨越机制	垂直	水平
技术守门	好	差
同行交流	差	好

资料来源：阿格（2003）.

2.3.5　外部联系与本地蜂鸣的作用对比

外部联系与本地蜂鸣对于产业集群发展的作用是不同的。迄今为止在学术界已有很多争论，有些学者认为外部联系对于产业集群的发展更为重要，而有些学者认为本地蜂鸣才是产业集群发展的关键。

近年来，学术界内出现了关于产业集群外部通道的研究，认为产业集群的发展与外部通道具有密切关系。易卜拉欣等（Ibrahim et al.，2009）通过调查美国通信集群发现集群竞争力来源并非是当地知识资源和知识溢出，而是非当地发明者。周（Zhou & Tong，2003）通过分析跨国公司的技术溢出效应，强调了跨国公司在集群形成中的重要作用。在一些发展中国家的产业集群中，跨国技术社区非常重要（Sonderegger & Taube，2010；Tsu Lung Chou at al.，2011；赵建吉、曾刚，2010）。周等学者（Chou et al.，2011）强调了由当地政府协调形成的跨国技术社区对于当地集群发展的重要性。纳楚姆和基伯（Nachum & Keeble，2003）通过调查伦敦市中心的媒体集群，发现全球联系对于知识和学习等无形因素更为重要，当地联系对于服务提供和劳动力获取较为重要。罗仁泽（Lorentzen，2007）则认为创新知识来源于全球，本地仅仅提供劳动力和企业家。

还有部分学者认为集群的发展与本地因素和外部通道都有直接的关系，集群的健康发展需要同时构建密集的本地网络和跨国通道（Bunnell & Coe，2001；MacKinnon et al.，2002；Bathelt et al.，2004；Faulconbridge，2007；Bathelt & Armin，2008；Karlsen，2011；Henn，2012；Bathelt & Cohendet，2014；朱华友、王缉慈，2014；魏江、徐蕾，2014）。在产业集群内企业全球化的过程中，本地网络会有所调整，但本地互动和全球联系对于产业集群发展都很重要（吕国庆、曾刚、顾娜娜，2014）。郑准等（郑准、文连阳、庞俊亭，2014）认为本地网络与跨国通道都会推动集群发展，并充分肯定知识守门员的重要作用，构建了"本地流转—知识守门者—全球管道"分析机制。德·马蒂诺等（De Martino et al.，2006）认为随着集群内企业全球联系逐渐增强，与本地其他企业之间的联系会弱化。随着企业获取外部资源战略的加强，集群内联系和集群之间联系的关系将会重新调整。

对于知识产生不同的活动过程和不同的知识类型，其本地互动和全球链接特征也各不相同。穆迪森（Moodysson，2007）通过研究发现在知识产生的整个过程中，全球链接特征更加明显；对于不同的知识类型，分析型知识主要是通过头脑风暴在本地企业或研究团队产生，而通过认知社区在全球扩散，综合型知识的全球链接特征更加明显（见表 2 – 10）。

表 2 – 10　　　　　　　不同知识创造过程中的本地—全球特征

活动类型	知识创造的类型	空间特征	产生互动学习的组织
头脑风暴	分析型	本地	企业或研究机构团队
问题解决	综合型	全球	实践社区
设计和再设计	综合型	本地—全球	实践社区
扩散	分析型	全球	认知社区
专利保护	综合型	本地	企业或研究机构团队
商业化	综合型	全球	国际组织联盟

资料来源：穆迪森（Moodysson，2007）.

2.4　全球生产网络理论研究进展

全球生产网络是在经济全球化背景下提出的，在价值链、商品链和网络等理论基础上形成的解释经济全球化的分析框架。全球生产网络的研究学派主要包括以彼得·迪肯（Peter Dicken）为代表的曼彻斯特学派和以迪特·厄恩斯特（Dieter Ernst）为代表的夏威夷学派。他们对全球生产网络概念、分析框架、网络结构、全球生产网络与世界城市网络（Coe，Dicken & Hess，2010）、服务业全球网络（Coe & Wrigley，2007）、全球生产网络中的根植性（Hess & Coe，2006）、全球生产网络与乡村变化（Kelly，2009）、全球生产网络与中国经济转型（Henderson & Nadvi，2011）、全球生产网络与地方产业升级（Ernst，2002；Ernst & Kim，2002b；Ernst，2008；Yeung & Coe，2014）等研究进行了深入的探讨。

2.4.1　全球生产网络概念与内涵

童昕和王缉慈在 1999 年就对 PC 产业的全球分布及联系网络进行了分析，然而并未对全球生产网络的概念、分析框架进行系统阐述（童昕、王缉慈，1999）。21 世纪初，国外学者创建了全球生产网络的分析框架，以分析经济全球化的现象。在整合价值链、网络和根植性、个人网络、全球商品链和价值链理论的基础上，曼彻斯特学派提出了全球生产网络的理论分析框架（Coe，Dicken & Hess，2008；Dicken et al.，2001；Coe et al.，2004；Henderson et al.，2002）。曼彻斯特学派认为全球生产网络是由企业和非企业机构组成的具有功能和运营联系的全球组织网络，通过这种网络产品得以生产和分配，服务得以产生。这种网络不仅通过产权和非产权关系将企业（或企业的一部分）整合在一起，使得传统的组织界限越来越模糊，而且将区域和国家经济整合到网络中，并影响着地区经济的发展。同时，特定的社会政治背景深深地影响着以企业为中心的生产网络。这个过程非常复杂，因为社会政治背景具有特定的地域范围（虽然不是唯一，但主要是在国家和区域尺度上），而生产网络本身并没有特定的地域范围。在监管障碍和非监管障碍、本地社会文化环境的影响下，全球生产网络以高度差异化的方式打破国家和区域界限，最终构建一种位于不连续地域上的网络结构。（Coe et al.，2004；Henderson et al.，2002；Dicken & Malmberg，2001；Hess & Yeung，2006；Coe，Dicken & Hess，2008）。与曼彻斯特学派不同的是，厄恩斯特更加关注全球生产网络中的权力关系，认为全球生产网络包括企业之间和企业内部的交易和合作，将旗舰企业的下属机构、合资企业与下级分包商、供应商、服务商和战略联盟的合作者联系起来（Ernst D.，2002）。还有一些学者结合价值链理论讨论全球生产网络内涵，将全球生产网络定义为生产和提供最终产品与服务的一系列企业关系，这种关系将分布于世界各地的价值链环节和增值活动连接起来，从而形成了全球价值链或全球商品链（张珺，2008；Sturgeon，2002）。

2.4.2　全球生产网络的分析框架

厄恩斯特与曼彻斯特学派拥有不同的全球生产网络分析框架（见图 2 - 5）。在厄恩斯特的全球生产网络分析框架中，全球生产网络指的是一种新的全球经济空间组织方式，强调全球价值链在空间的分布情况，注重生产功能在企业网络中的组织和分布。曼彻斯特学派所提出的全球生产网络继承与吸收了价值链和商品链等相关理论，从多种空间尺度分析全球化过程中的经济空间组织形式，注重制度对于全球生产网络的影响，并强调国家和地方政府与跨国企业的博弈等。

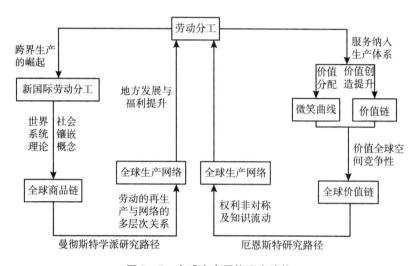

图 2-5　全球生产网络研究脉络

资料来源：李健等（2011）.

曼彻斯特学派提出的全球生产网络基于价值（Value）、权力（Power）和根植性（Embeddedness）三个基本要素，从企业（firms）、产业（Sectors）、网络（Networks）和制度（Institutions）四个维度分析全球、区域和地方经济社会的关系。

其中，价值包括了价值创造、价值增值和价值获得三个方面。在价值创造过程中，主要包括两大研究问题。第一，在什么条件下，劳动力能够转化成实际的劳动并产生价值。这不仅与劳动力的技能、工作条件和生产技术相关，而且与劳动力相关的社会制度环境具有直接关系。第二，企业是否能够通过以下五条途径获得利益：（a）非均衡的核心产品生产技术能力（技术利益）；（b）"及时生产"和"全程质量控制"等特殊的组织和管理技术（组织利益）；（c）各种各样的关系，这些关系牵涉到与其他企业生产联系的管理、战略联盟的发展、与中小企业集群联系的管理（关系利益）；（d）在主要市场中建立品牌（品牌利益）；（e）额外的利益是由贸易保护主要政策引发的产品稀缺导致的结果（贸易政策利益）。价值增值过程主要包括四个方面：（a）在特定生产网络内外企业之间技术转移的性质和程度；（b）网络内龙头企业和其他主要企业推动供应商和分包商发展产品技术和质量的程度；（c）在劳动过程中是否对技术的要求越来越高；（d）本土企业是否能够创造组织、关系和品牌利益。在这四个方面中，政府机构、贸易协会、工会组织等制定的制度对价值增值产生决定性的影响。价值产生、增值和获得是具有一定差异的，这主要涉及以下三个方面：（a）管治政策，如企业资产的性质、所有权结构和利益调回母国的政策管治（repatriation of profits）；（b）企业所有权，如外商独资、内资或合资企业；（c）特定国家政治背景下企业整理模式的性质。

全球生产网络中的权力资源和作用方式决定了价值增值、获得和地区发展的未来。权力包括企业权力、制度权力和集体权力。其中，企业权力指的是全球生产网络中的龙头企业具有能力影响网络中其他企业的决策和资源获取。这种权力非均衡地分布在生产网络中，少数企业具有足够的自治权发展和实现它们生产升级等战略目的。另外，这些少数企业能够合作从而提升在全球生产网络中的地位，如由中小企业组成的嵌入全球生产网络中的产业区。制度权力的主体主要包括以下 5 种：（a）国家和地方政府；（b）国家组成的机构，如欧美、东盟和北美自由贸易组织；（c）"布雷顿森林"形成的组织和世贸组织，如国际货币基金组织和世界银行；（d）各种联合国组织，如国家劳工组织；（e）国际信用评级公司，如穆迪、普尔等企业。集体权力主要指的是集体组织通过这种权力影响企业在全球生产网络中的位置、政府部门和国际货币基金组织与世贸组织等国际组织。

全球生产网络中不仅企业之间存在功能生产联系，同时企业和网络根植于特定的社会空间当中。在这种根植化过程中，母国和东道国的制度与文化都对全球生产网络具有重要影响。根植性主要包括网络根植性和地域根植性。为了在经济全球化背景下获得发展机会，地方政府和当地企业通过地域根植性与全球生产网络链接，成为全球生产网络的一个节点。地域根植性主要包括两种情况：另一种是龙头企业进入新的区域，另一种是龙头企业吸引上下游企业进入本地。但是，这种地域根植性的作用也不全是正面的，一旦跨国企业切断与本地企业的联系，去根植性现象就会发生，地区就会陷入经济发展的困境。在网络根植性中，全球生产网络中主要存在正式和非正式的各种各样稳定的联系。

曼彻斯特学派全球生产网络的分析框架一般从企业、产业、网络和制度四个维度分析价值创造和流通过程、权力运作机制以及根植性过程及效果（见图 2 - 6）。

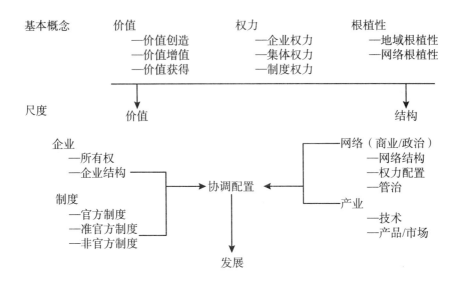

图 2 - 6　曼彻斯特学派全球生产网络分析框架

资料来源：汉德尔森等（Henderson et al. , 2002）.

　　企业。企业之间是具有明显差异的，甚至在同一行业、企业之间的战略目标、吸收劳动力的能力和与供应商的联系都是不相同的。当同一产业中有相同价值创造方式、权力运行模式的企业时，具体企业的差异性具有重要的作用；无论这些差异源于什么，它们将会卷入全球生产网络中。龙头企业主要通过发展自己的自治权建立全球生产网络，而其他企业如供应商和承包商主要加入其他龙头企业形成的全球生产网络中。

　　产业。在相同的产业中，企业创建的全球生产网络具有一定的相似性。相同的技术、产品和市场约束导致相同的提升竞争优势的方式，从而导致相同的全球生产网络结构。因此，产业并不能按照统计分类方法，应该重新界定。除了具有相同的技术和竞争方式，相同产业中的企业通常具有相同的"语言"（language）和与其他产业特殊的联系结构。一个产业不仅包括龙头企业、供应商等企业，而且包括劳工组织等产业组织、职业培训机构等。

　　网络。在各种各样的网络中，管治成为一个特别的话题。由于企业和产业组合的多样性，权力运行的方式呈现多样性特点，所以管治结构也具有明显的差异性。例如，特定网络中的次一级企业向价值链高端移动，对地区经济发展产生积极影响。

制度。制度主体对全球生产网络在地方和全球尺度都具有影响。他们更加关注本区域内的价值产生、增值和获得，并设定一些规范、工作条件和工资水平。他们关注的中心问题是全球生产网络是否能够促进本地经济、社会发展。当然，制度对于全球生产网络的作用可能是正面的、也可能是负面的（Henderson et al.，2002）。

2002 年，厄恩斯特也提出了全球生产网络的分析框架（见图 2 - 7），用以解释发展国家中巨型企业的全球链接，包括企业内部和企业之间的交易和合作形式。全球生产网络将旗舰企业的子公司、附属工厂和合作企业与承包商、供应商、服务商以及战略联盟的合作者联系在一起。在他提出的全球生产网络的分析框架中，驱动力主要包括自由化、信息技术和竞争。其中，自由化包括贸易自由化、资本自由化、FDI 自由化和私有自由化。厄恩斯特认为这些网络的主要目的是为旗舰企业迅速提供低价资源和知识以保持其竞争力。在此分析框架中，全球生产网络主要包括旗舰企业和本地供应商两种要素（Ernst，2002；Ernst & Kim，2002b）。

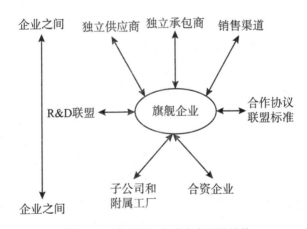

图 2 - 7　厄恩斯特全球生产网络结构

资料来源：厄恩斯特和金（Ernst D. & Kim L.，2002）.

旗舰企业。旗舰企业主要包括两种：第一种是品牌企业（brand leaders），如思科、GE、IBM 等，第二种是合同厂商（contract manufacturers），如旭电和伟创力，它们通过为全球品牌企业提供完整的商品链服务建立自己的全球生产网络。旗舰企业位于网络的中心，管理、控制着整个网络的战略，是组织中的领导者。旗舰企业的战略直接影响着专业供应商和承包商等低端合作者的网络地位，但后者对前者并没有反作用。同时，旗舰企业通过控制关键资源促进创新，并促进交易和知识交流。

本地供应商。同样被分为两种类型，一种是高端供应商，另一种是低端供应商。高端供应商包括台湾宏基集团等，起着链接旗舰企业和本地供应商的作用，直接与品牌企业和合同厂商进行交易，拥有包括技术等资源，具有自己的小型全球生产网络。而低端供应商处于一种更加不确定的位置，其竞争优势主要来自低成本、速度和运输的灵活性，很少直接与全球旗舰企业产生联系，缺乏自己的技术等，容易受到外界技术、市场和金融危机等影响。

虽然曼彻斯特学派和厄恩斯特几乎同时提出了全球生产网络，但两者具有一些明显的差别。第一，厄恩斯特更加关注全球生产网络中的旗舰企业，强调旗舰企业的统治性权力。而曼彻斯特学派虽然也强调全球生产网络中的巨型企业，但更加注重在巨型企业本地根植过程中与其他中小企业的联系。第二，厄恩斯特更加强调旗舰企业生产功能的扩散，忽视了服务功能。第三，厄恩斯特提出的全球生产网络分析框架比较注重编码化知识的交流，几乎没有涉及隐性知识的传播。第四，曼彻斯特学派提出的全球生产网络比较注重地方社会、文化和制度对全球生产网络的影响。第五，与曼彻斯特学派相比，厄恩斯特更加注重用全球生产网络理论分析发展中国家地方产业升级的问题。

2.4.3 全球生产网络与区域发展

在全球生产网络理论提出之前，关于全球化与区域发展关系的研究主要集中在新区域主义和全球商品链/价值链两个研究领域（苗长虹等，2011）。前者重视区域发展的内生制度结构及其"控制"（hold down）全球网络的能力（MacLeod，2001；Scott，1998；Storper，1997）。后者则强调企业网络和全球商品链/价值链，关注跨国企业的生产组织结构及其特定区域嵌入这些网络中对于产业升级的影响（Gereffi & Kaplinsky，2001；Gereffi，1994，1996）。由于全球生产网络强调生产网络和空间网络的连接，它克服了早期新区域主义过分强调地方交易与制度形式而轻视跨区联结的缺陷，也弥补了早期全球商品链/价值链分析过分依赖国家尺度而对国家内部的区域空间及其制度如何整合进跨国生产系统并被其塑造这一问题研究的不足。进入 21 世纪后，新区域主义和全球商品链/价值链理论开始相互学习和借鉴，新区域主义理论开始关注外部动力在促进地区经济增长中的作用，如知识、资本、劳动力以及区域根植于更大范围内的制度体系（Amin，2002；MacKinnon et al.，2002；Bunnelland

Coe，2001；MacLeod，2001，Lovering，1999）。相反，全球商品链/价值链理论则开始探讨区域集群和产业区如何嵌入全球生产网络及其对地方经济和产业升级的影响（Bair & Gereffi，2001；Gereffi et al.，2001；Humphrey，2001；Sturgeon，2001；Humphrey & Schmitz，2000）。全球价值链与地区产业集群结合促使区域产业升级成为学术界的热点之一（文嫮、曾刚，2005；文嫮、曾刚，2004；文嫮，2005；张辉，2004；梅丽霞、王缉慈，2009；周春山、李福映、张国俊，2014；Gereffi，2014）。

近年来，曼彻斯特派的部分成员也将研究重点转向全球生产网络与地方经济发展的关系，提出了"战略耦合"概念以解释地区发展与全球生产网络之间的关系（Coe et al.，2004；Yeung，2009a；Yeung，2009b）。

考伊等（Coe et al.，2004）认为区域发展是关系或者相互依赖的过程，它最终依赖于这种战略耦合激发价值创造、增值和获得过程的能力。考伊等指出，区域发展可以概念化为地域化的关系网络与全球生产网络在变化的区域管治结构中复杂地相互作用的动态结果（见图 2-8）。正是这种具有互补性和协同效应的相互作用，推动着区域发展。在竞争日益全球化的时代，在任何特定的历史时刻，区域发展都必须同时具备三个相互关联的条件：①特定区域内源于技术—组织—地域的三位一体而形成的规模经济和范围经济的存在，它构成

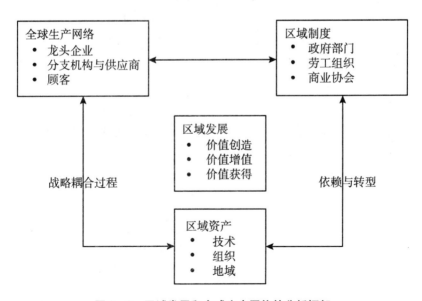

图 2-8　区域发展和全球生产网络的分析框架

资料来源：考伊等（2004）.

了区域发展的先决内部条件——区域资产；②全球生产网络中地方化经济的可能性——区域资产与位于全球生产网络中跨越本地行动者的战略需求之间具有互补性和战略耦合效应；③区域制度的合适结构能够抓住全球生产网络并释放区域潜力——战略耦合得以实现的制度条件。区域制度不仅包括区域特定的制度，而且包括影响区域内活动的跨越本地的制度，能够吸引龙头企业高附加值活动在区域的布局，实现价值创造，能够通过与区域资产的相互作用，通过龙头企业的知识与技术转移和产业升级，实现价值增值，还能够通过权力和控制——与龙头企业的讨价还价，实现价值捕获（Coe et al.，2004；苗长虹等，2011）。在全球生产网络和地方战略耦合的过程中，本地化因素和非本地化因素的表现是不相同的（见表2-11）。

表2-11 区域发展的本地和非本地要素

要素	本地表现形式	非本地形式
企业	本地中小企业	跨国企业
	产业集群	企业分支机构
	区域内部市场	遥远的全球市场
	风险资本机构	分散的商业和金融网络
		全球生产网络
劳动力	熟练和非熟练工人	专家和技术人才
	永久居民	临时居民
		跨国商业精英
技术	溢出效应	全球标准与实践
	隐性知识	企业内部研发活动
	基础设施和资产	技术授权
		战略联盟
制度	传统和规范	劳工和贸易联合会
	增长同盟	商业组织
	当地政府	国家机构和政府
	发展机构	机构联盟
		国际组织

资料来源：考伊等（2004）.

采用全球生产网络视角来分析区域发展，至少在以下两方面对新区域主义和全球商品（价值）链的分析框架具有补充和发展作用。一是采用动态的方法将区域发展看做"一个移动的目标"，区域资产的演化尽管存在着路径依赖，但透过并借着全球生产网络，区域可以打破这种"锁定"的发展轨迹，因此这种视角不会过分强调阻止变化和转型的内生结构。例如，一个区域可以在一个特定的全球产业或全球产业的一个片段享有相对的优势。但当全球尺度上该产业内部发生危机时，就会促使问题中的区域寻求替代发展路径，如果成功，就会导致路径依赖的终结。二是采取比较的方法，通过对交互作用互补性和协同效应的分析，有助于更好地理解为什么具有相似内生增长因素的区域有的能够获得发展的动力而有些失去发展的机会（Coe N. M. et al.，2004，苗长虹等，2011）。

杨伟聪等学者进一步丰富了战略耦合理论，解释了亚洲特定区域的大型商业公司与领军产业合作伙伴的战略耦合过程对于区域发展方向的影响（Yeung，2009a；Yeung，2009b）。他认为战略耦合指的是具有共同利益和战略目标、合作关系的两个或多个行为主体相互依存、相互制约的过程。在区域发展的背景下，战略耦合指的是本地行为主体和在经济全球化背景下的合作者协调、协商并达到战略意图的一种动态变化过程。这些跨区域的合作过程不仅涉及商品交易过程中的物质流，而且也包括非物质流，如信息、人才和经验（Yeung，2009a）。通过分析亚洲地区发展与跨国企业的关系，杨伟聪提出三种战略耦合类型及其影响下的多种区域发展路径（见表 2 - 12）。从演化视角来看，区域成功嵌入全球生产网络需要经历战略耦合、战略去去耦合及战略耦合重构（Horner，2014）。

表 2 - 12　　　　　　　　战略耦合、全球生产网络、区域发展模式

	战略耦合类型		
	国际合作	本土创新	生产基地
GPN 体系区位转移	成本效率	公共补贴	低生产成本
组织变化	垂直专业化分工	新的竞争和新兴龙头企业兴起	国际外包和转包
技术变化合作机制	市场快速反应	新产品和生产技术	先进的交通技术

生产网络与区域创新论丛

	战略耦合类型		
	国际合作	本土创新	生产基地
跨国社区	事务性链接，商业情报和市场知识	脑力回流和归国留学技术人员	管理人员和中介商
产业组织	战略伙伴的成长和TNC的全球本土化	国家竞争优势增强和新领导型企业兴起	中小企业和新产业区
政府和制度	劳动力、技术和基础设施的升级	战略性产业政策	财政金融支持
区域发展模式	区域独立	区域财富增加且独立	依赖外部
东亚区域案例	新加坡和台北－新竹	首尔大都市区、台北－新竹、新加坡、长三角和珠三角	马来西亚槟榔屿雪兰莪州、泰国曼谷、长三角和珠三角
相关产业	电子、石化、金融、运输物流业	电子信息、汽车、运输、通信业	电子信息、汽车、服装和玩具业

资料来源：亨利（Henry，2009a）.

2.5 研 究 评 述

20 世纪后半期，随着分工深化与科技发展，全球经济的组织方式发生了革命性的变化。垂直一体化且体制僵化的"巨无霸"企业并不一定能够推动地区繁荣，而柔性专业化生产方式（Storper & Christopherson，1987；Piore & Sabel，1984）成为区域经济组织的主要形式以及区域竞争力的主要来源；同时，网络式创新代替线性创新成为推动知识经济创新发展的重要力量。20 世纪 80 年代后，经济地理学界关于网络理论的研究主要分为两支：一是新区域主义提出的产业集群理论，强调地方网络的重要性；二是全球生产网络理论，强调以跨国公司为中心的全球网络。

在网络研究领域中，新区域主义的产业集群理论成果较为丰富。从 20 世纪 80 年代以来，国内外关于产业集群的研究成果数量急剧增加，研究内容不断丰富，研究领域不断拓展（波特，1990，1998，2001；王缉慈，2010）。现有产业集群研究文献不仅解释了欧美发达国家部分地区通过企业合作保持国际竞争力的经济现象，而且解释了发展中国家地区企业集聚、快速发展的现象。产业集群理论主要解释了区域发展的推动力，分析了相互合作保持区域竞争力的主要机制，阐述了本地制度、文化在保持企业合作网络中的作用。现有产业集群理论研究成果包括了产业集群的概念及内涵、类型、合作机制等（Scott，1993；OECD，1999，2001；王缉慈，2001；Tichy，1997；Markusen，1996）。近年来，经济地理学界对传统封闭式的产业集群进行了反思，将外部通道纳入产业集群的研究范畴中。部分研究成果开始注重外部通道对于产业集群创新的作用（Bathelt，2004），关注产业集群外部联系的微观主体、主要方式、类型、作用效果等，还有部分成果在全球价值链等视角下对产业集群升级等问题进行探讨（文嫣，2006；张辉，2005）。但是，产业集群理论并不能完全解释经济全球化背景下不同地区产业集群之间相互依赖共同发展的经济现象。

与产业集群理论截然相反，全球生产网络理论注重由跨国企业形成的全球网络，强调地区发展的外生性（Ernst，2002；Dicken，2006）。全球生产网络解释了全球化的经济现象，分析了全球的生产组织机制，其主要研究成果主要包括了全球生产网络的概念及内涵、分析框架、与区域发展的关系等方面（Coe et al.，2004；Yeung，2009a，2009b；Ernst，2008）。曼城斯特学派与夏威夷学派提出的全球生产网络具有明显的差别。曼彻斯特学派批判地吸收价值链、商品链等理论的基础上，基于价值、权力和根植性三个基本要素，从要素、企业、网络和制度四个维度分析了全球、区域和地方经济社会的关系；不仅注重跨国企业主导的资本、技术等全球流动，而且关注地方制度、文化等要素对全球网络的响应。夏威夷学派关于全球生产网络的研究以企业为主线，较少涉及国家制度及文化等影响，强调不同生产功能的全球组织（李健、宁越敏，2011）。然而，全球生产网络太过重视跨国企业、不重视由中小企业组成的地方网络的作用，并不能回答全球生产网络与地方产业集群之间的关系、地区发展的内外因素及其互动机制等科学问题。

随着全球化和本地化的深入，企业越来越明显地集聚于全球特定的区域内，资金、技术、人才等创新要素的全球流动更加频繁，不同区域产业集群之间的相互依赖性与日俱增，极大地推动了全球经济的创新发展。由单个产业集群组成的全球产业集群合作网络成为世界经济发展新的空间组织表现方式。如硅谷、台湾新竹和上海张江之间相互联系共同发展的现象。跨界产业集群之间合作网络是形成全球产业集群合作网络的基本单元。因此，分析跨界产业集群之间合作网络是理解全球产业集群合作网络的关键所在。然而，产业集群、本地蜂鸣—全球通道、全球生产网络等理论均无法整合全球化与地方化两种驱动力,解释这种跨界产业集群之间合作网络的经济现象,无法解释不同地区产业集群之间为什么合作发展、如何协同演化等问题。目前,经济地理学迫切需要构建跨界产业集群之间合作网络分析框架,以解释全球化背景下新的全球经济空间组织现象。

第 3 章

跨界产业集群之间合作网络的
经济地理学基础

自 20 世纪 80 年代以来，经济地理学界对全球生产网络、产业集群、网络权力（技术守门员）、实践社区和演化经济地理等理论进行了深入系统的分析。本书认为，与跨界产业集群之间合作网络相关的理论有实践社区、人才环流、网络权力、技术守门员、演化经济地理等。这些理论为整合产业集群与全球生产网络理论，并构建跨界产业集群之间合作网络分析框架提供了理论支撑。

3.1　实践社区与人才环流

20 世纪 90 年代初，实践社区被社会学研究者提出（Brown & Dugid，1991；Lave & Wenger，1991；Wenger，1998），此后实践社区的内涵、特征等方面在管理学、社会学和经济地理学科内得到广泛讨论（Contu & Willmott，2003；Fox，2000；Handley et al.，2006；Marshall & Rollinson，2004；Mutch，2003；Roberts，2006）。与实践社区相关的概念有技术社区和人才回流等，它们都强调人与人之间组成非正式的关系，以及产生隐性知识的传播，推动学习和创新发生。

3.1.1　实践社区概念及内涵

1991 年，拉弗和温格（Lave & Wenger，1991）第一次明确提出实践社区（community ofpractice）的定义，他们认为实践社区是指人、活动和领域之间的关系集合体，随着时间推移相互重叠产生联系，是知识存在的固有条件。此后，温格（Wenger, 1998）在 1998 年更加详细地描述了实践社区的内涵，认为实践社区是讨论和学习的重要场所。温格（Wenger, 1998）并且提出判断实践社区的三条标准：第一，相互联系的成员通过会见建立联系；第二，成员具有共同的事业认同；第三，成员具有共同的社会资源及认识，如语言、惯例和故事等。2001 年，管理学相关研究人员将实践社区概念引入中国。陈建华认为实践社区是指由于具有特别专长或工作的群体成员，为了使工作更有效率或对工作的更深理解，进行广泛交流和相互帮助的过程中，形成了对兴趣和目标的共同感知，以及具有分享与工作相关的知识和经验的共同愿望，由此而形成的一种特殊的建立在工作与实践基础之上的非正式网络组织（陈建华，2001）。

3.1.2 实践社区特征

由于实践社区并不能具体为参与者的谈话，实践社区的存在并不是非常明显，但实践社区也具有一些明显的特征（见表 3 - 1）。

表 3 - 1	实践社区的特征
实践社区的核心特点	
持续的共同联系——和谐的和有冲突的	
参与合作方式的共享	
信息的快速流动和创新扩散	
没有"前言"，好像对话和联系是一直存在的	
对于新出现问题的迅速讨论	
参与者描述的大量重复	
了解其他人知道什么、做什么、如何去做	
相互表明身份	
评估行为和产品的能力	
具体的手段，表述和其他策略	
具有共同的本地知识，共享故事、笑话	
具有专业术语和快捷方式联系其他成员	
具有明显的成员特征	
具有对世界的共同认识	

资料来源：温格（Wenger, 1998）.

实践社区与正式工作小组、项目团队和非正式网络组织在组织目的、组织成员、组织特点和组织周期等方面具有明显的差别（见表 3-2）。项目团队的参与者会有正式指派，并以契约形式规定每位成员相应的任务和目标；实践社区的参与者并没有任何契约式指派，也不需要在指定时间内达到某些目标（Wenger，McDermott & Snyder，2002）。项目团队运行效率的高低是以完成目标的速度及质量来测定，而实践社区是以开发和交换实践的质量来衡量。项目团队会因为目标达到而终止，实践社区没有固定目标更不会因为目标实现而终止。实践社区又与非正式网络存在明显的差别（刘丽华、徐济超，2010）。实践社区成员在特定领域中具有共同的实践兴趣，非正式网络成员并没有较为统一的实践活动或兴趣。实践社区聚焦于提高特定领域成员的技术专长，而非正式网络成员不认为网络有利于职业需要和业务关系的培养。

表 3-2   实践社区与相关组织的差异

	组织目的	组织成员	组织动力	组织周期
实践社区	提升成员能力，知识创造和扩散	自我选择	激情、承诺和专家团队的认可	只要兴趣存在
正式工作小组	支付产品和服务	向管理人员汇报的成员	工作需要	直到改组
项目团队	完成具体的工作	高级管理人员指派的雇员	项目目标	直到项目完成
非正式网络组织	收集和传递商业信息	朋友和商业熟人	相互需要	只要有联系的必要

资料来源：温格和希德（Wenger & Snyder，2000）.

3.1.3 人才环流与技术社区

与实践社区不同的是，技术社区和人才环流主要关注多个空间单元智力要素流动导致的知识流动。而实践社区更多地强调人员之间的交流产生的隐性知识传播，忽视了空间的作用。人才流动和人才环流形成跨国社区，从而促使不同地区之间知识能够快速流动，形成相互依赖发展的形势。

3.1.3.1 人才流失与人才环流

人才流动对知识溢出具有直接的影响，对区域发展具有重要的作用（南旭光，2009；于海云、赵增耀、李晓钟、王雷，2015）。从流动方向进行分类，人才流动包括人才流失和人才环流。前者指的是早期人才从某些不发达地区向发达地区转移的现象，后者指的是发达区域的人才向不发达地区回流的现象（Saxenian & Hsu，2001；Saxenian，2005）。

在20世纪60年代，"人才流失"概念就已被提出，指的是英国等欧洲国家人才向美国迁移的现象。后来，"人才流失"主要指的是中国、印度、新加坡、巴西、阿根廷等发展中国家人才向欧美等发达国家流失的人类迁移现象（文嫮，2005）。随着发展中国家的快速发展和经济全球化的深入，传统的人才流动模式已经发生根本性的变化。早期，从发展中国家进入欧美等发展国家并工作多年的技术人才逐渐回到中国、印度和新加坡等母国。此时，欧美等发达国家成为中国、印度、等发展中国家的人才储备库，各类专家技术人才纷纷回国创业或工作。"人才环流"正是对这种现象的提炼。具体来说，人才环流不仅指人才永久性地回到母国工作，也包括暂时性回国交流，如学术交流、科研合作、回国讲学、提供信息和技术咨询等（文嫮，2005）。

然而，人才环流并不一定能够促进地区经济发展，受人员素质和地方环境等影响。陈（Chen，2008）通过研究背景中关村归国留学人员，发现由于种种原因，这些人才并没有台湾新竹等地的现象，并没有极大地推动中关村的发展，主要障碍包括人员素质和本地知识的控制结构等。对于归国留学人员来说，管理全球创新网络需要很长时间的知识积累，而中关村比台湾新竹起步晚了近30年（Chen，2008），中关村归国留学人员拥有较少的经验管理这种全球创新网络。此外，中关村的知识资产，如风险资本和实验室等都被中国政府控制，只有少数归国留学人员能够接近并使用。这两种障碍阻碍了人才环流推动中关村快速创新发展。

3.1.3.2 技术社区与跨国社区

技术社区和跨国社区是人才流失和人才环流引发的结果。技术社区和跨国社区是连接两地的重要组织，也是促进地区相互依赖发展的重要因素，同时也是连接跨国企业与本地发展的重要方式（Saxenian & Hsu，2001）。

近年来，国内学者逐渐重视技术社区的作用，并对技术社区概念进行了一些初步界定（张珺，2007；赵建吉、曾刚，2010）。技术社区首先是一种知识社区（张珺，2007），是由在某一领域拥有丰富实践知识和专业技能的研究人员、企业家、工程师形成的组织，并且具有共同的原则和价值观念（赵建吉、曾刚，2010）。从成员上来讲，技术社区的规模并不是固定的，其成员不断发生变化，并且也无法拥有确切的成员数量。与项目团队不同，技术社区内成员并没有彼此约束关系，相互之间非常独立，也不存在权力大小等因素。技术社区的产生具有一些基本条件，如交通与通信技术的普及。此外，共同的语言、相互信任会促使技术社区成员之间联系更加紧密，知识流动更加频繁，推动技能扩散和创新发展。

如果，技术社区在空间层面跨越国界就会产生跨国社区，跨国社区一般是在发达国家与发展中国家人才流动过程中产生的一种组织现象。跨国社区在远距离经济体之间转移知识和技能，其运行需要更加便捷的交通和通信条件，以及多种语言、文化共享的能力。

3.2　网络权力与技术守门员

3.2.1　网络权力

3.2.1.1　网络权力内涵

国外学者较早地对网络权力进行了界定及分析（Bridge，1997；Smith，2003；Bridge，1997；孙国强、张宝建、徐俪凤，2014），在国内经济地理学界，景秀艳和曾刚最早界定了生产网络内部的权力（景秀艳、曾刚，2006）。布里格（Bridge）认为指的是生产网络中连接知识和生产并拼合其他企业的能力，是由企业权力理论演变而来。景秀艳和曾刚（2007）认为网络权力与政治统治力或借助武力实现的控制力不同，指的是龙头企业对其他上下游企业的影响力和控制能力，在特定的生产网络中一个企业驱使其他企业实现自身利益最大化的控制能力。网络权力的主体是特定生产网络中驱动能力较强的核心龙头企业（Smith，2003）。在网络权力理论中，资源的占有状况决定不同企业在网络中的权力地位（景秀艳，2007）。特定生产网络中不平等的网络权力主要体现在价值链环节的占据及价值获得当中（Bridge，1997）。

技术权力是网络权力中的核心概念，是网络结构非均衡性的重要表现，最早由曾刚首次明确提出（林兰、曾刚，2010）。他认为在经济全球化时代，区域之间拥有技术的质和量存在差别，企业网络与组织的技术势能、技术影响力各不相同，核心技术具有价值高、难以模仿等特征，其拥有者在企业间的相互关系中具有较大的影响力，即拥有技术权力（曾刚，2008）。此后，技术权力得到经济地理学者的广泛关注，并获得深化发展（张云逸、曾刚，2010）。张云逸（2009）认为技术权力指的是在特定的生产领域，技术等级较高的企业利用技术优势驱使其他关联企业行动以实现自身利益最大化的控制能力。技术权力不仅体现了技术主体对于其他企业的影响力，同时也体现了生产网络中企业相互之间的关系，因此技术权力强调生产网络中企业相互作用过程中的利益不平等性。

根据权力的来源，网络权力可分为知识权力和结构权力（张巍、党兴华，2011）。知识权力指的是按照知识配置而产生的权力，结构权力指的是按照企业在技术创新网络结构中的地位而配置的权力。知识权力较高的企业主要凭借所拥有的知识资源，结构权力较高的企业主要依靠在生产网络中所处的特殊地位。根据对网络其他成员企业影响情况来分，网络权力也可以分为强制权力与非强制权力，强制权力会减少成员之间的合作，加剧网络中成员的竞争，非强制权力会增强网络成员之间的合作行为，减少成员之间的竞争行为（谢永平、韦联达、邵理辰，2014）。

3.2.1.2　网络权力特点

网络权力具有一定的特性，在运行过程中表现出互依性、结构性、中心性、空间性、动态性等特征（景秀艳，2007）。

互依性。依赖关系是网络权力的核心，网络成员既要受其他企业的影响，又对相关企业具有一定的影响力。在特定的网络中，主体之间的相互依赖关系与资源分配密切相关，权力在相互依赖关系的基础上将资源和价值分配至参与者中。

结构性。网络权力体现了企业在网络中的实际地位，源自于与其他企业进行合作的力量。不同的企业根据其拥有资源的性质及数量在网络中具有不同的网络权力，制约着其他企业的生产及创新行为。网络权力的大小与企业距离网络中核心龙头企业的关系距离之间相关，距离越小，权力越大。

中心性。在生产网络中，企业拥有的网络权力不同，其相互依赖程度也并不相同。核心企业或组织机构对关键资源具有更高的处置权力，在与其他企业的合作过程中处于中心地位（Castells，1996）。

空间性。网络是依托与一定的空间，网络治理离不开处于不同地域空间上的网络成员。因此，相互成员之间的空间关系赋予了网络权力的空间属性。此网络权力的运行自始至终交织着对空间关系的控制和依赖。

动态性。第一，网络权力只有在企业合作过程中才会表现出来，这是一种动态的表现方式。第二，网络权力在网络结构当中不是一成不变的，随着外部环境的变化及内部结构的变化，单个企业的网络权力也会随之发生变化。

3.2.1.3　网络权力运行机理

网络权力具体表现为进入权、管理权和代理权。在生产网络中，核心领导企业主要通过定价、库存、信息、运营和技术等方式对整个供应网络进行组织和管理（景秀艳，2007）。

定价控制。定价控制指的是生产网络中核心龙头企业利用技术、品牌等优势，要求供应商降低价格，以实现自身利益最大化。

库存控制。JIT 生产模式是当今制造企业的主要模式，要求生产周期短和低库存。生产网络中核心龙头企业通过这种生产模式将库存成本无形转嫁给上游相关企业。

信息控制。在权力的博弈中，信息的不对称使用是决定强弱参与者的一个主要因素。领导企业具有准备及时的市场信息，而网络其他成员的市场信息缺乏。其他成员的生产及创新行为要根据核心龙头企业的行为来规划（Claus，2003）。

运营控制。在生产网络中，核心龙头企业网络是生产的终端环节，对于其他成员的生产标准、设备标准，生产过程、产品质量都具有重要的影响。一些巨型企业往往会制定自身的供应标准，制约相关配套企业的运营。

技术控制。技术控制是网络权力的重要表现形式，大量的控制依赖关系源于技术需要。首先，核心龙头企业的技术要求控制着相关配套企业的技术发展；其次，核心龙头企业的技术发展趋势也影响着配套企业的技术研发规划。

3.2.2　技术守门员

技术守门员最早由艾伦（Allen，1977）提出，用来描述拥有智慧和个人能力的人员，通过吸收外部知识转移给内部的同事（Morrison，2008）。随后，国内外学者对技术守门员的定义、功能和作用机制进行了详细的讨论。

3.2.2.1　技术守门员定义

技术守门员最初应用于社会网络分析当中。在社会网络分析中，技术守门员被定义为链接两组人员的中介人（Gould & Fernandez，1989）。在网络分析成为经济地理学解释经济发展的主要工具之后，技术守门员也被应用于企业网络的分析当中。朱利亚尼（Giuliani，2003）认为技术守门员（technological gatekeepers）是在企业网络与外部进行技术联系的过程中起桥梁作用的企业和组织。格拉夫（Graf）通过构建内部联系和外部联系的分析框架来定义技术守门员（Graf，2011）。根据区域内企业的内外部联系多少的组合，霍尔格·格拉夫（Holger Graf）提出了四种联系主体；其中，位于右上角的企业具有丰富的内部联系和外部链接，被称为技术守门员（见图 3－1）。

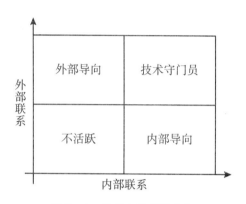

图 3－1　技术守门员的定义

资料来源：格拉夫（Graf，2011）.

　　区域内的技术守门员主体可能是企业，也可能是研究机构或大学。一般来说，技术守门员是寻求本地资源的跨国企业（Giuliani et al.，2005）。在发展中国家的地方企业网络内，技术守门员一般由跨国公司或其分支机构或者是网络内成长起来并向全球扩张的本土企业承担。这些企业一般具有较为扎实和雄厚的技术基础，并且通过多年的发展已具备了较强的资金实力，能够消化和吸收网络外部引进的先进技术。并通过企业网络内非正式的技术学习活动把其获取的创新资源向网络内其他企业扩散，从而促进整个网络创新水平的提升（赵建吉，2011）。当然，对于不同发展阶段的产业集群来说，技术守门员的主体也是变化的，可能是产业集群内的企业，也可能是研究机构和大学等（樊钱涛，2007）。朱利亚尼（Giuliani，2011）利用纵向微观数据对智利的白酒产业集群进行了分析，发现产业集群中最高等级的公司扮演着技术门卫的作用，即上述公司持续地在产业领域之外对所需相关知识进行了定义，同时也为知识向地方公司进行传播做出贡献。

　　在技术守门员的判断过程中，企业规模并不是重要的指标，企业吸收能力才是最关键的指标。格拉夫（Graf，2011）基于专利数据对东德四个区域进行调查发现，企业规模并不是判断是否是技术守门员的标准。相反，企业吸收能力才是技术守门员的判断标准，技术守门员能够吸收外部知识并在当地系统中传播；相比于私人企业，公共研究组织更多地扮演了技术守门员的角色。

3.2.2.2　技术守门员功能

现有文献对技术守门员的功能已经进行了一定的分析。按照朱利亚尼和拜尔（Giuliani & Bell，2005）、马利皮罗特（Malipieroet al.，2005）和莫里森（Morrison，2008）的研究发现，技术守门员在创新系统中具有两种功能：获取外部知识和在本地系统中扩散知识。格拉夫（Graf，2011）进一步分析了技术守门员的这两种功能：吸收外部知识和在本地系统中扩散（Allen，1977；Giuliani，2005；Malipiero et al.，2005）。郑准、王炳富和王国顺（2014）认为知识守门者具有知识转译、知识扩散和知识创造三大功能。在智利酿酒产业集群的研究中，朱利亚尼和拜尔（Giuliani & Bell，2005）强调了对于外部知识吸取的重要性。莫里森（Morrison，2008）通过研究意大利家具产业区，发现领导型企业是获得外部资源的重要主体，但是与其他地区产业集群内的企业的联系是有限的。在法国科技园的研究中，拉扎里克等（Lazaric et al.，2008）发现外部获取的知识在本地创新系统扩散是非常重要的。

3.2.2.3　技术守门员作用机制

1. 外部知识获取

基于技术守门员的产业集群外部知识获取有"推式"和"拉式"两种方式。无论是"推式"还是"拉式"的外部知识获取方式，产业集群内部与外部的技术守门员都起到了关键的作用。在产业集群内部，通常来说具有尖端技术、高端人才和丰富市场信息等关键资源的核心企业充当着技术守门员的角色。根据结构洞理论，核心龙头企业的发展优势并不仅在于拥有创新资源的多少，更重要的是拥有关系资产的丰富程度。跨结构洞企业能够通过联系获得更多有效信息，在网络中占据主导地位，具有较强的竞争力。在技术守门员获得外部知识后，将部分知识重新整理后转移给本地网络中的中小企业。其他中小企业通过各种正式或非正式联系与核心企业形成链接，以获取资源并提升自身竞争力。

在优先连接机制下的产业集群外部技术的获取方式主要是"推式"（见图3－2）。这种基于技术守门员的外部知识获取主要是通过产业集群外部技术领先企业的积极主动作用实现的。为了开拓新市场等因素，产业集群外技术领先的企业会积极地与产业集群内企业建立联系，推动知识进入产业集群内部。当外部技术领先企业与产业集群建立联系时，会选择产业集群内的技术守门员，以便通过本地网络获取产业集群内整体的创新资源（杨中华等，2009）。

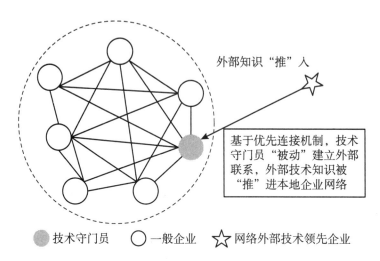

图 3－2　优先连接机制下的地方企业网络外部技术的"推式"获取

资料来源：杨中华等（2009）.

　　关系强度平衡机制下"拉式"是技术守门员外部知识获取的第二种方式，是在产业集群 A 中技术守门员积极主动作用下实现的（见图 3－3）。在一个产业集群中，作为技术守门员的核心企业不仅控制着本地创新资源的组合及组织方式，同时对外部创新资源也具有较强的整合能力，能够吸引外部新知识、新技术进入，从而推动产业集群的创新发展（杨中华等，2009）。为了防止产业集群锁定效应发生，产业集群需要获得外部新知识和技能，驱使技术守门员成为产业集群的"代表"主动获取外部知识、技术和信息等。朱利亚尼（Giuliani，2002）认为产业集群"拉入"外部知识的主要微观主体是技术守门员，产业集群内的技术守门员不仅仅局限于本地网络中，还需要积极主动地与外界建立广泛的强、弱联系，以吸引更多的外部知识进入。

　　2. 外部知识整合

　　外部知识整合主要发生在单个产业集群内部。在获得外部知识后，技术守门员会将从集群外部吸收新知识转化并传递给其他企业，促进产业集群创新发展。一般来说，技术守门员获得的外部知识不一定能够在产业集群中发挥有效作用，需要进一步改进并适应本地产业发展以让本地企业更加容易接受。

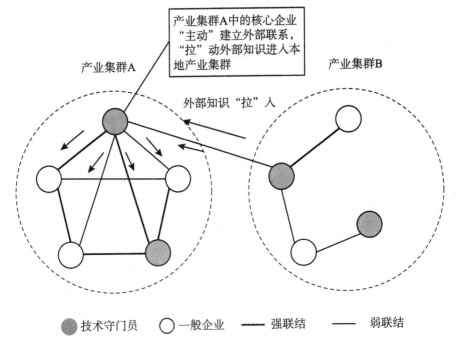

图3-3 关系强度平衡机制下集群外部知识"拉式"获取

资料来源：杨中华等（2009）.

从外部知识进入产业集群并流动的过程来看，外部知识整合包括显性知识
和隐性知识转化的各个环节。杨中华等（杨中华、涂静、庄芳丽，2009）认
为产业集群外部知识的整合实质上是产业集群内核心企业主导的显性技术知识
与隐性技术知识的相互作用和转换的过程。总体来说，这种过程主要包括四种
基本方式（见图3-4）：从隐性技术知识到隐性技术知识的社会化方式（So-
cialization）、从隐性技术知识到显性技术知识的外部化方式（Externalization）、
从显性技术知识到显性技术知识的组合化方式（Combination）和从显性技术知
识到隐性技术知识的内部化方式（Internalization）。在这种外部知识整合的过
程中，产业集群内部知识得到重新整合及新知识产出。从发生的空间角度来
讲，这种过程不仅发生于单个技术守门员内部，而且发生于产业集群内部相互
密切联系的企业之间。

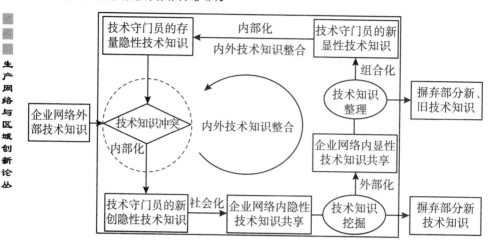

图 3 - 4　基于技术守门员的产业集群内外部技术知识整合
资料来源：杨中华等（2009）.

从整合的微观主体角度来看，外部知识整合主要包括直接和间接方式。对于技术守门员和非技术守门员来说，产业集群外部知识整合的方式是不同的。相对于技术守门员来说，非技术守门员获取并整合外部知识需要作出更多的努力，付出的成本更高。特瓦里（Tewari，1999）通过研究发现产业集群内成员整合外部知识主要有直接和间接两种方式，并认为直接方式是核心龙头企业等直接与外部组织机构或企业建立联系并获取知识的过程，间接方式主要是产业集群内成员通过与集群内企业建立联系并获取外部知识。一般来说，产业集群内技术守门员会通过直接方式获得外部知识（见图 3 - 5），一般成员通过间

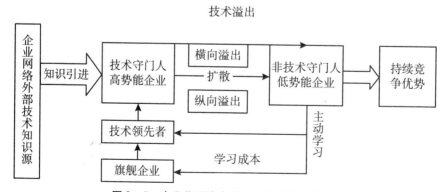

图 3 - 5　产业集群内各类企业外部知识学习
资料来源：赵建吉（2011）.

接方式与技术守门员构建生产或研发联系获得外部知识（赵建吉，2011）。在外部知识整合的间接方式中，技术溢出和扩散起着非常关键的作用。

3.3　演化经济地理学

20 世纪 90 年代中后期，经济地理学家借鉴演化经济学的理论与方法，实现了经济地理学的"演化主义转向"（李福柱，2011；刘志高、崔岳春，2008）。近年来，演化经济地理学日益成为经济地理学界关注的一个重要领域，有关演化经济地理学的内容主要出现在德国和一些英语国家的期刊以及经济地理学书籍中（Boschma & Martin，2007；Frenken，2007；Boschma & Frenken，2009；Boschma & Frenken，2006；Frenken & Boschma，2007；Boschma & Martin，2010）。在国内关于演化经济地理学的文献成果还较少，处于引进国外主要理论阶段。刘志高是引进国外演化经济地理学思想的代表性学者之一，介绍了国外演化经济地理学的起源和发展、主要研究团队和机构、主要思想主张、基本分析框架等（刘志高、尹贻梅，2006；刘志高、崔岳春，2008）。

3.3.1　演化经济地理学的基本原则

根据威特（Witt，2003，2006），演化经济地理学主要关注经济演变的过程和机制，关于经济演化的理论必须满足动态的（dynamical）、不可逆转的（irreversible）和涵盖新奇（novelty）三个基本原则（Boschma & Martin，2010）。第一，演化经济地理学理论必须是动态分析的，主要关注事物的变化发展，这排除了任何静态的分析框架；第二，演化经济地理学讨论的对象演变是不可逆转的。事物的发展过程是不可逆转的，过去是经济主体目前与未来行为的基础。在演化经济学的背景下，事物发展的动力植根于真实历史情况与其他发展模式和轨迹；第三，经济演化理论必须包括新奇（novelty）的产生与影响机制，推动事物自身转变。正如威特所强调的，新奇是经济演化具有关键的作用。它是经济主体创造性的能力，具备创造性的市场功能，能够推动经济演化并适应新的环境（Metcalfe et al.，2006）。

3.3.2 演化经济地理学研究目的及基本框架

波什马和马丁（Boschma & Martin，2010）认为演化经济地理学主要关注经济格局的进程和空间组织经济生产，流通，交换，分配和消费的变化。正如波什马和马丁（2007）所说，演化经济地理学与经济的新颖性（创新，新企业，新产业，新的网络）相关，关注微观经济主体（个人，企业，组织）组成的空间经济结构如何形成，没有中央协调或方向指导的情况下经济格局如何组织，创造路径和路径依赖如何相互作用推动经济发展和转型，以及这些过程为什么和如何相互依赖。

根据研究目的，演化经济地理学的理论框架由达尔文进化论、复杂系统理论和路径依赖组成（Boschma & Martin，2010）（见图3－6）。许多演化经济学的分析是基于达尔文进化论思想，尤其是多样、选择、新奇和滞留等概念。复杂系统理论在演化经济地理学中应用较少，只有少数学者将此方法应用于经济演化中（Beinhocker，2006；Foster，2005；Potts，2000；Rosser，2009）。路径依赖是许多演化经济学文献中的核心理论。目前有些演化经济地理学文献应用一种分析理论，有些文献成果包括多种基本分析理论。

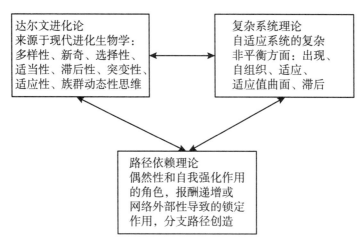

图3－6 演化经济地理学理论分析框架

资料来源：波什马和马丁（Boschma & Martin，2010）.

3.3.3　演化经济地理学的基本主张

根据刘志高和尹贻梅（2006），演化经济地理学的基本主张包括六个方面。第一，研究假设上的主张，主要包括反对完全理性的"经济人"假设、专注于经济系统的动态过程；第二，系统论是其分析方法；第三，新奇是演化的根本动力；第四，历史是演化的基础；第五，惯例是演化的轨道；第六，多样性是演化的方向。

3.3.4　演化经济地理学研究的基本层面

刘志高和尹贻梅（2006）综合相关文献发现，演化经济地理学根据演化思想的原则，以动态的、历史的研究方法，为经济地理研究的各个层面如组织、部门、网络、地域和空间系统提供了新的认识，具体分析层面包括企业与组织层面、产业与区域层面、空间系统层面和制度层面。根据波什马和马丁等（2010）的研究成果，演化经济地理学研究的内容可分为企业、产业、产业集群、网络和制度等方面。其中，产业集群和网络演化已经成为演化经济地理学中的重要内容。

3.3.5　产业集群发展的演化经济地理学解释

自从产业集群进入学术界的研究视野之后，产业集群演化就已成为关注的焦点之一，众多学者针对产业集群演化阶段和影响因素进行深入的研究。根据波特（1998），按照规模、特征等要素，集群可以划分为出现、发展、成熟等多个阶段。欧盟委员会（European Commission，2002）将集群的生命周期分为6个阶段：①创立先导企业，所谓先导企业往往是基于地方特定知识文化基础而衍生出的新企业；②产生了一系列专门化的供应商、服务支撑公司及劳动力市场；③形成支撑集群企业的新组织机构；④吸引外部的企业、人才等资源，并为本地新企业的发展提供肥沃的土壤；⑤培育成员之间非市场机制的联系交流，促进本地的知识信息循环；⑥集群发展出现抑制状态，进入衰退阶段。罗森菲尔德（Rosenfeld，2002）从企业模仿的角度将产业集群划分为孕育期、成长期、成熟期以及衰退期四个阶段。伯格曼（Bergman，2008）总结以往文献认为集群经历三个阶段：形成阶段、扩张阶段和枯竭阶段。扩张阶段又分为两个阶段：探索扩张阶段和开发扩展阶段。探索扩展阶段发生在"S"形曲线转折点之前，该阶段适合创新进入，但不适合建立公司；而在开发扩张阶段，系统开发、集群规模经济、成熟的技术和有效率的公司推动着经济增长，并常常伴随着成熟政策，这些政策解决集群发展的瓶颈问题。同时，枯竭阶段也分为两个阶段：锁定阶段和复兴阶段。总的来说，这些文献对于阶段的划分进行了较多的探讨，但忽视了集群的外部通道特性。

目前文献中关于集群演化的因素研究也比较多，包括第一家企业的成立、企业衍生、企业家精神、合作联盟、内部环境等。加格纳等（Gagné et al.，2010）通过文献回顾，总结了影响集群发展的 4 大类（包括 human，social，physical and financial）12 种增长因素。宋梦华和尹贻林（2015）用主成分分析法证实产业集群形成的最主要因素是地域空间上的集中性。项后军、裘斌斌和周宇（2015）认为核心企业成长会对集群发展与演化产生多方面的非常复杂的影响，很多时候恰恰是正、负两个方面的影响"亦正亦邪"的交织在一起。集群内核心企业转型升级或核心企业进入对集群内其他成员也将产生复杂的影响（叶笛、林峰，2015；Salamonsen，2015）。索德里格和塔比（Sonderegger & Taube，2010）认为离散的出国人才网络有利于集群的推进，尤其是在集群探索扩张期推动作用较为明显，但在开发扩张期期间作用下降。在一些集群，合作联盟、外部联系对于集群发展具有推动作用（Lucas，Sands & Wolfe，2009）。李鹏飞等（Li，Bathelt & Wang，2011）通过构建集群演化的三角分析框架（包括环境、网络和行为），发现新一代企业家的形成和基于亲属关系学习网络消失导致了公司之间合作行为的变化。产业集群演化是一个复杂的过程，制度和路径依赖对集群发展的轨迹具有一定影响（Gluckler，2007）。在集群的衰退阶段，机制僵化和外部环境的变化造成了集群竞争力的丧失（Porter，1998），认知与制度邻近性对于构建新的网络联系增强产业集群活力具有负面影响（Molina - Morales，Belso - Martínez，Más - Verdú & Martínez - Cháfer，2015）。虽然现有研究成果提出的影响因素各不相同，但都弱化了跨国公司网络权力在集群演化过程中的作用，也忽视了当地政府在集群演化升级中的作用。

第 4 章

跨界产业集群之间合作网络
前提条件与形成机制

4.1 跨界产业集群之间合作网络
形成的前提条件与制约因子

虽然跨国企业与国际贸易等因素促进不同区域产业集群之间形成密切的联系，但并不是所有产业集群之间都能形成外部通道，最终形成跨界产业集群之间合作网络。跨界产业集群之间合作网络的形成需要具有相似的产业基础、不同的区位条件、大量的 FDI、不同的技术等级、先进的交通和通信设施等前提条件。文化与制度差异和国家或地区安全战略等因素在一定程度上制约跨界产业集群之间合作网络的形成与发展（李小建等，2006）。

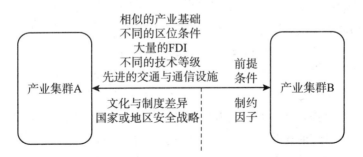

图 4-1 跨界产业集群之间合作网络形成的前提条件与制约因子

4.1.1 跨界产业集群之间合作网络发生的前提条件

4.1.1.1 相似的产业基础

相似的产业基础是跨界产业集群之间合作网络形成的必要因子。错位发展并不能促使跨界产业集群之间合作网络形成。在全球分工日益细化的全球化经济中，地区之间的错位发展虽然会加大两地之间终端产品的贸易，但却使得不同地区形成差异较大的产业基础，合作机会减少。产业集群是指集中于一定区域内特定产业的众多具有分工合作关系的不同规模等级的企业与其发展有关的各种机构，组织等行为主体，通过纵横交错的网络关系紧密联系在一起的空间积聚体，代表着介于市场和等级制之间的一种新的空间经济组织形式。跨界产业集群之间合作网络中两个产业集群内的企业或机构属于某一特定产业，所以相似的产业基础是跨界产业集群之间合作网络形成的必要因子。

相似的产业基础是产业集群之间建立纵向联系的基础。只有相似的产业基础，不同地域的产业集群才能嵌入全球商品链或价值链中，才能在充分利用地区优势的情况中建立纵向合作联系，从而在纵向合作中获得共赢。跨国企业在外部建立分支机构时，往往选择在具有相似产业基础的区域，常常在发展中国家和地区具有相似产业基础的地区建立分支制造企业，在发达国家具有相似产业基础的地区建立研发中心。不同于20世纪前国际贸易以成品交易为主，随着国际劳动分工的深化当今全球贸易中半成品已经成为重要的交易物品。这种交易联系一般只发生在具有相似产业基础的产业集群之间。

相似的产业基础推动产业集群之间横向联系的发生。产业集群之间横向联系是推动创新不可缺少的环节之一，也是产业集群之间联系的主要方式。只有具有共同产业基础的产业集群之间才可能形成横向联系。当前最主要的产业集群横向联系方式之一是研发合作。不同产业集群内企业的研发合作需要具有共同的产业和知识基础。

相似的产业基础是跨界产业集群之间合作网络中服务机构充分发挥全球效应的基础。经济全球化并不仅仅是指跨国企业的全球投资生产、金融机构的全球联系、国际贸易的增加，也包括了服务机构的全球化发展。在当今全球创新和产业合作的新趋势下，服务机构的全球化发展已经成为推动全球产业发展的关键所在。尤其在高新技术产业之中，地区引入国际知名服务机构是快速发展的关键所在。跨界产业集群之间合作网络中服务机构的两地发展需要有相似的产业基础支撑。

　　相似的产业基础更加容易引发产业集群之间跨国技术社区和跨国企业家的发生。跨国技术社区和跨国企业家是产业集群之间合作的新趋势，加快了产业集群之间知识，尤其是隐性知识的传播，从而推动跨界产业集群之间合作网络的创新发展。跨国技术社区更加容易发生在具有相似产业背景的地区。跨国企业家是一群在具有相似产业基础的地区建立企业的人群，能够将一个产业集群内的产业化经验带入另一个产业集群，并使之建立相互联系（Yeung H. W. C.，2009c）。跨国企业家往往活动于具有相似基础的地区。所以相似的产业基础能够推动跨国技术社区和跨国企业家的产生，是跨界产业集群之间合作网络形成的必要因素。

　　如果两个产业集群占据价值链的不同环节将更加有利于跨界产业集群之间合作网络的形成。胡和萨克斯尼安（Hsu & Saxenian，2000）认为区域产业结构和嵌入性社会网络而不是跨国公司应该成为跨国商业研究的重点，具有差异的产业结构有利于两个区域之间的经济和技术合作，是跨界产业集群之间合作的重要条件之一。

4.1.1.2　不同的区位条件

　　具有不同区位条件的产业集群拥有的创新资源是不同的，具有不同的资源优势。跨界产业集群之间合作的主要目的是寻求战略支点、整合异地创新资源。这种合作方式是整合全球创新资源，提高创新效率的重要方式。所以，不同的区位条件是跨界产业集群之间合作网络的重要前提条件之一。

　　不同产业集群之间拥有的资源丰富度差异越大，其合作的可能性就越大。伊杰莫和卡尔松（Ejermo & Karlsson，2006）通过分析瑞典在欧洲专利局的专利申请人的居住地和合作者，绘制了瑞典区域之间创新网络的结构，发现以下一些因素影响区域之间的空间联系。他们发现如果一个区域研发资源较少（如企业研发、大学研发和专利），能够较为容易地与资源较多的区域建立合作关系。

　　单个区域并不能够在土地、劳动力、技术、市场要素方面全部占据绝对优势，其区位优势往往集中于某些方面。产业需要土地、劳动力、技术与市场要素的有效组合才能够得以发展。具有相同区位条件的产业集群合作并不能够获得产业发展所需的全球资源，只有不同区位条件的产业集群之间的合作才能够使得各区域充分利用区位优势，降低生产效率，推动创新。拥有技术优势的产业集群与拥有土地、劳动力、市场等优势的产业集群合作，才能够推动产业发展。

4.1.1.3　大量的 FDI

资金、技术、人才、信息等流动是跨界产业集群之间合作网络联系的主要表现方式，这些要素的流动往往离不开 FDI（Lee，2009；Sonderegger，2008）。FDI 是连接不同产业集群的重要方式，是推动知识在产业集群间流动的重要机制。大量的 FDI 成为跨界产业集群之间合作网络形成的重要前提条件之一。

FDI 推动不同产业集群之间各类人才的流动。人力资本流动尤其是具有国际视野的海外人才流动是 FDI 过程中技术外溢扩散机制中最直接、最重要的环节，也是将 FDI 企业中人员拥有的知识存量转化为生产力最快捷的方式（李平、许家云，2011）。FDI 推动资金在不同产业集群之间流动（江小涓，2006）。FDI 不仅推动跨国企业资本在不同产业集群的流动，而且引发风险资本的跨界流动。在 FDI 的作用下，技术在不同产业集群之间扩散（沈坤荣、耿强，2001；雷欣、陈继勇，2012），使技术落后的产业集群技术水平提升，从而提升组织效率。此外，FDI 能够减小不同产业集群之间的文化差异和制度隔阂，促进不同地区产业集群之间的合作。所以，FDI 是产业集群之间人才、技术、资金流动的重要保证，能够减小双方文化、组织体制等差异，是跨界产业集群之间合作网络的重要前提条件之一。

4.1.1.4　不同的技术等级

技术在不同产业集群之间的流动是经济全球化过程中的重要现象，对技术输入和输出的地区都有重要的积极作用。这种技术流动是技术扩散或技术合作的重要表现形式，是产业集群之间合作的重要内容。具有一定技术差距是产业集群之间建立密切技术合作的重要前提条件之一。施尔格尔和巴伯（Scherngell & Barber，2009）通过研究发现对跨区域合作影响最大的是技术因素，地理因素的作用次之，语言因素的影响较地理因素小，国家边界的影响最小。

早在 20 世纪 60 年代，技术差距就被国际贸易等领域的学者提出并讨论，主要用于描述国家之间的技术差距。波斯纳尔（Posner）较早地在《国际贸易与技术变化》一文中提出技术差距模型（Posner，1961）。他认为，技术是一种生产要素，并具有一定的技术势。由于科技发展水准的不平衡，国家和地区间存在着技术势差异。按照创新成果的多少，他较为片面地将国家分为技术创新国和其他国家，认为已经完成技术创新的国家，取得了技术上的优势，实现了该技术产品的贸易（张玉杰，1999）。

在由产业集群组成的全球集群网络中，当产业集群之间具有一定的技术差距，技术同样会从等级较高的产业集群流向等级较低的产业集群中，形成产业集群之间的相互合作关系。技术扩散就是对于这种技术流动的总结。从地理角度看，技术扩散是技术在空间上的流动和转移，由新技术的供方、受方、传递渠道组成（曾刚等，2002）。技术扩散主要是在"推—拉"作用下发生（赵建吉，2011）。

技术势差是技术流动的原始动力及影响技术流动的决定性因子之一（曾刚，1999；魏江，2003；曾刚、林兰，2008；张玉杰，1999；孔翔，2003），技术扩散是技术势差的结果。在跨产业集群的合作网络中，技术势差是技术转移、扩散、合作的重要条件。但这并不等于技术势差越大，不同经济体产业集群之间的合作联系程度更高。相反，具有相对较小的技术差距会促进不同经济体产业集群之间的紧密合作发展。以集成电路产业为例，IC 技术相差 1～2 代时不同经济体产业集群之间的合作程度更高。

4.1.1.5　先进的交通与通信设施

先进的交通条件首先是产业集群形成的条件之一。交通区位是企业选址必须考虑的因素，交通的便捷与否是企业能否顺利发展的关键因素之一。具有类似交通区位指向的企业往往容易选择在同一地点，聚集于某些具有良好交通区位的地方，为产业集群的形成提供可能。从传统制造业产业集群到高新技术产业集群大多位于交通条件较好的地方，如美国底特律汽车产业集群、硅谷电子信息产业集群、中国上海汽车产业集群、上海张江生物医药等高新技术产业集群。

产业集群之间货物流通需要先进交通设施的支持。在全球产业集群网络中，相互联系的两个产业集群往往具有一定的技术差距，位于全球生产链和价值链的不同环节，相互之间具有纵向联系从而产生货物的流通。货物流通就需要有先进交通设施的支持。对于产品为大型机器的产业集群来说，便捷的海运是跨界产业集群之间合作网络形成的关键；对于高新技术产业集群来说，航空设施具有重要的作用。

产业集群之间人员流动需要先进交通设施的支持。随着生产、研发全球化的深入，人才在不同产业集群之间流动越来越频繁。某个产业集群内的跨国企业在另一产业集群内建立分支机构会推动产业集群之间人员的流动。不同产业集群内企业的项目合作也会发生人员的跨界流动。此外，由于市场和文化认同等因素，部分发展中国家的产业集群不断吸引来自发达国家产业集群内的留学人员，从而推动地方产业集群发展。所有这些人员的流动需要便捷的交通方式尤其是航空的支持。

产业集群之间信息交流需要先进通信设施的支持。随着第三次科技革命的深入，劳动力、原材料、能源等成本因子已经不是企业发展的关键所在，技术、信息等成为企业保持国际竞争力的核心所在。所以，产业集群内企业与其他地区产业集群内企业之间的项目合作及信息交流成为其发展的关键所在。在经济全球化的世界里，跨国企业在全球各个产业集群建立分支机构，以充分利用各地区位优势或开拓新市场。这样在跨国企业母公司和分支机构之间就具有大量的信息交流，以保证跨国企业全球生产网络的合理运营。在创新全球化的世界里，创新并不是独立于某个区域完成的，往往由分散于世界各地的企业共同完成。这种创新合作项目更加需要电话、网络、电视电话系统等先进通信设施的支持。

从产业的全球布局来看，位于交通便捷区域的产业集群更加易于与其他具有类似交通条件的区域建立联系，形成跨界产业集群之间合作网络。由于汽车产业在跨区域合作过程中，运输量大，成本较为昂贵，所以全球汽车产业集群多位于具有港口的城市中。如美国著名汽车城底特律中的汽车产业集群、中国上海汽车产业集群、天津汽车产业集群、广州汽车产业集群等。这样能够使得底特律、上海等汽车产业集群之间货物流通，节约成本，形成跨界产业集群之间合作网络。在高新技术产业中，电子信息等产业集群也往往位于航空业务发达的区域。如美国硅谷拥有硅谷机场并邻近旧金山机场，中国台湾地区的新竹到桃园机场车程低于1小时，张江高科技园区与浦东、虹桥机场的距离都在1小时左右。这种优越的交通区位使得硅谷、新竹和张江形成具有密切联系的集成电路全球生产网络。

4.1.2　跨界产业集群之间合作网络发生的制约因子

4.1.2.1　文化与制度差异

文化差异是不同文化之间的差别，当他们相遇之时会产生冲击、竞争及失落等反应。文化差异可能由于宗教界别、种族群体、语言能力、政治立场、社会阶级、性别、民族主义、年龄代沟、文学修养、艺术认知、教育程度等不同而产生。

在跨国组织中，文化差异主要表现为国家文化差异和组织文化差异。国家文化是由一国成员共同拥有的深层的价值观体系。国家文化距离指的是不同文化背景的员工在思维方式、价值观、语言及非语言沟通方式等诸多方面的差异程度。来自不同国家的合作伙伴拥有不同的价值观和思维方式，这种差异会影响对合作伙伴战略意图的理解和战略目标的执行。组织文化指"组织成员共享的价值观和行为规范"。跨国公司通过对外直接投资方式新建的子公司与母公司在结构、组织文化等方面的相似程度较大，通过跨国购并等方式获得的子公司与母公司组织距离较大（叶娇，2012）。

组织文化是文化类别下的一种，可定义为人类组织共同的生活方式和认识世界的方式，是已经沉淀在组织中的约定俗成的行为规范和价值导向，这些方式决定了日常生活中特定规则的内涵和类型。东西方组织文化的差异主要表现在企业所有制、管理模式、价值观三个方面（纪慰华，2004）。这种组织文化差异对企业网络在管理、结构等方面具有深入的影响。

产业集群根植于本地文化中，其发展受到地方文化的影响。在不同的地方文化影响下，产业集群中从业人员的语言、思维习惯、工作方式具有明显差异，企业的组织、管理、合作等模式各不相同，技术社区的组织、交流形式差异也非常明显。对于跨界产业集群之间合作网络来说，文化是影响相互合作的重要因素之一。由于不同的文化背景，某个产业集群可能只能与其他产业集群中的部分企业或机构建立链接，在合作的过程中可能会产生各种各样的误解从而导致效率降低。太大的文化差异制约着跨产业集群网络的高效运行，甚至会阻碍跨界产业集群之间合作网络的形成。

种族团体能够减小区域之间的文化差异，能够促进跨界产业集群之间合作网络的形成。胡和萨克斯尼安（Hsu，Saxenian，2000）认为由种族团体形成的跨界技术社区也有利于两个区域互动合作，社会网络有利于这些跨国或跨区域合作的形成。硅谷和中国台湾新竹的例子说明在商业交易中的种族联系既有一定潜力也有一定的限制。种族团体促使中国海外企业家利用两个区域互补的资源，如开发环太平洋的市场，利用中国具有一定经验的技术人才。然而，基于关系的交际社区并不一定转化成为有利于两个区域促进技术学习的技术社区（Saxenian，2002）。

较大制度差异会阻碍跨界合作的形成。特里普（Trippl，2010）认为跨界产业集群合作在基础设施、商业、关系、社会制度和管治等方面都有一定的限定条件。特里普（Trippl，2010）通过将区域创新系统的理论方法应用于跨界创新系统合作背景下，分析了跨界创新体系出现的关键条件，认为跨界区域创新系统的出现演化依赖于许多关键的因素及其它们之间的相互作用，需要特定的条件和在各个领域的合作发展的努力。影响跨界创新体系出现的关键因素包括知识基础设施维度（Knowledge infrastructure dimension）、商业维度（Business dimension）、关系维度（Relational dimension）、社会制度维度（Socio – institutional dimension）、管治维度（Governance dimension）（见表 4 – 1）。可以判定只有少数区域能够拥有建立跨界区域创新系统的条件。

表 4 – 1　　　　　　　　　不同维度跨界区域创新系统合作的条件

	阻碍跨界区域创新系统形成	促进跨界区域创新系统发展
基础设施维度	缺乏研究机构、教育主体和知识转化机构	先进的研究机构、教育主体和知识转化机构
商业维度	区域经济发展导向不足，适应本区域或本国情况 低速发展，依赖低工资、低成本形成跨界区域 产业结构和知识基础互补不足，具有一定认知距离	区域经济发展导向明确，适应多种制度环境 高速发展，依赖持续创新形成跨界区域 产业结构和知识基础互补程度较高，认知距离恰当
关系维度	非均衡的关系为主	均衡关系为主
社会制度维度	低水平跨界知识互动 较大的文化和制度差距，区域创新系统之间差距较大	高水平跨界知识互动 较小的文化和制度差距，区域创新系统之间差距较小
管治维度	集权政治体系，为具体目标的随意合作，缺乏管治体制或松散的政治合作机制	联邦政治体系，清晰的合作创新战略，稳定的制度管治机制

资料来源：特里普（Trippl，2010）.

4.1.2.2　国家或地区安全战略

国家或地区安全战略是指组织和运用国家或地区的外交和经济等综合力量以实现国家或地区目标的艺术和科学（金钺，2002）。在不同产业集群之间的合作中，地区政府为了其国家利益制约某些尖端技术的扩散，阻碍了跨界产业集群之间合作网络的发展。

产业集群根植于地方制度中，同时也受国家或地区制度和战略目的的影响。如果某个产业集群与其他国家或地区产业集群进行合作时，技术合作危害了其经济利益或对技术安全构成威胁，国家或地区就会利用政治、外交等手段制定一些阻碍产业集群间合作的政策，进而阻碍跨界产业集群之间合作网络的形成。

在高新技术产业中，地区安全战略对于产业集群间合作的影响较大。中国台湾当局为了避免高新技术流入中国大陆，采取了一些政策限制中国台湾地区集成电路产业集群与大陆部分产业集群的技术交流。长期以来，中国台湾当局严格控制 8 英寸晶圆企业在大陆的投资，对于 12 英寸晶圆技术控制更是严格。根据这些政策，任何涉及敏感技术价值 2 000 万新台币以上的对大陆投资都将受到经济事务部内部工作组的审查。

4.2　跨界产业集群之间合作网络的形成机制

跨界产业集群之间合作网络主要是基于人才流动、FDI 和国际贸易，在市场、成本、信息等因素的作用下形成的空间经济组织体现（见图 4 - 2）。

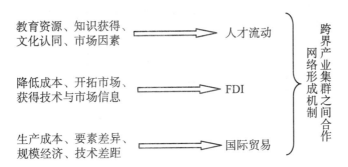

图 4 - 2　跨界产业集群之间合作网络形成机制

4.2.1　基于人才流动的跨界产业集群之间合作网络形成机制

人才流动是产业集群之间建立联系的重要方式，对于不同类型的人才流动，其驱动因素千差万别。根据流动人才的知识和经验储备，流动的人才可以分为留学人员、具有一定工作经验的企业核心员工、创业人士等。知识获得、工作机会、创业氛围、文化认同与相关政策是产业集群之间产生人才流动的主要驱动因素。

对于留学生来说，高收入、高品质生活、深厚的知识积淀、优越的教育资源是导致其跨界流动的主要动因（沙德春、曾国屏，2012；魏浩、王宸、毛日昇，2012）。硅谷作为世界的科技与经济中心，其迅速崛起离不开利用优越的教育资源整合了全球优秀的留学人才（徐康宁，2000；Saxenian，2006）。硅谷的成功离不开斯坦福等大学的国际化人才策略及知识商业化倾向（刘卫东，2003；董美玲，2011）。1995年，斯坦福大学的1 300多位教授中，有10位诺贝尔奖得主，5位普利策奖得主，142位美国艺术科学院院士，84位国家科学院院士和14位国家科学奖得主。加利福尼亚大学伯克利分校拥有众多的学术大师，曾在伯克利工作和学习的诺贝尔奖得主不少于69位。2003年，加利福尼亚大学伯克利分校被英国泰晤士报评为世界大学学术排名第一名。硅谷这些大学的优质教育资源吸引了全球优秀人才。2010年加利福尼亚大学伯克利分校录取的留学生比例达到了8.3%。受硅谷高收入的吸引，这些大学的留学生往往毕业后进入硅谷的企业工作（见图4-3）。

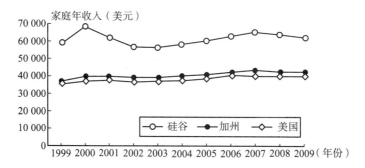

图4-3 2010年美国各地区中等家庭实际年收入

资料来源：沙德春、曾国屏（2012）.

对于具有一定工作经验的企业核心员工、创业人士来说，知识获得、创业氛围、文化认同、相关政策是影响其跨界流动的主要原因（王德禄、赵慕兰、张浩，2012；Saxenian，2006）。根据杜克大学报告，外国出生的企业家在1995～2005年期间创办或共同创办了硅谷一半以上工程和技术公司。就全美来说，他们占这类公司创办人或关键合伙人的1/4，在2005年销售额达到520亿美元，雇佣45万人。硅谷能够吸引如此之多的国外人才与先进的技术知识相关。根据《硅谷指数2012》，2010年硅谷所获得的专利数量比上年增加了30%，占加州专利的49%，全美的12%。按行业分，计算机、数据处理和数据储存在内的相关专利占全硅谷专利总数的40%。2009～2010年，化学处理技术是发展最快的一类，专利数量增加了50%。同期，通讯相关专利增加了24%。此外，创业氛围是影响人才跨界流动的另一重要因素，风险投资机构数及活跃程度是其重要表现之一。硅谷著名的沙丘路集聚了闻名于世的红衫资本（Sequoia Capital）、凯鹏华盈（Kleiner Perkins Caulfield & Byers）、恩颐投资（New Enterprise Associates）、梅菲尔德（Mayfield）、德丰杰（DFJ）等风险投资公司。

文化认同、市场因素与相关政策也是促使跨界人才流动的主要原因之一。近年来，受文化认同与市场因素的影响，在硅谷来自中国大陆、中国台湾、印度等国家及地区的人才产生回流现象（Saxenian，2006）。政策对于跨界移民起着非常重要的作用。通常来说，世界各国制定的移民政策和法规包括以下几点：一是修改移民法，鼓励专业人才优先移民甚至不受限制；二是增加专业人才的签证名额，延长居留期；三是通过设立多种奖学金，为外国留学生提供进入其大学深造的机会，鼓励他们进行有创造性的劳动；四是制定各种优惠政策吸引在国外的本国人才回国（张瑾，2012）。硅谷能够吸引大量国际人才在一定程度上也得益于相关政策支持（Brad Templeton，2012），如美国 F1 签证、H1 - b 签证等。2012 年，为了吸引更多的科技类留学人员在硅谷工作，思科、IBM、惠普、甲骨文、高通、美国商会、IEEE - USA 等公司和机构提交了《外国科技类留学生工作法案》。

4.2.2 基于跨区投资的跨界产业集群之间合作网络形成机制

跨区投资是产生资金、人才、技术流动的主要形式，是产业集群之间建立联系的重要方式之一。FDI 是经济全球化背景下跨区投资的主要形式之一。国际货币基金组织将 FDI 定义为一国的投资者将资本用于他国的生产或经营，并掌握一定经营控制权的投资行为。也可以说是一国或地区的居民、实体在其他国家或地区建立分支机构，享有持久利益并对之进行控制的投资。FDI 成为当今世界经济的主要特征之一，通过跨国公司将世界各地的产业集群联系在一起。在跨国公司的推动下，全球汽车、电子等制造产业迅速向全球扩散，构建了全球生产网络。据联合国跨国公司中心统计，1968 年全球共有 7 276 家跨国公司，他们在全世界的分支机构、子公司总计 27.3 万家。2001 年跨国公司达 6.5 万家，有 85 万家子公司。2004 年，跨国公司控制了世界工业生产总值的 40% ~ 50%，国际贸易的 50% ~ 60%，对外直接投资的 90%（居占杰，2004）。跨国公司的不同职能部门往往分布于不同的区域，通过功能联系将不同地区的产业集群组织联系起来。跨国公司总部和区域中心只集中在伦敦、东京和纽约等少数几个城市（彼得·迪肯，2009）。大众集团在欧洲的 11 个国家和美洲、亚洲及非洲的 7 个国家共经营着 45 家制造工厂。通用在全世界的 50 个国家拥有汽车生产工厂，其产品遍及 190 多个国家。福特汽车公司制造和装配业务的近 100 家工厂遍及全球，产品行销全球 6 大洲 200 多个国家和地区。跨国企业通过这种全球投资将世界各地的产业集群联系起来，其主要动力包括降低成本、开拓新市场、获取知识及技术等信息。不同类型跨国公司或跨国公司价值链内部各增值环节的区位选择受多种因素的影响（徐康宁、陈健，2008）。

降低生产、研发成本是 FDI 的主要驱动力之一（金芳，2003；杜德斌，2009；陈爱玮、卢仁祥，2012）。跨国公司通过对外直接投资在一些发展中国家建立工厂，主要原因在于东道国低廉的劳动力市场。中国凭借着丰富的劳动力资源，吸引大批跨国企业建立工厂，在国际劳动分工中占据了劳动密集型生产环节，成为"世界制造中心"（陈爱玮、卢仁祥，2012）。然而，随着东道国劳动成本的上升，跨国企业会逐渐将工厂转移至生产成本更低的地区（杜海涛，2012）。对于跨国企业成立研发机构来说，大量高素质研发人员的工资是其考虑的重要因素。利用中国优质廉价的研发人力资源是外资企业在华开展研发活动的重要动机之一（杜德斌，2009）。中国不仅人才资源丰富，而且工资水平要比发达国家低很多，这是吸引跨国公司在华从事研发活动的重要因素。例如，中国软件人才的使用成本只有美国的 1/9（杜德斌，2009）。然而，劳动力成本对 FDI 的吸引存在着门槛效应，即在一定范围内，劳动力成本的提升能对 FDI 产生正向的激励作用，越过拐点值后便会产生阻滞作用（冯伟、邵军、徐康宁，2011）。

开拓新市场是跨区投资的重要动力，也是发达国家的跨国企业对发展中国家进行直接投资的主要目的之一。东道国的市场规模和市场潜力是吸引跨国企业在当地成立海外研发机构的重要原因（杜德斌，2009）。在区位选择上，市场规模、交通便利程度、金融条件等对制造类跨国公司的影响度较大。市场规模是共性的决定因素。不管是制造过程，还是研发或营运环节，跨国公司对区位市场规模的反应都很敏感，这说明市场容量仍然是吸引跨国公司投资或 FDI 的最重要的因素之一（徐康宁、陈健，2008）。盛垒（盛垒，2010）认为新经济地理理论所揭示的市场规模、外资区域生产水平以及区域历史外商 R&D 投资等集聚变量是导致外资 R&D 空间集聚的重要原因。杜德斌等在对"影响外商在华设立研发机构的因素"的调研中发现，62% 的 56 家研发机构认为"巨大的市场潜力"很重要，31% 的 46 家研发机构认为重要（杜德斌，2009）。市场规模对 FDI 的吸引存在着规模报酬递增性，即不断扩增的市场规模能引致

FDI 的乘数效应，带来数倍于自身的增长作用，是保障 FDI 可持续性引进的重要动力（冯伟、邵军、徐康宁，2011）。

获取知识及技术等信息也是跨区投资、FDI 产生的动力之一。跟踪或监控竞争对手的先进技术是跨国公司到海外建立研发机构的主要动力之一（杜德斌，2009）。这种动力会进一步加剧大批跨国企业将研发机构布局于同一地点，如上海张江药谷集聚了福布斯全球制药企业综合排名前 10 强中辉瑞、罗氏、诺华、葛兰素史克、阿斯利康、雅培 6 家企业的研发中心。当地技术创新能力的重要性已经在 FDI 的区位选择中显现出来（黄肖琦、柴敏，2006）。部分后发国家或地区的企业通过在发达区域建立分支机构以求获得知识或技术信息。展讯在硅谷设立的分支机构既能获取最新的科技进步信息，同时也成为展讯日后向全球展示和销售产品的窗口（张学全、董倩，2006）。

4.2.3　基于贸易的跨界产业集群之间合作网络形成机制

贸易是产业集群之间合作的主要形式之一，是产业集群之间物质、技术交流的重要方式。贸易既包括实物贸易，也包括技术贸易。在一定程度上，高技术产业集群之间的技术贸易具有非常重要的作用。贸易的驱动因子包括成本、劳动生产率差异、要素差异、垄断竞争、规模经济、收入水平、技术差距等（苑涛，2003；胡昭玲，2006；樊瑛，2007；柴忠东、施慧家，2008；李莉，2012）。

成本、劳动生产率差异、要素禀赋是贸易产生的主要驱动因素，是产业集群之间建立联系的重要驱动因子。斯密在《国民财富的性质及原因的研究》（国富论）中提出国际贸易的基础在于各国商品之间存在劳动生产率和生产成本的绝对差异（亚当·斯密，1979）。李嘉图则认为相对成本差异是产生国际贸易的主要原因。赫克歇尔和俄林根据要素禀赋差异解释了贸易产生的原因（李小建等，2006）。新生产要素理论则认为自然资源、技术、人力资本、研究与开发、信息、管理等新型生产要素的差异是国际贸易产生的最主要原因。虽然古典贸易理论是有很多的前提假设条件，仅仅能够揭示特定时期的经济现象，但这些所提到的部分思想能够解释产业集群之间的贸易关系。成本、劳动生产率差异、要素禀赋虽然不能决定产业集群之间是否能够产生贸易，但却是贸易发生的重要驱动因子。产业集群之间垂直分工的出现正是基于各地区基本要素的差异推动产业集群之间贸易的发生。

垄断竞争与规模经济是不同地区产业内贸易产生的重要动因与基础，也是不同地区产业集群之间发生贸易的主要动力所在。新贸易理论认为在不完全竞争市场结构下，规模经济成为国际贸易的重要原因。克鲁格曼等认为贸易并不是技术或要素禀赋差异的结果，而是扩大市场和规模经济的一种手段。不同地区同一产业内的产业集群之间正是在垄断竞争与规模经济的作用下，相互之间产生了贸易。

收入水平与技术差距也是推动跨产业集群之间发生贸易的主要因子。瑞典经济学家林德认为规模经济容易在各地区代表性需求的产品上产生，因此收入水平越相似，地区之间的产业内贸易越多。美国经济学家波斯纳认为即使两个发达国家在技术开发方面具有相同的能力，所开发出的技术与产品仍会有差异，从而促成国际贸易的产生。

第 5 章

跨界产业集群之间合作
网络合作机制及演化

5.1 跨界产业集群之间合作网络组织结构

目前，地理学、管理学、经济学等学科的少数学者对区域创新系统或集群之间相互合作形成的网络结构进行了一定的研究，部分学者还构建了跨界合作的网络结构，主要包括以萨克斯尼安和胡为代表的人才流动学派（Saxenian，2006）、以特里普和伦德奎斯特为代表的区域创新系统融合学派（Lundquist & Trippl，2009）、和以恩格尔和德尔 - 帕拉西奥为代表的创新集群合作网络学派（Engel & Del - Palacio，2009，2011）。萨克斯尼安等学者从人才流动角度出发，分析了硅谷、中国台湾地区新竹、以色列和印度等地的要素流动情况，认为人才流动是区域之间联系的主要形式，社会网络有利于跨国或跨区域合作的形成。

伦德奎斯特和特里普（Lundquist & Trippl，2009）将区域创新体系的思想应用至跨界创新系统整合过程中，构建了跨界区域创新系统整合的网络结构与演化模型（见图 5 - 1）。重点分析了跨界区域创新系统不同发展阶段的特征和作用机理，分析了跨界创新体系构建的先决条件和决定因素，认为在不同的地理背景下，跨界区域创新系统合作情况也是不同的。

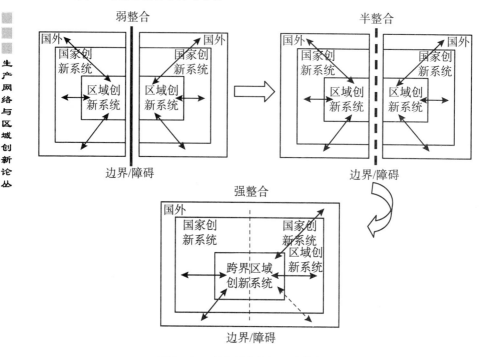

图 5 - 1　跨界区域创新系统整合演化
资料来源：伦德奎斯特和特里普（Lundquist & Trippl, 2009）.

　　创新集群合作网络学派恩格尔和德尔 - 帕拉西奥对全球创新集群网络进行了细致而深入的研究。恩格尔和德尔 - 帕拉西奥（Engel & Del - Palacio, 2009）分析了集群创新网络和超级创新集群中联系的特点，进一步构建了解释全球创新体系的模型，认为创新集群网络（Networks of Clusters of Innovation）是不同联系的集合体，主要联系包括弱联系（weak ties）、持久联系（durable bonds）和共价联系（covalent bonds）（见图 5 - 2）。他们认为当联系进入持久联系阶段，容易促使超级创新集群（Super - Clusters of Innovation）。弱联系是流动人才通过网络和面对面交谈最频繁的方式。这种联系将工作于同一或相关产业中分享信息和面对面交流的人员联系起来。持久联系是不同地理空间上分散的创新集群中社区、公司、组织机构和人构成的联系，往往被弱联系强化。如果联系持久并且每个创新集群根植于其他集群的商业环境中，共价联系就会出现。在这种商业环境中，个人在不同的地理空间表现出不同的重要作用，甚至同时在多个产业部门中。

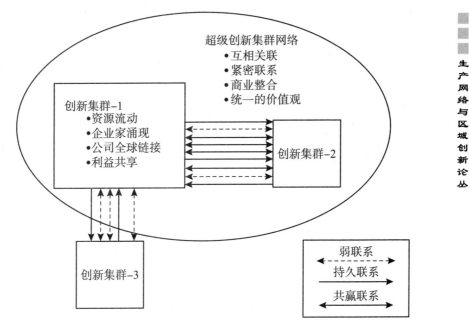

图 5 - 2　超级创新集群网络

资料来源：恩格尔和德尔 – 帕拉西奥（Engel & Del – Palacio，2009）．

　　2011 年，恩格尔和德尔 – 帕拉西奥再次合作发表研究成果（Engel & Del – Palacio，2011），进一步解释了一个集群内个人和组织如何利用集群外部效应，而且解释了集群内个人和组织如何通过包括弱联系、持久联系和共价联系的多种机制与全球其他创新集群链接，认为相互链接推动创新集群网络出现，联系强化后又会出现超级创新集群网络。他们在 2011 年与 2009 年所提出的全球创新集群网络模型稍有差别，认为创新集群除了与其他创新集群联系之外，还与散落于创新集群之外的大学、金融中心和技术中心等价值节点具有联系（见图 5 - 3）。此外，他们还对产业集群和创新集群、跨区域创新集群合作网络和超级创新集群网络进行了解析和对比（见表 5 - 1）。

　　产业集群的发展与其他地区产业集群具有密切的联系。虽然各学派对于不同区域组织合作进行了一定的研究，认为地区组织的发展并不是封闭的，并且构建了由不同地区地方网络合作组成的跨界网络。但这些文献构架的网络结构存在外部通道系统研究不足等问题，忽视了不同产业集群之间的分工和合作机制，忽视了网络权力的作用等因素，也没有分析不同经济体产业集群之间相互合作的演化机理（陈金丹、黄晓，2015）。在全球本土化的背景下，跨界产业集群之间合作网络是由不同经济体中的产业集群相互合作形成的复杂关系网。

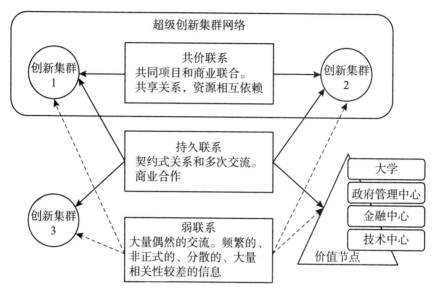

图 5 – 3   全球创新集群网络

资料来源：恩格尔和德尔 – 帕拉西奥（2011）.

表 5 – 1		全球创新集群网络的组成要素、结构与特征		
	产业集群	创新集群	超级创新集群网络	全球创新集群网络
组成要素	同地协作 • 大型企业 • 中小企业 • 大学 • 研发中心 • 服务商 • 与特定产业相关的组织和个人 • 专营店	同地协作 • 天生全球化企业 • 大型企业 • 企业家 • 投资者 • 大学 • 研发中心 • 服务商	远离并且相互独立 • 创新集群 • 其他价值节点，包括金融中心、技术中心、政府管理部门	远离但相互依赖 • 创新集群网络
特征	• 合作较少，受外部威胁	• 创业过程 • 内部资源流动 • 密切合作 • 国际化战略 • 持续的资本和理念 • 较短的创新周期 • 分级承担风险	• 创业过程 • 偶然合作 • 国际创新集群之间的流动、链接和资本与技术循环	• 创业过程 • 永久合作 • 国际创新集群之间的相互依赖、资本技术循环、流动

	产业集群	创新集群	超级创新集群网络	全球创新集群网络
联系	• 当地弱联系 • 基于联系的交易，例如专业供应商联系 • 强烈的竞争关系	• 创新集群内的弱联系 • 共享价值观 • 公司之间和公司内部的联盟激励机制	• 创新集群之间的弱联系 • 持久联系 • 共同价值观 • 联盟激励	• 创新集群之间的弱联系 • 持久联系 • 共价联系 • 互相依赖 • 统一价值观 • 联盟激励 • 互相尊重

资料来源：恩格尔和德尔 - 帕拉西奥（2011）.

　　本书认为跨界产业集群之间合作网络由位于不同经济体的两个产业集群和外部通道构成（见图 5 - 4）。产业集群包括了企业、研发机构、大学和中介组织等微观主体、地方网络及其所依托的制度与文化。外部通道不仅包括网络内产业集群之间的相互联系，而且包括与其他地区的正式或非正式联系。这种网络组织构架能够充分利用不同产业集群的资源优势，推动产业集群之间分工合作，加快产业的整体创新发展。

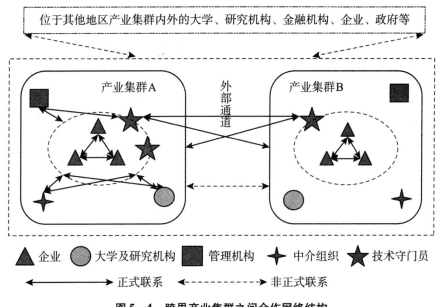

图 5 - 4　跨界产业集群之间合作网络结构

人才、企业、大学、科研机构、中介组织、政府管理中心、风险机构等微观主体是组成跨界产业集群之间合作网络的基本要素。这些微观主体位于不同的经济体中，主要分布于相互具有合作联系的两个产业集群之中。受地区资源优势和发展路径的影响，不同产业集群所拥有的微观主体的数量、性质等不尽相同。跨界产业集群之间合作网络中的企业具有的技术不同、对其他企业生产与创新行为的影响不同，其网络权力也具有一定差异。网络权力较高的企业对其他企业的生产或创新行为影响较大，是产业集群中的技术守门员（赵建吉，2011），一般在单个产业集群中数量较少，但对其他企业的经济行为及创新行为影响较大。大学与科研机构是跨界产业集群合作网络中重要的知识源，可能分布于产业集群 A 和产业集群 B 中，也可能位于其他地区。外部通道发达的大学与科研机构也可能成为跨界产业集群之间合作网络的技术守门员（樊钱涛，2007）。由于其微观主体的不同及其制度体制的差异，不同产业集群内中介组织的组成、作用方式与效果并不相同。一般来说，每个产业集群都会有数个协会、公共服务平台等中介组织。跨界产业集群之间合作网络中的每个产业集群内都会有一个政府管理中心，但其具体管理方式与组织方式受国家制度设计的影响。无论是企业、大学与科研机构，还是中介组织，其拥有的资金、技术、人才等创新资源都具有空间移动特性，应在全球化背景下分析其成长机制。

产业集群是跨界产业及之间合作网络的基本组织单元，是位于一定区域内由企业、中介组织、大学、科研机构、政府管理中心等微观主体相互联系组成的组织结构。由于区位因子的差异，产业集群具有的优势资源往往并不相同，单个产业集群常常占据价值链的某些环节（文嫮，2005）。产业集群并不是均质的组织单元，内部微观主体的技术、规模等差异明显。产业集群中技术水平高且对其他企业影响较大的企业具有更高的网络权力（张云逸，2009；赵建吉，2011）。网络权力较高且外部通道发达的企业或研发机构是产业集群中的技术守门员，是产业集群引进、消化、扩散知识的重要主体。跨界产业集群之间合作网络中的产业集群并不是孤立的，而与其他经济区中的产业集群具有密切的联系，通过这种联系嵌入全球生产网络当中。

外部通道是跨界产业集群之间合作网络的重要组成部分，能够促进资源有效整合利用、创新效率提升、知识技术快速扩散。较早提出外部通道的欧文－史密斯和波威尔（Owen－Smith & Powell，2002）认为外部通道指的是远距离互动的管道，决定性的知识流动常常在网络外部联系过程中产生，而与本地蜂鸣关系不大。从空间角度上看，跨界产业集群之间合作网络中的外部通道包括产业集群 A 与 B 之间的联系和产业集群 A 或 B 与其他地区微观主体之间的联系。从组织形式上看，外部通道包括交易、建立分支机构等正式联系和聚会、聊天等非正式联系。发育很好的外部通道通过两种方式将产业集群与其他地区联系起来。第一，单个企业能够通过与产业集群外部企业建立知识联系获得利益。即使世界一流的产业集群也不能够永久地自我满足知识创造，产业集群中的企业通过构建外部通道获取其他地区创造的知识以保持其竞争力。第二，获得外部知识信息的产业集群中的企业通过本地蜂鸣将知识扩散至集群中的其他企业（Bathelt et al. , 2004）。外部通道将位于全球各地的企业联系起来，他们根植于不同的社会制度文化中（Owen – Smith & Powell, 2002）。外部通道的优势在于整合了不同的社会制度环境。这些社会制度环境具有开放型潜力、本地吸收能力和全球知识的整合能力（Bathelt et al. , 2004）。

　　制度与文化是跨界产业集群之间合作网络中的关键要素。制度与文化具有地域性，对产业集群与外部通道有着重要的影响。在跨界产业集群之间合作网络中，不同产业集群的制度与文化各不相同。开放型的制度能够有利于外部通道的建设，有利于吸收外界创新资源、与外界的知识交流。部分地区的政府管理中心由于过度重视地方网络的建设，设计的制度及体制不利于外部通道的发展，阻碍了外部知识的引进、消化与吸收，反而阻碍地方网络的发育及升级。文化在跨界产业集群之间合作网络中也非常重要，对汇集外部创新资源具有重要影响，影响着跨国企业家精神的形成。多元的文化有利于产业集群吸收外部创新要素，整合全球创新资源。相似的文化有利于不同经济体产业集群相互合作，推动跨界产业集群之间合作网络形成与发展，反之会阻碍。

　　跨界产业集群之间合作网络是超越产业集群、超越全球生产网络的分析框架，是经济地理学中的第三大经济空间组织体系，在后工业化时代全球经济组织体系及空间演变等方面具有超强的解释力。跨界产业集群之间合作网络同时重视地方化与全球化力量，强调了外部通道在产业集群之间合作过程中的重要性，强调不同产业集群优势资源整合的重要性，是经济地理学中全新的分析框架，解释了不同经济体产业集群之间的互动机制。

5.2　跨界产业集群之间合作网络合作机制

　　跨界产业集群之间合作网络主要通过外部通道实现两地资源的重新组合及高效创新发展（见图 5 – 5）。FDI、上下游合作和人才流动是外部通道的三种主要形式。卡内罗和佩雷拉通过研究发现驱动本地企业 R&D 国际化，并从全球创新网络中获得知识以保持竞争优势的方式主要有跨国投资和人才流动，能够实现资源的有效整合，促进产业的创新发展（Carneiro & Pereira，2012）。通过跨国投资和人才流动，技术、人才、企业、大学、研究机构等创新要素得以重新组合并构建新的生产网络，能够推动资源组合效率提升，促进经济的快速发展。在这个过程中，隐性知识和显性知识通过由 FDI 形成的跨界企业网络和由人才流动形成的跨界技术社区实现空间移动，推动技术与市场结合。知识在本地网络与外部通道中的流动推动了产业的快速发展（Bathelt，2011）。制度与文化是跨界产业集群之间合作网络中不可缺少的要素，对合作机制具有重要的影响。虽然跨界产业集群之间合作网络能够推动创新产生和产业的整体发展，但在合作的过程中不同产业集群获得的价值并不相同。

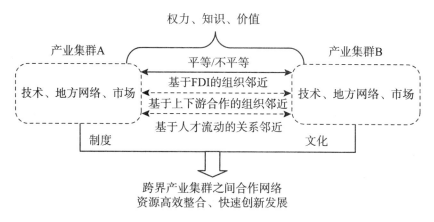

图 5-5　跨界产业集群之间合作网络合作机制

5.2.1　组织邻近与跨界企业网络

跨国企业的异地投资或企业家的异地创业能够带动人才、技术等创新资源的跨界流动，促进不同经济体产业集群之间形成合作。此外，跨国企业能够利用网络权力吸引其他微观主体移动，促进知识转移，推动产业集群之间的合作。通过这种大型跨国公司形成的合作网络，全球各个区域基于组织邻近性形成互动发展局势（Zeller，2010）。跨界资源空间移动后通过与地方企业建立网络关系，推动技术扩散和知识溢出，从而深化跨界产业集群之间的合作。

5.2.1.1 跨国企业带动创新资源转移

跨国企业通过 FDI 方式将不同地区产业集群连接起来，构建了跨界企业网络，缩小了产业集群之间的组织距离，从而推动跨界产业集群之间合作网络的发展。哈肯逊（Haakonsson）通过研究发现食品行业一些跨国企业的外部拓展对跨界知识转移具有重要作用，市场是吸引外部拓展的主要动力（Haakonsson，2012）。布拉姆威尔和奈勒斯通过分析加拿大滑铁卢 ICT 产业，发现企业的发展依赖于本地知识基础及与外部的网络通道，认为上下游间的合作已经通过互联网联系克服了空间距离，企业除了劳动力和制造的其他方面都依赖于外部通道（Bramwell & Nelles，2008）。由于其规模较大、技术等级较高、对其他企业的影响广泛，跨国企业往往成为跨界产业集群之间合作网络的技术守门员。作为技术守门员，跨国企业的知识创造与扩散的作用是非常复杂的。巴泽尔认为跨界合作由于交流的风险巨大，合作伙伴之间的信息交流多偏重于有限目标和领域，其机制与同一集群内企业之间的交流机理也有很大不同。跨国企业建立、运作有效的外部通道的一个重要前提是具备将通道的信息转移到位于合适地点的合适企业、并使信息发挥作用。考恩和莱文瑟尔（Cohen & Levinthal）将这种能力称为企业的"吸收能力"。在这个过程中，一方面，"技术守门员"发挥着重要的作用，他们负责寻找新的、至今尚未开发利用的新知识源泉，评价外部知识的产业化价值；另一方面，"信息中介者"发挥着关键作用。作为管道两端合作伙伴之一，信息中介者负责将外部知识转变为企业能直接理解的知识（巴泽尔，2005）。跨国企业主要通过四种方式构建外部通道，推动跨界产业集群之间合作网络发展，分别是售卖创新产品，获得外部技术，与外部企业或非企业组织建立研发合作关系，建立外部 R&D 实验室（Chaminade & Fuentes，2012）。

5.2.1.2 技术守门员连接地方网络推动知识扩散

技术守门员与地方企业建立联系，通过外部通道将获取的技术知识转移至地方网络内的其他企业中。通过地方网络与外部通道，产业集群不仅会吸收其他产业集群的技术知识等信息，而且也会将市场等信息通过本地网络扩散至本地其他企业。罗仁泽和加斯若（Lorentzen & Gastrow）通过研究德国与南非的汽车产业发现（见图 5–6），发达国家内的汽车产业在发展中国家中的发达区域投资，以充分利用其优势资源；同时，发展中国家的本土企业也会通过嵌入外部网络中获得知识，提升竞争力（Lorentzen & Gastrow，2012）。在跨国企技术知识获得与扩散的过程中，必须区分技术转移的内在化或外在化。当跨国企业将核心技术转移至自己的子公司时，"专有技术"（"know-how"）类知识能够得到扩散，但"技术原理"（"know-why"）类知识扩散受到遏制（Gastrow & Kruss，2012）。

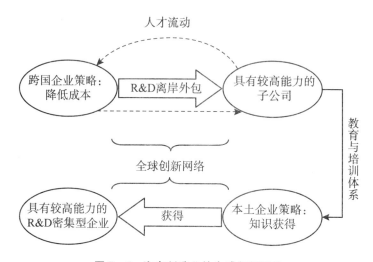

图 5–6　汽车制造业的全球创新网络

资料来源：罗仁泽和加斯若（Lorentzen & Gastrow，2012）.

　　通过外部通道传输知识与跨界产业集群之间合作网络中的地方传言密切相关。简而言之，产业集群内经济主体对区内、区际合作伙伴关系的建立和发展越重视，区外的市场信息、新技术信息就越容易流入集群内部网络。而如果没有这种信息的流入补充，产业集群内企业就可能会仅仅关注周边的技术，从而丧失竞争力。没有区域信息浑浊场的交流平台，区际交流管道的作用也将大打折扣。基于地方信息沟通交流的相互信任和高水平分析问题能力有助于过滤出重要的、有价值的信息。通过区际交流对区域信息浑浊场进行持续更新与输入新知识，从而推动产业集群的技术创新（巴泽尔，2005）。

5.2.1.3　技术守门员通过网络权力吸引关联企业跨界转移

　　作为技术守门员，一些跨国企业具有较高的网络权力，对其他关联企业的空间行为具有较大影响（Snnalee，2006；景秀艳，2007；张云逸，2009）。当产业集群中的跨国企业在其他产业集群中建立分支机构时，会吸引其他关联配套企业跟随迁移，使得创新要素在跨界产业集群之间合作网络中产生大规模移动，并与本地部分企业建立联系，体现了原集群网络的渗透和本地企业网络的嵌入（黄晓、胡汉辉、于斌斌，2015）。同时，技术守门员也会吸引跨界产业集群之间合作网络之外的创新要素流入，使得大量技术知识进入跨国企业成立分支机构的产业集群中。在德国大众和美国通用在上海建立分支机构时，他们的海外配套企业纷纷跟随进入上海，如博世（BOSCH）、纳铁福（GKN）、汉高（HENKEL）和巴斯夫（BASF）等一级配套商都是随德国大众进入到上海汽车企业网络（穆荣平，1997；张云逸，2009）。当 1994 年中国台湾裕隆企业集团进军大陆，与福建省汽车工业集团公司成立东南汽车公司时，台湾地区的 35 家一级配套厂跟随而至。这些企业是东南汽车公司所有的一级配套厂，是东南汽车生产网络中关键零组件供应商（景秀艳，2007）。

5.2.1.4　位于不同价值链环节的产业集群分工合作

由于区位优势及发展历史的差异，单个产业集群往往集中于价值链的某一环节。处于不同价值链环节的产业集群会相互合作，推动跨界产业集群之间合作网络的发展。对于技术层级较高的产业集群会趋于价值链的两端环节，对于一些技术层级较低的企业会处于价值链的中间环节。通过企业的上下游合作，各类产业集群会分工合作，推进跨界产业集群之间合作网络的运行。但在分工合作过程中，技术层级较高的产业集群会获得更多的价值，处于价值链中间环节的产业集群会获得较少的价值。

5.2.2　关系邻近与跨界技术社区

人才在一定区域内工作或学习，通过日常交往等形式传递隐性知识，从而形成技术社区。随着人才在跨界产业集群之间合作网络中的流动，两地人才基于关系邻近形成跨界技术社区。跨界技术社区使得隐性知识和显性知识能够在跨界产业集群之间合作网络中方便快捷地流动。

从空间视角出发，跨界技术社区的形成主要包括四种途径。第一，产业集群 A 中的人才进入产业集群 B 中工作或创业，形成跨界技术社区。第二，在跨界产业集群之间合作网络之外的区域进行学习或工作的人才来到跨界产业集群之间合作网络中两个产业集群中，形成跨界技术社区。第三，随着跨国企业的 FDI，产业集群 A 中的管理及技术人员进入产业集群 B 中，与本地人才在企业合作或休闲娱乐过程中形成跨界技术社区。第四，为了获得技术知识信息，产业集群 A 中的企业在技术层级更高的产业集群 B 中建立了 R&D 研发机构，并定期将产业集群 A 中的工作人员送往技术层级更高的产业集群 B 中工作一段时间，从而形成跨界技术社区。

人才跨界流动形成的跨界技术社区是跨界产业集群之间合作网络发展的重要动力。创新集群的特点是集群内外资源不断流动，例如人才、资本和包括隐性知识与知识产权的信息（Freeman & Engel，2007）。这些流动资源利用风险机构尝试、甚至失败促进快速创新，同时也推动集群与外界的合作。费拉托切夫等（Filatotchev，Liu，Lu & Wright，2011）通过调查研究中关村科技园，发现本地集群通过海归企业家获得区域外的知识溢出效应，海外归国企业家有利于本地高科技企业的创新。但在某些研究成果中，跨界技术社区仅在专著出版、专利等方面具有意义。霍克曼等（Hoekman，Frenken & Van，2008）研究发现基于专利和出版物数据分析区域之间的合作，认为地理邻近性对于区域之间合作的负面影响较大。在出版物方面，精英人才对于区域之间合作具有重要的积极意义，但在专利方面，精英人才只有在生物技术领域对区域之间合作具有意义。

5.2.3 制度重构与文化适应

制度与文化是跨界产业集群之间合作网络发展不可或缺的要素，对外部通道及本地网络的合作机制具有一定的作用，影响着人才、资本、技术知识、企业等创新要素在跨界产业集群之间合作网络中的流动，对不同经济体产业集群相互合作产生重要的影响。

某一区域的制度是以本区域发展为最终目的，会推动本地产业集群的形成与发展。但制度对于跨界产业集群之间合作网络中外部通道的影响是复杂的，既为某些外部通道的构建提供动力，同时又会限制一些外部通道的形成。作为支持单个产业集群发展的组织支撑体系，制度会吸引其他产业集群的创新要素进入，同时又会防止本产业集群中的高端人才、高端技术、大规模资金外流入其他产业集群中去。

制度会通过培育本地网络与改善地方创新创业环境等方式推动知识创造或知识扩散，促进区域的内生增长，从而提升跨界产业集群之间合作网络的整体活力。合理的制度能够促进跨国企业根植于地方化发展，促进地方网络的发育、外部知识在本地网络中的扩散。合理的制度能够改善创新创业环境，提升本土企业的孵化能力、公共服务平台的支撑能力，深化与金融机构的合作，促进外界风险投资机构与本地企业的互动合作。

　　制度在跨界产业集群之间合作网络中不是一成不变的，会随着合作的深入发生重构，以促进单个产业集群的发展。李（Lee，2009）从中观尺度视角分析了台湾地区与苏州地区的产业转移，认为制度在跨区域合作发展中会不断发生变化，并建立了产业转移和制度重构的三个阶段（见表 5-2）。作为一种治理结构，产业体系组织跨界企业之间的经济活动。在区域化的过程中，它为区域或跨区域行为主体共同努力构建系统或制度创新。产业体系制度的二次根植对于跨界产业集群之间合作网络非常关键。

表 5-2　　　　　　　　　　　　跨界产业和制度重构的三个阶段

	阶段 1 战略重组	阶段 2 转换适应	阶段 3 体系形成
中国苏州地区	当地政府政策制度改革	当地资源的重新配置	制度建立
中国台湾企业	中国台湾企业汇集	企业之间的重新组织	企业之间合作，供应链形成

　　资料来源：李（Lee，2009）.

　　制度在跨界产业集群之间合作网络中与在不同行政区合作中的作用不同。在行政区之间的合作中，政府管理部门之间的合作是至关重要的，制度的双赢设计会成为合作成功的关键。跨越国界或亚国家单元行政主体之间的制度化合作主要具有四条特征（Perkmann，2003）。第一，合作的主体主要是公共管理机构，合作主要发生在公共机构之间；第二，跨界合作主要指的是不同国家之间亚国家主体的合作，按照国际法他们没有法律主体地位，所以他们之间的合作多是非正式的。第三，在实质性条款方面，跨界合作主要关注与实际日常行政生活相关的问题。第四，跨界合作包括跨界联系的稳定性，例如制度建立。然而，在跨界产业集群之间合作网络中，政府管理部门之间的合作相对来说并不重要。单个产业集群中的制度设计能够支持单个产业集群的发展，但并不一定能够给跨界产业集群之间合作网络中的另一个产业集群带来利益，有的时候会损害其他产业集群的发展。

　　协会与社团组织是推动跨界产业集群之间合作网络中跨界技术社区形成的重要动力。当一个地区协会与社团组织中的成员在跨界产业集群之间合作网络中流动时，并不会脱离原来的组织，反而会通过互联网、电话等通讯方式构建成跨界技术社区，推动知识的传播与扩散。此外，不同经济体产业集群中介组织的相互合作有利于跨界产业集群之间合作网络的形成与发展。

相似的文化背景会推动跨界产业集群之间合作网络的形成与发展。较大的文化差异会阻止不同经济体产业集群之间的合作发展。不同的文化对于隐性知识的跨界传播具有一定的阻碍作用（Lorentzen & Gastrow, 2012）。文化背景的差异是影响具有不同区域背景企业合作的制约因子。在汽车制造及服务行业内的企业跨界合作中均存在这种现象（纪慰华，2004；李小建等，2006）。

5.3 跨界产业集群之间合作网络演化机理

从不同经济体产业集群之间合作密切程度与外部通道发育程度来看，跨界产业集群之间合作网络的演化过程共有孕育、发展、成熟、衰退、消亡或复兴五个阶段（见图 5-7）。在跨界产业集群之间合作网络的演化过程中，网络内不同产业集群之间的外部通道从无到有、从不发达到逐渐成熟；跨界企业网络与跨界技术社区不断完善，加快外部通道两端产业集群之间创新资源的流动和知识的扩散；跨界产业集群之间合作网络的创新资源不断增加，并不断沿着价值链从低端走向高端；跨界产业集群之间合作网络的网络结构从简单到复杂，地方网络的开放性逐渐增强；网络权力结构也会发生空间变化，企业的成长或迁移会导致不同产业集群内都拥有网络权力较高的企业；随着创新资源的流动，跨界产业集群之间合作网络中的两个产业集群之间的关系从不平衡向平衡转变；有些制度会阻碍创新资源尤其是高端创新要素流入其他产业集群中；不同的文化逐渐在商业合作与人员交流的过程中走向融合。从微观方面来看，企业追逐更低的成本与更大的市场是跨界产业集群之间合作网络演化的主要动力。单个产业集群内的某些企业或企业家为了降低生产成本、占据更广阔的市场或获得知识信息，迁移至其他区域内或创办新的企业，然后利用网络权力吸引上下游企业共同迁移。受路径依赖与成本因素的影响，上下游企业随着核心企业迁移以降低合作成本或获得知识及市场信息。从宏观视角来看，单个产业集群往往并不具备从知识生产到广阔市场的所有条件。拥有广阔市场的区域会吸引其他产业集群内的创新资源进入，形成外部通道发达的产业集群。总之，跨界产业集群之间合作网络能够整合不同产业集群的优势资源，整合包括公共创新资源在内的创新要素，推动产业整体快速发展。

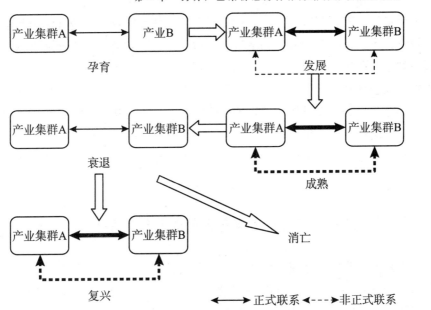

图 5-7 跨界产业集群之间合作网络演化

5.3.1 跨界产业集群之间合作网络孕育阶段

由于偶然事件与政府政策支持，一定区域内出现某种行业企业，此后逐渐在内生及外生要素作用下形成产业集群。当一定区域内产业集群运行一定时间后，本地市场达到饱和，土地等生产与研发成本上升，企业寻求在其他经济体建立分支机构，以开拓新市场、降低成本、获取新知识，跨界产业集群之间合作网络就会随之出现。在跨界产业集群之间合作网络的出现阶段，外部通道单一，只存在由跨国企业 FDI 或企业家迁移形成的单一外部通道；跨界产业集群之间合作网络中的产业集群发育程度不同，某一产业集群内部网络较为发达，另一产业集群则处于孕育期。在另一区域建立的跨国企业分支机构或企业家创办的新巨型企业往往具有较高的网络权力，影响着原产业集群内相关企业的生产及创新行为。如中国台湾集成电路与汽车制造业产业的出现离不开 20 世纪 60 年代美国与日本跨国企业的入驻（Bresnahan，2004；Berger & Lester，2005），巴西汽车产业的发展离不开美国跨国汽车企业的进入，爱尔兰软件行业的发展离不开欧美跨国巨头分支机构的建立。

在此过程中，不同经济体产业集群之间主要通过 FDI 形式进行合作。通过这种形式，技术、知识、人员初步实现空间移动，成为推动后发区域发展某一产业的动力。相比于刚刚起步的地区来说，地方网络发达的地区则拥有较大的发展优势，甚至控制着起步区域的发展路径及技术路径。在孕育阶段，落后地区缺乏技术、人才等资源，当地政府通过制定各种政策并利用土地市场等资源吸引其他产业集群内资本、技术和人才等创新资源进入。文化差异在跨界产业集群之间合作网络的孕育阶段会制约合作的进行。由于企业文化背景的不同，跨国企业建立的分支机构运营管理可能会与本地文化具有一定的冲突。相似的文化会促进跨界产业集群之间合作网络的形成。受路径依赖影响，新兴区域会不断吸引其他产业集群更多的创新资源，推动跨界产业集群之间合作网络进入发展阶段。

5.3.2 跨界产业集群之间合作网络发展阶段

当跨界产业集群之间合作网络进入发展阶段，外部通道逐渐增多，产业集群 A 与 B 内跨国企业之间的联系增多，发展较慢的产业集群 B 与其他产业集群之间的正式联系也逐渐形成。后发地区在技术守门员网络权力的影响下，吸引产业集群 A 内上下游企业进入，促使地方网络逐渐形成，形成产业集群 B。通过这种方式，跨界产业集群之间合作网络得到迅速发展。

在此阶段中，网络权力、路径依赖与市场是推动跨界产业集群之间合作网络发展的主要因素。进入产业集群 B 的跨国企业分支机构或新成立的大型企业利用网络权力吸引产业集群 A 中的原上下游企业进入，促进技术、资金、人才、知识信息等资源汇集。为获得区域 B 所在经济区的市场，同时也受路径依赖的影响，产业集群 A 中上下游企业跟随进入产业集群 B 中。在此阶段，由于产业集群之间的联系是以企业联系为主，流通的知识以显性知识为主。产业集群 A 在此过程中以资源流失为主。产业集群 B 不仅通过获得产业集群 A 的资源，而且获得其他地区创新资源促使技术得到快速提升，本地网络进一步完善，获得快速发展。跨界产业集群之间合作网络中的产业集群都会通过获取外界资源及技术沿着价值链环节上升，在世界经济发展中占据更大的主动权。在此过程中，制度主要通过集聚要素推动本地产业集群发展。

5.3.3 跨界产业集群之间合作网络成熟阶段

当不同经济体产业集群之间基于组织邻近和关系邻近的外部通道较为丰富时，跨界产业集群之间合作网络进入演化的成熟阶段。复杂频繁的外部通道是其最重要的特征，不仅包括了由地方企业及跨国公司组成的跨界企业合作，而且包括了管理人员、技术人才及核心企业家的人才流动；不仅跨国企业之间具有跨界联系，而且本土企业通过发展壮大甚至成为地方网络内的技术守门员，并与其他产业集群内企业建立了上下游合作关系。在此阶段，跨界产业集群之间合作网络内的产业集群都已进入发展的成熟期，其地方网络均得到充分发展，包括地方公共创新资源也都整合进入跨界合作网络当中。其中，在发展较慢的产业集群 B 中，本地网络不仅包括了跨国核心企业及进入的相关上下游企业，而且包括获得快速发展的本土企业。产业集群 A 在部分创新资源流失的过程中，通过技术升级及研发新产品沿着价值链走向高端环节。

在跨界产业集群之间合作网络成熟阶段，网络权力、市场、路径依赖、技术社区、制度与文化是影响资源跨界流动、知识产生与扩散、价值分配的主要因素。作为技术守门员，跨国企业分支机构通过网络权力不仅促进不同经济体产业集群之间创新要素的流动，而且有效整合产业集群内外资源，有效促进知识的产生与扩散。部分本土企业在政府支持下，通过引进、消化、吸收知识及自主创新提升技术能级，并发展成为地方网络的技术守门员，增强了本土企业的知识吸收能力，有利于知识的跨界流通与扩散。在市场与创业机会的吸引下，其他产业集群内的部分企业家及高端技术人才纷纷进入产业集群 B，形成跨界技术社区，将产业集群 A 及其他集群的隐性知识和显性知识带到产业集群 B 中，提升了其知识储备及技术能级。通过跨界企业网络与跨界技术社区，跨界产业集群之间合作网络中的产业集群 A 与产业集群 B 分别占据了价值链的不同环节，实现了全球产业集群之间的分工与合作，对创新资源进行了有效整合，推进了产业的整体快速发展和技术进步。其中，由于产业集群 A 占有技术及先发优势，占据了价值链中较高的环节；后期发展的产业集群 B 得到快速发展，虽然在一定程度上技术落后于产业集群 A，但集群内部分企业发展成为行业内的领先企业技术等级较高，与产业集群 A 中企业形成研发、上下游合作等联系。

制度是跨界产业集群之间合作网络成熟阶段发展的关键要素。产业集群所依托的制度主要在于推动本地经济的发展，对于跨界产业集群之间合作网络的作用效果各有差异。产业集群 A 通过制度设计阻止高端核心技术及高端人才进入产业集群 B 中，以保持其国际竞争力。产业集群 B 通过制度设计继续吸引其他地区产业集群中的高端人才及技术，并通过设立公共服务机构、孵化器、行业协会等方式促进本地知识的流动及本土企业的发展壮大。

5.3.4 跨界产业集群之间合作网络衰退、消亡或复兴

跨界产业集群之间合作网络衰退主要表现在网络内微观主体逐渐减少、技术守门员网络权力减弱、竞争力低下、企业利润降低、市场萎缩、人员失业、不同地区产业集群之间合作减少等方面。跨界产业集群之间合作网络衰退与单个产业集群的衰落直接相关。产业集群衰退的主要原因是消极的锁定效应，主要有结构性、内生、外生三种导致衰退的事件（Cooke，Asheim & Boschma，2011）。第一，产业集群中的核心企业位于衰退的产业部门（Isaksen，2003）。第二，内部僵化，缺乏合作与竞争，太过强调内生增长，缺乏吸收其他区域重要的新技术。第三，使得产业集群失去竞争优势的外部力量，如技术的不连续性、消费者需求大转变等（Poter，2008）。除了以上三种原因，跨界产业集群之间合作网络衰退的主要原因还包括技术锁定与政治关系等方面。缺乏与网络外部地区的技术、知识等交流，不能够及时获得外部技术及市场信息，跨界产业集群之间合作网络也可能走向衰退。政治因素也有可能是跨界产业集群之间合作网络消失的主要原因，如两国政治关系的恶化导致跨界合作减弱。

在经历衰退阶段后，跨界产业集群之间合作网络可能会走向消亡也可能获得复兴。如果跨界产业集群之间合作网络没有获得革命性组织与技术变革就会走向消亡，如果网络内龙头企业开发出革命性技术或政府大力支持就会获得复兴。跨界产业集群之间合作网络主要通过四种方式实现复兴。技术守门员通过与研发机构、外部技术层级更高的企业合作获得突破性技术，开发出革命性产品，开拓新的市场，跨界产业集群之间合作网络会走向复兴之路。技术守门员革命性技术的获得不仅会促进企业的自身发展，而且会推进相关上下游企业的发展，推动跨界产业集群之间合作网络获得新的发展活力。制度也是促使跨界产业集群之间合作网络复兴的关键因素。当跨界产业集群之间合作网络进入衰退期时，当地政府的资金支持、采购、产业扶持等政策支持能够使得当地企业获得新生。尤其是国有企业占据重要位置的产业集群会在制度的支持下获得复兴。在跨界产业集群之间合作网络衰退时，迅速与世界其他区域技术先进的产业集群构建密切的联系，提升在全球集群网络中的位置能够促使跨界产业集群之间合作网络复兴。此外，衍生产业的出现也会促使跨界产业集群之间合作网络复兴，如集成电路产业衍生的光电子、新能源等行业。

第 6 章

张江与新竹 IC 跨界产业集群之间合作网络前提条件

6.1 全球集成电路产业发展与集群布局

6.1.1 全球集成电路产业发展演变

集成电路又被称为微电路、微芯片、芯片,在电子学中是一种把电路(主要包括半导体设备,也包括被动组件等)小型化的方式,并通常制造在半导体晶圆表面上。将电路制造在半导体芯片表面上的集成电路又称薄膜集成电路。另一种厚膜混成集成电路是由独立半导体设备和被动组件,集成到衬底或线路板所构成的小型化电路。晶体管发明并大量生产之后,各式固态半导体组件,如二极管、晶体管等取代了真空管在电路中的功能与角色。20 世纪中后期半导体制造技术的进步使得集成电路成为可能。相对于手工组装电路使用个别的分立电子组件,集成电路可以把大量的微晶体管集成到一个小芯片是一个巨大的进步。集成电路的规模生产能力、可靠性与电路设计的模块化方法确保了快速采用标准化 IC 代替了设计使用离散晶体管。

自 1958 年 9 月 12 日世界第一块集成电路在美国德克萨斯仪器公司诞生以来,根据产业链发展状态,IC 产业的发展过程可分为(蔡南雄,2003):系统公司时代,IDM 时代,Foundry 时代,以及后 Foundry 时代(见图 6 - 1)。回顾 IC 产业 50 多年的发展历程,从小规模集成电路(SSI)、中规模集成电路(MSI)、大规模集成电路(LSI)到超大规模集成电路(VLSI)以及今天的特大规模集成电路（ULSI），整个集成电路产品的发展经历了从传统的板上系统到片上系统的过程。经历多年发展，集成电路的技术不断细化，并产生多个细分领域。IC 设计领域具有 IP 设计、第三方设计等细的分支；IC 封装测试领域分为 IDM 和专业代工两种形式。目前，集成电路产业已经发展成为世界经济发展的主要力量，对人类的生产生活产生了重大的积极作用。

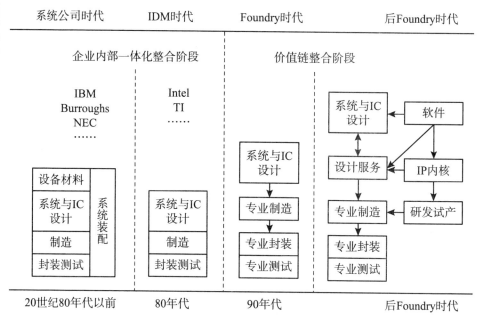

图 6 - 1 IC 产业不断分离—整合向网络化模式的演进

资料来源：蔡南雄（2003）、赵建吉（2011）.

根据 SIA（美国半导体协会）、WSTS（世界半导体贸易统计组织）、IHS iSuppli、Gartner（顾能）等国际著名市场调研机构统计，2000 年、2004 年和 2010 年各个季度全球半导体市场销售额都呈现大幅度的增长态势，而 2001 年、2008 年下半年、2009 年上半年以及 2011 年各个季度都出现了较大幅度的下滑。2008 年下半年和 2009 年上半年的大幅跌落与全球金融危机具有直接的关系。2011 年的下滑主要是由欧债危机、日本"3·11"大地震、北非西亚不稳定政局、泰国洪水等原因引发的。随着世界经济复苏，2014 年全球半导体市场的销售规模有着约 8%～9% 的增长。SIA 和 WSTS 对 2014 年全球半导体市场销售规模的统计数字十分接近，各为 3 358 亿美元和 3 331 亿美元。IHS iSuppli 和 Gartner 的统计数字各为 3 532 亿美元和 3 398 亿美元。2014 年全球半导体销售规模实现自 2010 年以来的最高增长率（见表 6 - 1）。

表 6 - 1　　　　　2006 ~ 2014 年全球半导体市场的销售规模及增长率

年份		2008	2009	2010	2011	2013	2014
全球 GDP 增长率（%）		3	1.3	4.2	3.3	3.0	2.6
SIA 数据	销售规模（亿美元）	2 486	2 263	2 983	2 995	3 056	3 358
	增长率（%）	- 2.8	- 9	31.8	0.4	4.8	9.9
IHS iSuppli 数据	销售规模（亿美元）	2 601	2 296	3 089	3 128	3 181	3 532
	增长率（%）	- 5.2	- 11.7	34.5	1.25	5.0	9.4

资料来源：上海市经济和信息化委员会等（2012、2015），根据 WTO、SIA 和 IHS iSuppli 数据整理.

　　在长期的发展过程中，半导体行业内涌现出一大批巨型企业，主导着全球集成电路产业的发展。根据 IC Insights 统计，在 2014 年前 20 位厂商中，总部在美国的共 8 家，欧洲 3 家，日本 3 家，中国台湾 3 家，韩国 2 家，新加坡 1 家；有 2 家是纯代工厂商，5 家是设计公司（见表 6 - 2）。英特尔连续 23 年成为全球第一大半导体厂商，2014 年占全球半导体市场份额为 15%，略低于 2011 年峰值时期的 16.5%。从销售增幅来看，台积电增幅最大，达到 26%；联发科和 SK 海力士各达到 25% 和 22%。

表 6 - 2　　　　　　　　2014 年全球前 20 大芯片产商

2014 年排名	2013 年排名	产商名称	总部所在地	2013 年销售收入（百万美元）	2014 年销售收入（百万美元）	增长率（%）
1	1	Intel（英特尔）	美国	48 321	51 368	6
2	2	SamSung（三星）	韩国	33 378	37 529	8
3	3	TSMC（台积电）*	中国台湾	19 935	25 088	26
4	4	Qualcomm（高通）**	美国	17 211	19 100	11
5	5	Micron + Elpida（美光）	美国	14 294	16 614	16
6	6	SK Hynix（海力士）	韩国	12 970	15 838	22
7	8	Texax（德州仪器）	美国	11 474	12 179	6
8	7	Toshiba（东芝）	日本	11 958	11 216	- 6

续表

2014年排名	2013年排名	产商名称	总部所在地	2013年销售收入（百万美元）	2014年销售收入（百万美元）	增长率（%）
9	9	Broadcom（博通）**	美国	8 219	8 360	2
10	10	ST（意法）	欧洲	8 014	7 374	-8
11	11	Renesas（瑞萨）	日本	7 975	7 372	-8
12	12	Mdeia Tek（联发科）**	中国台湾	5 723	7 142	25
13	14	Infineon（英飞凌）	欧洲	5 260	6 151	17
14	16	NXP（恩智浦）	欧洲	4 815	5 625	17
15	13	AMD（超微）**	美国	5 299	5 512	4
16	17	Sony（索尼）	日本	4 739	5 192	10
17	15	Avago + LSI（安华高）**	新加坡	4 979	5 087	2
18	19	Freescale（飞思卡尔）	美国	3 977	4 548	14
19	20	UMC（联电）*	中国台湾	3 940	4 300	9
20	21	nVidia（英伟达）	美国	3 898	4 237	9
合计				237 379	259 562	9

注：＊晶圆代工厂商；＊＊设计公司．
资料来源：上海市经济和信息化委员会等（2015）；IC Insights, 2015.01.

技术进步始终是推动全球半导体产业持续发展的不竭动力。世界主要半导体厂商竭力开发和采用先进技术，占领当地技术"制高点"已成为半导体厂商相互竞争的焦点。近10年来半导体技术加速发展主要反映于芯片特征尺寸进一步缩小的节奏不断加快。按照摩尔定律，原先平均每三年更新一个技术时代，现在逐步被两年甚至更短的时间所取代（见表6-3）。从0.18μm节点向0.13μm及以下节点过渡时，制造技术的重大改进是采用铜互连代替传统的铝互连。从45纳米/40纳米节点向32纳米/28纳米节点过渡的又一个重大改进是CMOS工艺技术中采用高k介质和金属栅（HKMG）结构。2010年40纳米是可以获得产能的最先进的制造技术，扩充40纳米产能是全球主要晶圆厂技术竞争的主要目标。从65纳米/60纳米制程向45纳米/40纳米制程过渡不一定需要采用HKMG结构，但从45纳米/40纳米制程向32纳米/28纳米制程转化时必然采用HKMG结构。目前为实现HKMG结构共有三种技术方式。台积电采用的是"gate-last"（后栅节构）；由IBM牵头，包括AMD、环球晶圆、三星和意法半导体几家大型半导体厂商组成的技术联盟，采用的是"gatefirst"（前栅节构）；英特尔则自行开发了"gate stack"（堆栅结构）。2011 年第四季度，台积电率先宣布 28 纳米制程进入代工量产。2011 年年底，英特尔宣称 22 纳米制程研发成功。近两年，英特尔、IBM 半导体部门纷纷投巨资，开发 14 纳米与 7 纳米技术。2014 年，英特尔推出全球首款 14 纳米处理器 Core M。

表 6 - 3   2001～2014 年全球芯片特征尺寸进入生产的演进过程及发展趋势

年份	2000～2002	2003～2005	2006	2007	2008
领先技术的特征尺寸	0.18μm	0.13μm	0.11μm	90nm	65nm/60nm
年份	2009	2010	2011	2012	2013～2014
领先技术的特征尺寸	55nm/50nm	45nm/40nm	32nm28nm	28nm	20nm/14nm

资料来源：上海市经济和信息化委员会等（2012）；SICA 整理，2012.01.

经过近几年的探索，18 英寸（450mm）晶圆生产线已从设想逐渐走向现实。据台积电称，到 2015 年芯片制造技术进步到 14 纳米时，用 18 英寸晶圆生产芯片变得更加现实和更加经济。正如 2000 年从 8 英寸（200mm）过渡到 12 英寸（300mm）同时伴随着 130 纳米世代从铝互连过渡到铜互连一样，从 12 英寸过渡到 18 英寸生产线的转化对设备开发厂商的压力比工艺技术开发厂商的压力更大。采用 18 英寸晶圆不仅需要继续跟上摩尔定律发展，而且也需要将芯片成本降低最多 30%。目前，台积电计划在新竹建立一条 18 英寸晶圆试生产线，随后在台中建立一条量产生产线；英特尔已确认在美国俄勒冈州开建 1 条 450 纳米晶圆生产性，预计 2016 年建成。台积电、三星、IBM、格罗方德（Global Foundries）等企业将合组 18 英寸晶圆联盟（上海市经济和信息化委员会等，2015）。

6.1.2　全 球 集 成 电 路 产 业 细 分 领 域

6.1.2.1　全 球 集 成 电 路 设 计 业

集成电路设计业是全球集成电路产业中最活跃的行业。集成电路设计的技术创新使得大量高性能集成电路不断涌现，推动了晶圆代工业的快速发展，推动了电子制造业繁荣。由于电子产品细分和差异化程度加大，新的 Fabless 企业不断诞生。同时由于芯片制造生产线的投资呈现指数式的增长，有些 IDM

公司（设计制造整合公司）采用 Fab‑lite 的经营模式（轻制造模式），甚至有的 IDM 公司直接演变成 Fabless，如美国的 AMD（超威）和欧盟的 NXP（恩智浦）等，这使全球 Fabless 数量不断增加。2013 年，全球集成电路设计企业（Fabless）共有 1 300 余家。其中，美国 500 家左右，中国台湾地区 200 家左右，中国大陆 200 家左右，欧盟地区 120 家左右，新加坡和印度分别为 40 家和 60 家左右。按设计业的产值规模来分，美国居第一，中国台湾第二，中国大陆跃居第三。日本和韩国的设计业务都包含在大型电子产品集团的 IC 设计部门之中，真正独立经营的 Fabless 较少。

集成电路设计业是集成电路行业中增长速度最快的领域。IC Insights 表示，全球 IC 设计业 1999～2012 年产值年复合成长率达 16%，IDM 厂产值年复合成长率仅 3%，整体 IC 市场年复合成长率约 5%。IC 设计业占整体 IC 市场比重不断攀高。IC Insights 指出，1999 年 IC 设计业占整体 IC 市场比重仅约 7%，2012 年攀升至 27.1%，创下新高纪录，预期 2017 年有望达到 1/3。IC Insights 在最新报告中指出，2012 年全球 IC 设计业产值成长 6%，表现优于 IDM 厂衰退 4%，也优于整体 IC 市场衰退 2.0%。根据上海市经济和信息化委员会和 SICA 的统计，2006～2011 年全球集成电路设计业的销售规模不断增长，增长率在 2008 年金融危机时期并没有降为负值。在这 6 年全球集成电路设计业的年均复合增长率为 12.1%，明显高于同期全球半导体产业的增长率，同时设计业占半导体的比重也稳步递升（见表 6‑4）。2014 年，全球集成电路设计业的营业收入为 899.8 亿美元，比 2013 年增长 10.8%。

表 6‑4　　　　2006～2014 年全球集成电路设计业销售规模及增长率

年份	2006	2007	2008	2009	2010
销售规模（亿美元）	494.9	530.0	542.7	549.7	697.0
增长率（%）	23.6	7.1	2.4	1.3	26.8
占全球半导体产业比重（%）	20.0	20.6	21.8	24.3	23.2
年份	2011	2012	2013	2014	
销售规模（亿美元）	776.0	767	812	899.8	
增长率（%）	11.3	5.1	5.8	10.8	
占全球半导体产业比重（%）	25.2				

注：2006～2011 年数据根据 IC Insights 整理；2012～2014 年数据根据 Digitimes 整理，2015.03.

资料来源：上海市经济和信息化委员会等（2012，2015）；赛迪顾问，SICA 整理，2012.01.

在集成电路设计业中，全球十大 IC 设计企业占据了全球设计业大部分市场（见表 6-5）。据 IC Insights2015 年 2 月公布的调查报告，2014 年，全球前十大 IC 设计企业营业收入达到 567.81 亿美元，增长率为 15.1%，超过全球半导体产业的增长率 9.9%。在 2014 年全球前 50 大 Fabless 中，美国公司占据了 19 个席位，在 IC 设计业的总额销售额中占据 64% 的比例；中国台湾 IC 设计业占全球设计企业的 20.7%；中国大陆的 IC 设计企业占据 9 个席位，其销售额总计占前 50 大 IC 设计厂商总销售额的 8% 左右，是欧洲和日本两者总和的 2 倍（上海市经济和信息化委员会等，2015）。

表 6-5　　　　　2014 年全球前十大 IC 设计企业排名

2014 年排名	公司名称	总部地址	2014 年营业收入（亿美元）	2013 年营业收入（亿美元）	2014/2013 增长率（%）
1	Qualcomm（高通）	美国	192.91	172.11	12.1
2	Broadcom（博通）	美国	83.98	82.19	2.2
3	Media Tek（联发科技）	中国台湾	70.16	45.87	53
4	AMD（超威）	美国	53.88	52.99	1.7
5	nVidia（英伟达）	美国	41.72	38.98	7
6	Marvell（马威尔）	美国	37.07	33.52	10.6
7	HiSilicon（海思）	中国大陆	26.5	13.55	96.5
8	Xilinx（赛灵思）	美国	24.29	22.97	5.7
9	Altera（阿尔特拉）	美国	19.33	17.32	11.6
10	Novatek（联咏科技）	中国台湾	17.97	13.98	28.5
总计	—	—	567.81	493.48	15.1

资料来源：根据 HIS、IC Insights 数据整理；上海市经济和信息化委员会等（2015）.

高通显然是移动领域产品最丰富、实力最强的设计企业。它出身于通信技术名门，移动通信是其特长。它可以提供完整的解决方案和支持多模的 3G/4G 芯片。在获得 ARM 构建授权后，高通自主设计了 ARM 内核兼容的完整的定制 CPU 内核，并优化这些 CPU 内核以获得出色的移动性，兼具前所未有的处理性能与低功耗。2010 年在智能手机处理器市场上，高通占有 41% 的市场，排名第一。鉴于智能手机市场迅猛增长，近一两年高通一直致力于开发用于移动设备的高端芯片。2011 年年底高通推出了 MSM8900 的双核芯片，可用于智能手机和平版电脑，并能支持 3D 图像处理、高清视频以及更加顺畅的 3G/4G 网络连接。英伟达在 1999 年创造发明 CPU（图像处理器）后一鸣惊人，在图形处理方面具有独特优势，移动处理器性能和图形处理功能相当优越。2010 年年底英伟达推出了世界首款双核 A9 核心的移动处理器，2011 年下半年又推出了世界上首款四核 A9 移动处理器。最近，英伟达收购了 Icera，进一步完善了移动基带芯片的技术组合（上海市经济和信息化委员会等，2012）。

6.1.2.2 全球集成电路晶圆代工业

全球集成电路制造晶圆代工模式最早始于 20 世纪 80 年代末的中国台湾地区。此后晶圆代工业务不断增长，由 1995 年的 42.8 亿美元，增长到 2000 年的 105 亿美元及 2014 年的 479 亿美元（见图 6 - 2）。据统计，晶圆代工厂制造的芯片占整个芯片市场比重从 2004 年的 21% 上升至 2009 年的 24%，预计在 2014 年快速跃升至 37%。近年来，全球晶圆代工业存在整合与兼并、代工厂与技术联盟合作、"无晶圆"与"轻晶圆"模式发展三大趋势。2008 年后，全球 IDM 企业纷纷关闭生产线，晶圆代工成为 IC 制造的主要形式。根据 SEMI 的统计，2009 ～ 2010 年，全球 IDM 关闭多达 40 条生产线。

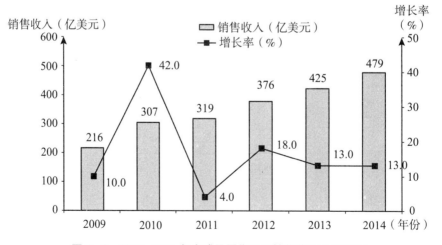

图 6 - 2 2007 ～ 2014 年全球晶圆代工业销售收入及增长率

资料来源：上海市经济和信息化委员会等（2012、2015）.

　　由于晶圆代工需要有大量资金和高端技术支持，所以全球代工企业主要由台积电、联电、三星、中芯国际等大型企业组成。根据 IC Insight 统计，2014年前 13 家晶圆代工厂商贡献营业额约 389 亿美元，占晶圆代工总营业额的81.2%；2014 年全球前 10 位晶圆代工厂商主要位于中国、韩国、美国，中国台湾及中国大陆地区在前 10 位中占据 6 席（见表 6 - 6）。其中，台积电（TSMC）稳居全球晶圆代工业的榜首，市场占有率为 52%；格罗方德第 2 位，市场占有率为 9.94%；联电居第 3 位，市场占有率为 9.24%；中国大陆地区的中芯国际居第 5 位，市场占有率为 4.6%。

表 6 - 6　　　　　　　　　　　2014 年全球晶圆代工 10 强企业

2014年排名	厂商名称	总部所在地	代工类型	2014 年销售额（亿美元）	2014 年增长率（%）	市场占有率（%）
1	台积电（TSMC）	中国台湾	纯代工	249.3	25	52
2	格罗方德（Global Foundries）	美国	纯代工	44.7	8	10
3	联电（UMC）	中国台湾	纯代工	42.3	8	9
4	三星（SamSung）	韩国	IDM	29.9	-24	8
5	中芯国际（SMIC）	中国大陆	纯代工	19.95	7	4
6	力晶（Powerchib）	中国台湾	纯代工	13.3	13	3
7	Tower Jazz	以色列	纯代工	8.2	62	2
8	世界先进（Vanguard）	中国台湾	纯代工	7.8	9	2
9	华虹 - 宏力（HHGR）	中国大陆	纯代工	6.85	5	1
10	国际商业机器（IBM）	美国	IDM	5.15	6	1
	前 10 家厂商总和			427.45	14	89
	其他厂商总和			51.75	1	11
	全球代工厂商合计			479.2	13	100

　　资料来源：上海市经济和信息化委员会等（2015）；IC Insight，2015.

　　近年来，晶圆代工巨型企业的竞争异常激烈，投资规模不断增加，推动了技术快速发展。台积电 2010 年投资支出 59 亿美元，主要用以扩充中国台湾新竹园区 Fab12、Fab14 和台中园区 Fab15 的 12 英寸生产线产能，在 2011 年破例投入高达 72.7 亿美元。自 2009 年以来，环球晶圆不断扩大投资，短短几年拥有了位于德国的 Fab1（量产 32 纳米的 AMD 处理器芯片）、位于新加坡的 Fab7、位于美国纽约州的 Fab8 三座工厂，成为仅次于三星和台积电的晶圆代工厂商。不少巨型 IDM 集团也加入晶圆代工行列。美国 IBM 和 TI 依靠先进的芯片制造技术、雄厚的资金，不断扩大代工规模。据预测，英特尔也可能开展晶圆代工服务。在晶圆代工企业的竞争中，技术更新速度不断加快。2008 年、2009 年、2010 年和 2011 年世界领先晶圆代工企业分别推出了 65 纳米/60 纳米、55 纳米/50 纳米、45 纳米/40 纳米、32 纳米/28 纳米制程。

根据 IC Insights 最新报告，世界最大的代工公司台积电的 2014 年销售额中，采用了 ≤45 纳米工艺的占 60%，第二大代工公司格罗方德也占到了 57%。2014 年，≤28 纳米的工艺将成为晶圆代工发展的主流，2014 年代工业中使用这类技术的代工销售额比 2013 年大幅上扬 72%，达到 51 亿美元，占代工销售总值的 29%（见表 6-7）。而采用 >28 纳米工艺的器件所占比重仍占 71%。我国中芯国际于 2012 年年初开始采用 45 纳米工艺，比台积电晚了 3 年，2014 年采用 ≤45 纳米工艺销售收入占公司销售额的 15%（上海市经济和信息化委员会等，2015）。

表 6-7　　2014 年全球 4 家代工厂商不同制程销售额及占比情况

公司	台积电	格罗方德	联电	中芯国际	其他	合计
≤28nm 销售额（百万美元）及占比（%）	10 347	1 884	98	0	0	12 329
	42	42	2	0	0	29
40/45nm 销售额（百万美元）及占比（%）	4 410	659	912	292	420	6 693
	18	15	21	15	7	16
65nm 销售额（百万美元）及占比（%）	3 367	601	1 341	499	430	6 238
	14	13	31	25	7	15
90nm 销售额（百万美元）及占比（%）	1 674	290	267	63	575	2 869
	7	6	6	3	9	7
0.13μm 销售额（百万美元）及占比（%）	677	245	535	239	1 250	2 946
	3	5	12	12	19	7
>0.13μm、≤0.18μm 销售额（百万美元）及占比（%）	3 350	502	515	814	1 860	7 041
	13	11	12	41	29	17

续表

公司	台积电	格罗方德	联电	中芯国际	其他	合计
>0.18μm 销售额（百万美元）及占比（%）	1 105	289	622	88	1 900	4 004
	4	6	14	4	30	10
销售额合计（百万美元）	24 930	4 470	4 290	1 995	435	42 120

资料来源：上海市经济和信息化委员会等（2015）；IC Insight, 2015.

6.1.2.3 全球集成电路封装测试业

半导体封装（Packaging）是半导体芯片生产过程的最后一道工序，是将集成电路用绝缘材料打包的技术。封装是半导体集成电路与电路板的链接桥梁，封装技术的好坏还直接影响到芯片自身的性能和PCB的设计与制造。根据技术发展历程，半导体封装发展先后经历5个阶段。目前，全球半导体封装的主流技术处于第三阶段，以CSP和BGA等主要封装形式进行大规模生产。根据全球著名的调查机构Gartner统计，2014年全球半导体封装测试业的市场规模达到539.6亿美元，同比增长6.2%；其中，封装测试代工市场的销售额为266.8亿美元，同比增长6.4%；IDM的封装测试规模为272.8亿美元，同比增长6.1%（见表6-8）。

表6-8   2010~2014年全球半导体封装测试市场规模

年份	2010	2011	2012	2013	2014
封装测试代工市场（亿美元）	235.9	240.2	245.3	250.8	266.8
IDM封装测试规模（亿美元）	249	240.8	245.1	257.2	272.8
合计	484.9	481	490.4	508	539.6
增长率（%）	27.8	−1	2.5	7.2	6.2

资料来源：上海市经济和信息化委员会等（2015）；Gartner, 2015.

近年来，由于全球半导体封装技术正从传统的封装形式（如DIP、SOP等）向先进的封装形式（如BGA、CSP、WLP、Flipchip、MCP以及3D/2.5D迭片式封装等）转型，封装技术的专业性更为突出，IDM有将封装测试向代工转移的倾向（上海市经济和信息化委员会等，2015）。在集成电路封装测试业中，日月光、安科和星科金朋等大型封装企业控制着尖端技术和核心产品（见图6-3）。

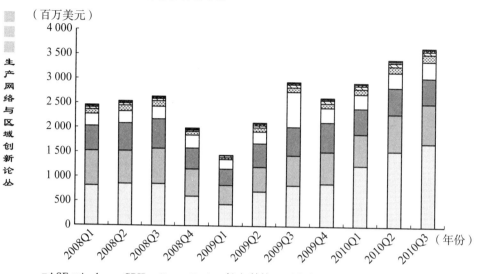

（百万美元）

□ASE ▨Amkor ▨SPIL □PowerTech ▨长电科技 ▨通富微电 ▧华天科技 ▪STATS ChipPAC

图6-3　2008～2010年全球封装测试企业市场份额

资料来源：华泰联合证券（2011）.

6.1.3　集成电路产业全球空间格局及全球生产网络

6.1.3.1　集成电路产业全球空间格局

全球集成电路产业集群高度集中于少数国家或地区。美国、日本、欧洲、韩国和中国是全球集成电路最为集中的地区（见表6-9）。

表6-9　　　　　　　　　　全球集成电路产业分布情况

区域	集成电路产业发展情况
美国	全球第一大集成电路产业强国，领先企业云集，IC设计业发达
日本	全球第二大集成电路产业强国，全球主要消费类IC设计制造基地
欧洲	全球主要集成电路产业集中地之一，但产业发展逐年趋缓
韩国	全球主要集成电路制造国，最大的存储器制造基地
中国台湾	全球晶圆代工基地，第二大IC设计业集聚地
中国大陆	全球最大的集成电路市场，集成电路产业增长最快的地区

资料来源：中国电子信息产业发展研究院（2011）；赛迪顾问集成电路产业数据库（2011.4）.

　　美国是全球集成电路最为集中的地区之一，也是集成电路技术最为先进的区域。2010 年，美国拥有全球前 20 大半导体厂商中的 9 家企业，如英特尔、高通、美满、AMD 等。加州、德克萨斯州，亚利桑那州和马里兰州是美国集成电路产业最为集中的地区（中国电子信息产业发展研究院等，2012）。

　　日本集成电路产业在 20 世纪 80 年代崛起，经历 90 年代的低潮后，进入新世纪后获得快速发展。2010 年，在全球前 20 大半导体厂商中，日本拥有 Toshiba、Renesas、Elpida、Sony 和 Panasonic 五家企业。其中，日本瑞萨电子成为全球第五大半导体厂商。东北、中部和关东等地是日本集成电路产业集中分布的区域（中国电子信息产业发展研究院等，2012）。

　　近年来，欧洲集成电路产业虽然呈现出衰退的迹象，但仍是全球集成电路产业发展重要的力量，拥有英飞凌、意法半导体和 NXP 三家超大型企业。在德国、荷兰和瑞士是欧洲集成电路最为集中的区域（中国电子信息产业发展研究院等，2012）。

　　目前，韩国是世界半导体第三大生产国，拥有三星和海力士两大巨型企业，在存储器领域技术独步全球。首尔和利川是韩国集成电路产业集中分布的地区。其中，60% 以上的 IC 企业集中在首尔（中国电子信息产业发展研究院等，2012）。

6.1.3.2　集成电路巨型企业全球生产网络

　　集成电路巨型企业往往在世界各地建立分支机构，以获得当地市场或利用当地劳动力资源及创新机构。通过这种方式，全球集成电路产业集聚区相互之间建立了紧密的联系。英特尔、高通、中芯国际和台积电等企业均实施全球战略，在世界各地建立分支机构。英特尔除了在美国本土建立晶圆制造厂和封装测试厂以外，还在亚洲和欧洲等地建立了分支机构。高通在美国加州圣迭戈、硅谷、新泽西州、北卡罗来纳州罗利拥有四所研究机构，在英国剑桥、德国纽伦堡、奥地利维也纳、澳大利亚、中国、韩国和印度等地成立了分支机构。中芯国际总部位于上海，在上海建有一座 300mm 晶圆厂和一座 200mm 超大规模晶圆厂，在北京建有一座 300mm 超大规模晶圆厂，在天津建有一座 200mm 晶圆厂，在深圳正开发一个 200mm 晶圆厂项目。中芯国际还在美国、欧洲、日本和中国台湾地区提供客户服务和设立营销办事处，同时在中国香港设立了代表处。台积电立足中国台湾，目前拥有三座最先进的十二英寸晶圆厂、五座八英寸晶圆厂以及一座六英寸晶圆厂。公司总部、晶圆二厂、三厂、五厂、八厂和晶圆十二厂等各厂皆位于新竹科学园区，晶圆六厂以及十四厂位于台南科学园区，而十五厂则位于中部科学工业园区。此外，台积电在美国、中国大陆、新加坡均有其子公司，在日本横滨、荷兰阿姆斯特丹、美国加州的圣荷西及橘郡、德州奥斯汀，以及麻省波士顿等地均有客户服务与业务代表处。总体来说，这些巨型企业都将分支机构建立在集成电路产业集群较为发达的区域，如硅谷、中国台湾、上海等地区。

除了企业异地建立分支机构以外，一些巨型企业相互合作建立联盟，构建了全球生产网络。为在全球市场中求生存，各国半导体企业建立战略联盟应对构建 R&D 机构的巨大开支、技术的迅速发展、新生产设备成本的急剧上升。企业之间不仅在一国之内建立战略联盟，而且跨越国界建立合资联盟。美国IBM、摩托罗拉和超威等企业与日本富士、东芝、德国西门子、荷兰飞利浦、中国台湾联合微电子等企业建立了合资联盟，以占据新的市场或生产新的产品（见表 6 – 10）。

表 6 – 10   半导体产业国际战略联盟

联盟伙伴	联盟意图
摩托罗拉（美国）– IBM（美国）–西门子（德国）–东芝（日本）	发展新一代记忆芯片，包括 1 000 兆动态连接设备，将发展 IBM、西门子和东芝之间现有的联盟
西门子（德国）–摩托罗拉（美国）	在美国设立新厂，生产高级芯片
IBM（美国）–东芝（日本）	在美国设立半导体工厂，生产下一代记忆芯片
富士（日本）–超威（美国）	生产闪存设备
日立（日本）–日电（日本）	合作成立尔必达，生产内存
NEC（日本）–国企（中国）	在中国生产内存
英特尔（美国）–BT（英国）	生产无线应用设备
ST（法国/意大利）–飞利浦（荷兰）–摩托罗拉（美国）	在法国格勒诺布尔建立研究中心
超威（美国）–联合微电子（中国台湾）	在新加坡设立价值 50 亿美元的工厂

资料来源：彼得·迪肯（2009）.

6.1.4 中国集成电路产业集群空间布局

6.1.4.1 中国集成电路产业发展基本格局

近年来，中国集成电路产业获得快速发展（见图 6 – 4）。从 2008 ~ 2014

年，中国集成电路销售收入在波动中上升。虽然中国集成电路产业受世界金融危机影响，在 2008 年和 2009 年增长受阻，但在 2010 年之后发展迅速。据国家统计局统计，2014 年我国共生产集成电路 1 015.5 亿块，同比增长 12.4%；集成电路行业实现销售产值 2 915 亿元，同比增长 8.7%。2014 年，我国重点集成电路企业主要生产线平均产能利用率超过 90%，订单饱满，全年销售状况稳定。根据我国海关统计数据，2014 年，我国集成电路产业实现出口 609 亿美元，同比下滑 30.6%；实现进口 2 176 亿美元，同比下滑 5.9%；贸易逆差 1 567 亿美元，同比增长 9%，增速比上年提高 5.5 个百分点。2014 年，我国集成电路产业完成内销产值 1 011 亿元，同比增长 9.9%，高于全行业增速 1.2 个百分点，内销比例达到 34.7%。

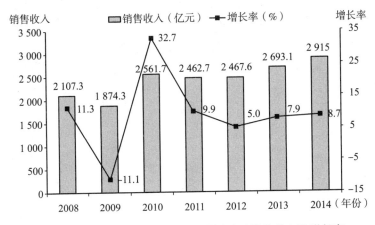

图 6 - 4　2008 ~ 2014 年中国集成电路产业销售收入及增长率

资料来源：上海市经济和信息化委员会等（2015）；工信部运行监测协调局，2015.02.27.

随着中国集成电路产业的发展，产业结构与价值链发生了巨大的变化，逐渐向技术含量更高的产业结构演变。从 2006 ~ 2014 年，设计业所占比重不断上升，从 2006 年的 18.5% 增长到 2014 年的 34.7%；封装测试业所占比重逐步下降，由 50.8% 下降至 41.7%；芯片制造业比重也从 2006 年的 30.7% 下降至 2014 年的 23.6%（见表 6 - 11、图 6 - 5）。

表 6-11　　　　　　2006~2014 年中国集成电路产业结构变化情况

年份	2006	2007	2008	2009	2010	2011	2012	2013	2014
设计业销售收入（亿元）	186.2	225.2	235.2	269.9	363.85	526.4	621.7	808.8	1 047.4
占集成电路产业比重（%）	18.5	18.0	18.9	24.3	25.3	27.2	28.8	32.2	34.7
芯片制造业销售收入（亿元）	308.5	397.9	392.7	341.1	447.12	535.6	590.2	600.9	712.1
占集成电路产业比重（%）	30.7	31.8	31.5	30.8	31.1	27.7	27.3	24	23.6
封装测试业销售收入（亿元）	511.6	627.7	618.9	498.2	629.18	871.7	946.5	1 098.8	1 255.9
占集成电路产业比重（%）	50.8	50.2	49.6	44.9	43.6	45.1	43.9	43.8	41.7
合计（亿元）	1 006.3	1 251.3	1 246.8	1 109	1 440	1 933	2 158.5	2 508.5	3 015

注：由于统计范围不同，中国半导体协会数据与工信部监测协调局数据有所差别.

资料来源：上海市经济和信息化委员会等（2015）；中国半导体协会，2015.03.

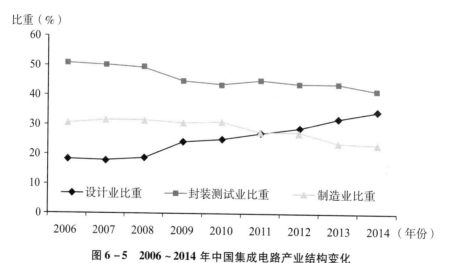

图 6-5　2006~2014 年中国集成电路产业结构变化

资料来源：上海市经济和信息化委员会等（2012、2015）.

　　虽然长三角、环渤海，珠三角三大区域集成电路销售收入占中国集成电路收入有所下降，从 2010 年的 95% 下降至 2014 年的 75.5%，但仍然是中国集成电路最为集中的区域（见表 6-12）。其中，长三角地区集成电路产业规模最大，2014 年销售收入达到 1 098.96 亿元，占比从 2010 年的 67.9% 下降至2014 年的 37.7%。从细分领域来看，中国集成电路设计、制造、封装领域内大型企业主要分布于环渤海、长三角以及珠三角三大经济区,尤其以长三角区域为最。2010 年,中国前 40 的设计企业无一例外都集中于三大区域,环渤海、长三角和珠三角分别拥有 17、18 和 5 家;中国共有 55 条 4 英寸以上芯片生产线、5 条 12 英寸生产线和 15 条 8 英寸生产线,其中,长三角地区拥有 8 英寸和 12 英寸芯片生产线 13 条;江苏省是全国封装测试业最为发达的省份,拥有中封装测试业前 20 大企业中的 11 家。

表 6-12 　　　　　　　2014 年我国集成电路产业区域分布情况

地区	2014 年销售产值规模(亿元)	2014/2013 增长率(%)	占全国集成电路产业比重(%)
北京、天津、环渤海地区	244.86	6.2	8.4
上海、江苏、浙江、长三角地区	1 098.96	11.4	37.7
广州、深圳、珠三角地区	857	5.4	29.4
四川、陕西、甘肃西部省区	714.18	四川省 -7.6; 陕西省 476; 甘肃西部省区 14	24.5
合计	2 915	8.7	100

资料来源:上海市经济和信息化委员会等(2015);工信部运行监测协调局,2015.02.27.

6.1.4.2 上海集成电路产业集群发展现状

上海市是国内集成电路产业链最为完善、技术含量最高的区域,在集成电路设计、芯片制造、封装测试、设备材料领域发展速度都非常快。上海已成为我国集成电路企业高度集聚、产业链齐全、技术能级较高的地区,同时是我国第一个国家级集成电路产业基地和唯一的国家级集成电路研发中心所在地。随着由国资控股的华力 12 英寸集成电路生产线全面启动、自主研发的中微半导体芯片制造设备全球销售等一批重大项目实现突破,上海已成为全球集成电路产业的新高地。2014 年国内前 50 大集成电路企业中,上海拥有展讯、锐迪科、格科微、联芯科技、华力等大型龙头企业。

上海集成电路产业规模从 2000 年销售收入 47.6 亿元,增长到 2014 年821.6 亿元,提高了 17 倍(见图 6-6)。根据上海市集成电路行业统计网(SICS)对上海集成电路 183 家主要企业的跟踪统计,2014 年上海集成电路产业实现销售收入 821.6 亿元,同比增长 12.5%;其中,出口销售 74.11 亿美元,同比增长 80.1%。

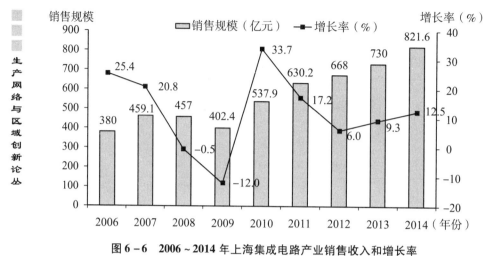

图 6-6　2006～2014 年上海集成电路产业销售收入和增长率

资料来源：上海市经济和信息化委员会等（2012、2015）.

在上海市集成电路产业中，封装测试所在比重最大，设备材料业所在比重最小（见表 6-13）。从 2006～2014 年，上海市集成电路设计业与设备材料业所占比重不断上升，芯片制造业下降明显。2014 年，上海市集成电路设计业、芯片制造业、封装测试业、设备材料业销售收入分别达到 240.9 亿元、186.2 亿元、310.1 亿元、84.4 亿元，所占比重分别是 29.3%、22.7%、37.7%、10.3%。

表 6-13　　　　　　　　　2006～2014 年上海集成电路各领域变化

	行业	2006 年	2007 年	2008 年	2009 年	2010 年	2011 年	2012 年	2013 年	2014 年
设计	销售收入（亿元）	24.6	36.5	45.9	67.04	113.2	149.5	171.2	210.2	240.9
	比重（%）	6.5	8.0	10.0	16.7	21.0	23.7	25.2	28.2	29.3
芯片制造	销售收入（亿元）	156.87	146.7	123.7	92.8	133.4	127.8	134.6	151.9	186.2
	比重（%）	41.3	32.0	27.0	23.1	24.8	20.3	19.8	20.8	22.7
封装测试	销售收入（亿元）	174.11	252.9	263.9	208.2	250	287	293.9	295.3	310.1
	比重（%）	45.8	55.1	57.7	51.7	46.5	45.5	43.2	40.5	37.7

续表

行业		2006 年	2007 年	2008 年	2009 年	2010 年	2011 年	2012 年	2013 年	2014 年
设备材料	销售收入（亿元）	24.42	23	23.9	34.34	41.3	65.9	68.3	72.6	84.4
	比重（%）	6.4	5.0	5.2	8.5	7.7	10.5	10	9.9	10.3
合计	销售收入（亿元）	380	459.1	457.4	402.38	537.9	630.2	668	730	821.6
	比重（%）	100	100	100	100	100	100	100	100	100

资料来源：上海市经济和信息化委员会等（2012、2015）；上海集成电路行业统计网，2015.03.

上海集成电路产业主要集中分布于浦东新区的部分园区内（见表 6 – 14）。根据上海市集成电路行业统计网（SICS）统计，浦东新区拥有集成电路企事业单位 229 家，占上海比重为 52%。从集成电路产业投资空间分布来看，浦

表 6 – 14　　　　　2014 年上海集成电路企事业单位空间分布情况

序号	园区/区	单位数量（家）	序号	园区/区	单位数量（家）
1	张江高科技园区	160	13	青浦区	7
2	漕河泾新兴技术开发区	48	14	闸北区	7
3	浦东新区其他地区	46	15	卢湾区	5
4	徐汇区	27	16	静安区	5
5	长宁区	20	17	虹口区	5
6	金桥出口加工区	19	18	外高桥保税区	4
7	闵行区	19	19	普陀区	4
8	杨浦区	17	20	宝山区	3
9	松江区	15	21	奉贤区	3
10	黄浦区	11	22	陆家嘴园区	1
11	科技京城	8		浦东新区合计	229
12	嘉定区	7		全市合计	441

资料来源：上海市经济和信息化委员会等（2015）；SICS，2015.03.

东新区也是最为集中的区域。根据 SICA 统计，2011 年，浦东新区集成电路产业总投资占全市的比重为 71.7%，浦东新区集成电路产业注册资金占全市比重为 69%（见表 6 – 15）。无论是浦东新区还是其他区域，上海集成电路产业主要集中于高科技园区内，如浦东的张江高科技园、金桥开发区，和浦西的漕河泾开发区、紫竹科学园等园区。张江高科技园区是上海集成电路产业投资最为集中的园区，漕河泾新兴技术开发区是上海最早发展集成电路产业的园区。此外，松江出口加工区、青浦出口加工区也是上海集成电路企业较为集中的区域。

表 6 – 15　　　　　　　　2011 年上海集成电路投资空间分布情况

地区		企业数量	总投资（万美元）	占全市比重（%）	注册资金（万美元）	占全市比重（%）
浦东新区	张江	153	1 611 685	66.7	683 912	63.6
	金桥	17	46 305	1.9	23 084	2.2
	外高桥	3	42 360	1.7	13 630	1.3
	其他地区	38	34 128	1.4	20 631	1.9
	小计	211	1 734 478	71.7	741 257	69.0
上海其他区县	漕河泾	55	117 835	4.8	66 892	6.2
	科技京城	9	6 119	0.3	330	0.03
	其他地区	143	559 629	23.2	266 434	24.8
	小计	201	683 583	28.3	333 656	31.0
全市合计		418	2 418 061	100	1 074 913	100

资料来源：上海市经济和信息化委员会等（2012）.

6.1.4.3　中国台湾地区集成电路产业集群发展现状

20 世纪 70 年代中期，中国台湾地区通过技术引进推动集成电路产业发展。经历初期的封装测试发展阶段后，中国台湾逐渐进入晶圆代工制造带动阶段。进入 21 世纪后，中国台湾集成电路设计业获得快速发展，并成为全球 IC 设计业发展的重要力量。在中国台湾集成电路发展的过程中，技术引进与自主创新都起了非常关键的作用。中国台湾工研院在培养人才和企业衍生等方面都发挥着举足轻重的作用。例如，台积电和联华是在中国台湾当局的支持和实验工厂的基础上发展起来，另有 20 多家制造与设计企业在电子所技术转移的基础上成立。目前，中国台湾地区成为全球 12 英寸生产线最为集中的地区，形成制造业和设计业为主的集成电路产业格局。自 2013 年以来，中国台湾地区成为全球第二大半导体产业基地，仅次于美国；IC 设计业规模为全球第二，仅次于美国，晶圆代工业和 IC 专业封装测试业产值都为全球第一（上海市经济和信息化委员会等，2015）。

2013 年及 2014 年我国台湾半导体产业的产值增幅均优于全球。根据 SEMICON Tainwan2014 国际半导体展资料，2014 年中国台湾半导体产值规模首次突破 2 万亿新台币，达到 22 167 亿元新台币（合 738 亿美元）。其中，IC 设计业产值为 5 829 亿元新台币，占比 26.3%；晶圆代工业产值为 9 007 亿元新台币，占比 40.6%；存储器制造产值为 2 658 亿元新台币，占比 12%；IC 封装业产值为 3 328 亿元新台币，占比 14.6%；IC 测试业产值为 1 435 亿元新台币，占比 6.5%（见表 6-16）。中国台湾集成电路产业主要集中在新竹科学工业园区内，全岛半数以上的集成电路均坐落于此。此外，桃园、台中和台南也是集成电路企业相对集中的地区。

表 6-16　　　　2006～2014 年中国台湾地区集成电路产业结构演化

单位：亿元新台币

细分领域	2006 年	2007 年	2008 年	2009 年	2010 年	2011 年	2012 年	2013 年	2014 年
IC 设计	3 234	3 997	3 749	3 859	4 548	3 856	4 115	4 811	5 829
IC 制造	7 667	7 274	6 542	5 766	8 997	7 867	8 292	9 965	11 665
IC 封测	3 032	3 303	3 182	2 872	4 148	3 904	3 935	4 110	4 723
合计	13 933	14 574	13 473	12 497	17 693	15 627	16 432	18 886	22 167

资料来源：赛迪顾问（2011）；工研院 IEK ITIS 计划，2012/11；上海市经济和信息化委员会等，2015；工研院 IEK，2014.09.

6.2　张江与新竹 IC 产业集群跨界合作的前提条件

6.2.1　张江与新竹 IC 产业集群发展背景

6.2.1.1　张江 IC 产业集群发展背景

张江 IC 产业集群所依托的张江高科技园区具有浓厚的规划色彩。20 世纪

90 年代初，高科技园区建设就已纳入开发蓝图。在 1992 年 7 月完成的《浦东新区总体规划》中，张江的定位是"张江应统筹规划，组织开发建设成为科研、教学和高新技术产业结合的高科技园区"。1992 年，张江高科技园区建设正式启动。

从 1992 年 7 月至 2014 年，张江高科技园区共经历了两个发展阶段。第一个阶段是园区发展的初级阶段，明确了 17 平方公里的开发面积，初步形成生物医药、软件和光机电三大产业。至 1999 年，张江高科技园区共引进合同项目 88 个，吸收中外合资企业投资额 8.5 亿美元，内资企业投资额 14.5 亿元人民币。世界 500 强中的瑞士罗氏、比利时史克必成、美国联信、摩托罗拉、日本松下等 7 家跨国公司在张江高科技园区投资了 11 家企业。第二个阶段是"聚焦张江"后的腾飞阶段，规划面积扩展为 75.9 平方公里，形成集成电路、生物医药、软件与信息、文化创意四大主导产业及光电子、金融信息服务、新能源与环保和现代农业四个融合产业，营业收入快速增长（见图 6 - 7），辐射带动周边地区经济发展（见图 6 - 8）。

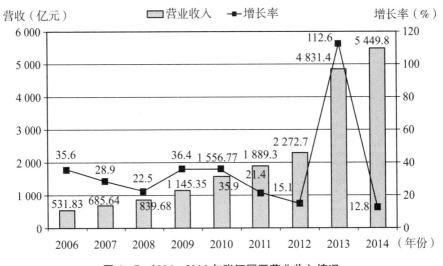

图 6 - 7　2006 ~ 2014 年张江园区营业收入情况

注：2012 年前统计范围为 36 平方公里，2013 年、2014 年统计范围 75.9 平方公里．
资料来源：张江集团（2010、2012、2013、2015）．

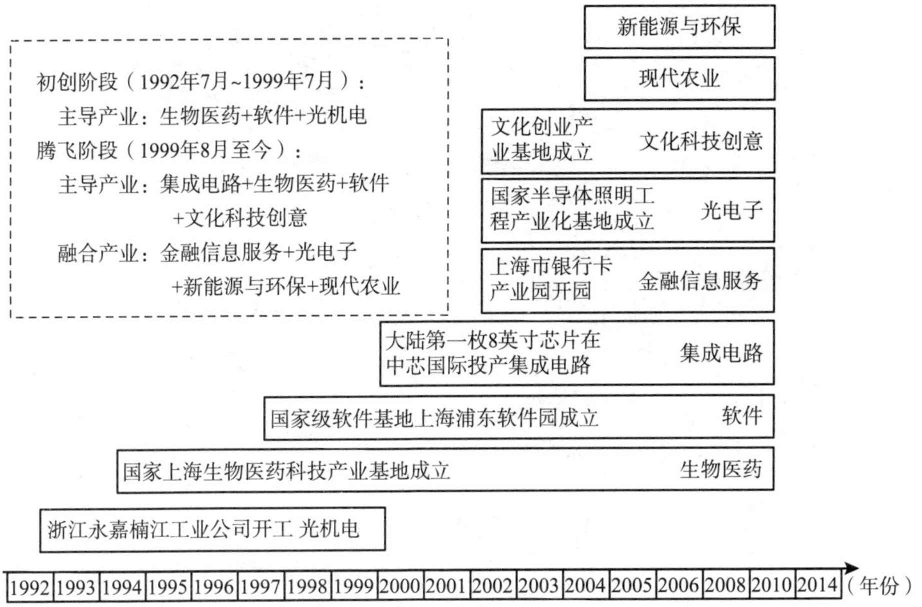

图 6 - 8　张江高科技园区产业演变历程

资料来源：根据张江集团（2010）修改.

2011 年 1 月 9 日，国务院批复同意建设上海张江国家自主创新示范区；同年 11 月，上海市政府批准在原张江高科技园区的基础上扩大范围，创建"上海张江高新技术产业开发区核心园"（简称"张江高新区核心园"），总面积为 75.9 平方公里（见图 6 - 9）。主要包括上海市张江高科技园区北区和中区、张江南区、康桥工业园区、上海国际医学园区、合庆工业园区、张江光电子产业园和银行卡产业园。

2014 年，张江高科技园区经营收入达到 5 449.8 亿元，实现规模以上工业总产值 2 296.59 亿元；完成税收收入 208.68 亿元；实现固定资产投资 214.26 亿元。截至 2014 年年底，张江园区共集聚跨国公司地区总部 52 家，占浦东新区总量的 22%，占上海市总量的 10%；其中投资性总部 22 家，管理性总部 30 家。截至 2014 年年底，园区经认定的高新技术企业 685 家，占全市的 12.6%；累计申请专利 66 958 件，累计授权专利 36 093 件；拥有经认定的技术先进型服务企业 103 家，占全市的 43%。经国家科技部、发改委和商务部等部门授予的国家级基地有国家软件产业基地、国家电子信息产业基地和国家医药出口创新基地等 20 多个。参与《国家中长期科技发展规划纲要》16 个重大专项中

图 6 - 9　2015 年张江高科技园区范围

的 5 项，参与国家重大课题 216 项，其中 863 计划 129 项、973 计划 17 项、科技支撑计划 35 项、国家自然基金 31 项、国际合作 4 项。"十一五"期间张江园区共有 16 家企业获得国家自然科学奖、科技进步奖、技术发明奖等 21 个奖项，其中，展讯通信、华虹集成电路分别获得 2006 年、2008 年度国家科技进步一等奖。2013 年，展讯通信再次获得国家科技进步一等奖。在 2014 年度国家科学技术进步奖的评选中，张江园区的中国银联、微创医疗、展讯通信等企业荣获国家科学技术进步奖二等奖。

6.2.1.2　新竹 IC 产业集群发展背景

20 世纪 70 年代以前，劳力密集型工业为中国台湾经济发展奠定了坚实的基础。70 年代中期，两次的全球能源危机让中国台湾面临劳动及原料成本的大幅上涨（李晔、王舜，2006）。因此，中国台湾产业政策朝向技术密集发展方向转变。中国台湾"国科会"遂提出建立仿美国硅谷的科学园区，以促使中国台湾工业脱胎换骨（李晔、王舜，2006；王振、朱荣林，2003；苏友珊，2014）。历经 1976 年 5 月"行政院"财经会谈中决定设置科学工业园区，随即于 8 月正式纳入"六年经建计划"。1976 年 9 月蒋经国（时任行政院长）在"行政院"会中正式指示："新竹科学工业园区的建立，将可带动工业技术水准的提高和精密工业的发展。'教育部'、'经济部'和'国科会'对于这一计划，宜密切联系，积极推动，务期早观阙成"（新竹科学工业园区管理局，2010）。1980 年 9 月 1 日，科学工业园区管理局正式成立，下设企划、投资、劳资、工商、营建及建管六个组，提供厂商单一窗口的行政服务；并设置附属作业单位，如储运服务中心、消防队、清洁队、员工诊所、供应中心等。管理局员工人数由 1980 年初成立时的 48 人增长至 2000 年的 210 人。从 1978 ~ 2000 年 12 月底，中国台湾当局投入新竹科学工业园区的经费达到了 244.16 亿元新台币。

新竹科学工业园区辖属 6 个园区，分别是新竹、竹南、龙潭、新竹生医、铜锣与宜兰园区，总开发面积 13.42 平方千米。目前新竹、竹南、龙潭及新竹生医 4 个园区，厂商已陆续进驻营运（见表 6 - 17）。位于中国台湾西北部的新竹园区，地跨新竹县、市，财团法人工业技术研究院、"国立清华大学"、交通大学等学术研究机构环立，提供园区充沛的高级人力资源、在职训练及合作研究。竹南园区也设有卫生研究院及中国台湾动物科技研究所。新竹科学工业园产业共有 6 大类：集成电路产业、计算机及周边产业、通信产业、光电产业、精密机械产业及生物技术产业。

表 6 - 17　　　　　　　　中国台湾科学园区分布情况

区域分布	名称（面积 km²）	分园区（面积 km²）
北部	新竹科学工业园区（13.42）	龙潭园区（1.07） 新竹生医园区（0.38） 新竹园区（6.53） 竹南园区（1.23） 铜锣园区（3.5/开发中） 宜兰园区（0.71/开发中）

续表

区域分布	名称（面积 km²）	分园区（面积 km²）
中部	中部科学工业园区 （16.55）	后里园区（2.55） 台中园区（4.13） 二林园区（6.31/开发中） 虎尾园区（0.97） 中兴新村高等研究园区（2.59）
南部	南部科学工业园区 （16.13）	台南园区（10.43） 高雄园区（5.7）

资料来源：新竹科学工业园区管理局（2012）．

　　新竹科学工业园区发展主要分为四个阶段（高雪莲，2010）。初级阶段，新竹园区基础设施大规模建设，在当局的支持下外资企业进入。20 世纪 80 年代是新竹发展的第二个阶段，园区基础设施基本完善，企业数量增长迅速。20 世纪 90 年代是新竹园区发展的第三个阶段，园区跨国企业的地位下降，民营企业成为发展的主导理论。新竹科学园区在这十年经济获得快速发展，年营业额成长约 10 倍、厂家数约 1.5 倍、就业员工数约 3 倍（解鸿年，2008）。2000 年，新竹园区进入发展的第四个阶段，受土地稀少和成本上升等因素制约，园区向外围扩张（高雪莲，2010）。新竹科学工业园区历经三十多年，在产业发展、从业人员、营业收入等方面取得巨大成就（见图 6 - 10、表 6 - 18、表 6 - 19）。

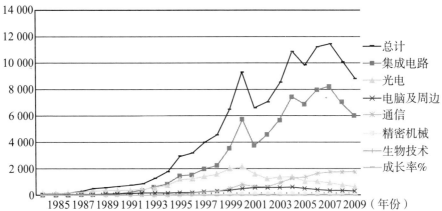

图 6 - 10　1985 ~ 2009 年新竹科学工业园各产业历年营业额

资料来源：新竹科学工业园区管理局（2011）．

表 6 - 18 　　　　1980~2013 年新竹科学工业园区历年经济发展情况

年份	园区登记企业数（家）	实收资本额（亿元新台币）	营业额（亿元新台币）
1980	7	—	—
1985	50	41	105
1990	121	427	656
1995	180	1 477	2 992
2000	289	6 945	9 293
2001	312	8 588	6 625
2002	334	9 100	7 054
2003	369	9 925	8 578
2004	384	10 501	10 859
2005	382	10 402	9 879
2006	395	11 639	11 209
2007	416	11 514	11 462
2008	430	11 398	10 080
2009	440	11 315	8 835
2010	449	10 813	11 869
2011	477	10 890	10 346
2012	485	10 962	10 588
2013	481	11 248	11 125

注：就业人数不包括工商服务业.
资料来源：新竹科学工业园区管理局（2012，2014）.

表 6 - 19 　　　　　　新竹科学工业园区从业人员历年情况 　　　　　单位：人

年份	教育程度						总计	平均年龄
	博士	硕士	学士	专科	高中	其他		
1986	74	419	1 508	1431	4 308	535	8 275	—
1990	166	1 324	4 348	4 312	9 460	2 746	22 356	30
1995	521	4 837	7 852	9 624	16 012	3 411	42 257	30
2000	1 209	14 805	18 066	25 145	31 663	5 754	96 642	31
2001	1 207	16 736	20 337	24 460	27 056	6 497	96 293	32
2002	1 210	17 967	21 690	24 433	27 202	6 114	98 616	32
2003	1 223	19 338	23 162	24 181	27 270	6 589	101 763	32
2004	1 295	21 465	27 329	25 571	30 015	7 336	113 011	31

续表

年份	教育程度						总计	平均年龄
	博士	硕士	学士	专科	高中	其他		
2005	1 355	20 800	27 078	26 688	30 983	7 959	114 863	30
2006	1 357	22 539	29 766	27 236	31 491	9 373	121 762	30
2007	1 422	24 472	34 113	28 250	32 491	8 764	129 512	31
2008	1 696	27 230	37 482	25 577	29 863	8 729	130 577	31
2009	2 244	30 959	40 517	24 378	28 028	6 035	132 161	33
2010	2 102	33 109	42 914	23 777	28 231	6 415	136 548	34
2011	2 468	36 839	46 104	24 383	30 448	5 277	145 537	35

注：2005 年含外籍员工 3 280 人，2006 年含外籍员工 3 911 人，2007 年含外籍员工 3 923 人，2008 年含外籍员工 3 943 人，2009 年含外籍员工 3 606 人，2010 年含外籍员工 4 134 人，2011 年含外籍员工 4 317 人．

资料来源：新竹科学工业园区管理局（2012）．

截至 2013 年年底，新竹科学工业园区已入区登记厂商共计 481 家，员工 14.86 万人。2013 年新竹科学工业园区营业额 1.1125 万亿元新台币，实收资本额达 1.1248 万亿元新台币。其中，集成电路产业营业额达 7 746 亿元新台币，为园区第 1 大产业；光电产业营业额 1 936 亿元新台币，为园区第 2 大产业；计算机及周边产业营业额 771 亿元新台币，为园区第 3 大产业；后续为通讯产业 272 亿元新台币、精密机械产业 266 亿元及生物技术产业 83 亿元新台币，其他产业 51 亿元新台币。2013 年园区共计核准 33 家新投资案，总投资金额 56.99 亿元，其中以生物技术及光电产业为主。

6.2.2 张江与新竹相似的产业基础

张江高科技园区与新竹科学工业园区拥有相似的产业基础，园区集成电路产业都较为发达。这是张江与新竹 IC 跨界产业集群之间合作网络形成的重要前提条件。IC 产业是张江高科技园区的四大主导产业之一，也是新竹科学工业园区内最重要的产业。然而，由于张江与新竹园区的区位优势不同，IC 产业发展的路径稍有差异，张江高科技园区 IC 产业集群与新竹科学工业园 IC 产业集群具有不同的产业结构。这进一步推动了张江与新竹跨界产业集群之间合作网络的发展。新竹科学工业园区 IC 产业以芯片制造与设计为主，其中芯片制造业产值占据总产值的一半以上。张江高科技园区 IC

产业以芯片设计、芯片制造与封装测试共同发展，但自 2011 年设计与封装比例均已超过制造。

6.2.2.1　张江 IC 产业集群

在集成电路产业第二次全球产业分工与转移的浪潮背景下，在中央产业政策激励、上海及浦东新区政府"聚焦张江"战略推动下，张江高科技园区集成电路产业迅速崛起。在"聚焦张江"战略推动下，张江高科技园区依托晶圆制造大型代工企业，不断培育、完善集成电路产业链，加强集成电路产业集群建设，使张江高科技园区一举成为中国大陆重要的集成电路研发、制造基地，拥有国内先进的集成电路制造、设计和研发工艺，推动了中国集成电路产业的跨越式发展。截至 2014 年年底，张江高科技园区集聚了 160 家集成电路企业，集成电路产业实现营业收入 415.8 亿元，约占上海市的 50.6%，约占浦东新区的 81%。

近年来，张江高科技园区集成电路产业经历先稳定后快速增长的发展历程，2007~2009 年出现负增长情况，2009~2014 年增长非常迅速，从 201.2 亿元增长至 414.7 亿元。同时，张江高科技园区集成电路产业结构持续优化，呈现出"两升两降"的发展态势（张江集团，2013）。2007~2014 年，张江高科技园区芯片设计业和设备材料业比重持续上升，芯片制造业和封装测试业比重持续下降。从细分行业来看，张江高科技园区芯片设计业发展迅速，近几年基本保持两位数高速增长，2012 年首次成为集成电路领域内第一大行业，比重达到 34.4%；芯片制造业和封装测试业比重整体不断下降，分别从 2007 年的 47.9% 和 39.3% 下降至 2014 年的 30.9% 和 22.2%；设备材料业规模虽小，成长却最为迅速，比重从 2007 年的 2.1% 上升至 2014 年的 8.4%（见表 6-20）。近年来，张江高科技园区芯片设计业的高速增长主要得益于展讯通信、格科微、锐迪科等重点企业销售规模的提升。导致芯片制造业增长乏力的原因，一是由于园区制造企业产能扩充落后于国内其他区域，二是中芯国际、宏力业绩均出现下滑态势，三是华力刚刚建成投产。

表 6-20　　2007~2014 年张江高科技园区 IC 产业销售收入及结构

年份	2007	2008	2009	2010	2011	2012	2013	2014
芯片设计业（亿元）	24.5	30.8	42.4	66.1	95.7	113	139.11	159.91
比重（%）	10.7	13.4	21.1	22.1	30.0	34.4	38.6	38.6

续表

年份	2007	2008	2009	2010	2011	2012	2013	2014
芯片制造业（亿元）	110	91.9	68.6	96.2	85.2	83.6	98.97	127.93
比重（%）	47.9	40.0	34.1	32.2	26.8	25.4	27.5	30.9
封装测试业（亿元）	90.3	101.8	84.1	115.7	114.2	104.7	92.22	92.14
比重（%）	39.3	44.4	41.8	38.7	35.9	31.8	25.6	22.2
设备材料业（亿元）	4.9	5	6.1	21.2	23.4	27.6	29.74	34.72
比重（%）	2.1	2.2	3.0	7.1	7.3	8.4	8.3	8.4
合计（亿元）	229.7	229.5	201.2	299.2	318.5	328.9	360.03	414.7

资料来源：张江集团（2012，2013），上海市经济和信息化委员会等，2015.

　　张江高科技园区集成电路产业的快速发展与完善的产业发展环境密切相关。张江高科技园区不仅集聚了上海集成电路研发中心、芯片测试公共服务平台等专业产业平台，还有北京大学和复旦大学等建立的高校平台及上海市集成电路行业协会等中介服务机构。2009年，园区国内第一个集成电路设计产业化基地——国家集成电路设计上海产业化基地和上海浦东微电子封装与系统集成公共服务平台等专业服务平台相继投入运营。

　　经过多年发展，张江高科技园区内已经占据IC产业链的各个环节，拥有一大批具有创新能力的企业，如芯片设计领域中的展讯、格科、锐迪科等、芯片制造领域的中芯国际、宏力等与封装测试领域的日月光等，形成完整的产业链（见图6-11）。展讯通信（上海）有限公司成立于2001年4月，其产品SC8800D TD-SCDMA/GSM/GPRS是世界上第一款将模拟电路、数字电路、电源管理、多媒体功能于一体的TD-SCDMA/GSM/GPRS双模基带芯片，分别于2007年和2013年两次获得中国国家科技进步一等奖。中芯国际集成电路制造（上海）有限公司是中芯国际集成电路制造有限公司的全资子公司之一，成立于2000年，是中国大陆规模最大、技术最先进的集成电路芯片代工企业。2010年，依托"909"工程，上海华力微电子有限公司成立，拥有一条12英寸生产线，主要为设计企业提供代工服务。

　　总体上看，作为中国大陆集成电路产业代工模式的塑造者，张江园区已经建立起我国自主可控的集成电路产业体系，特别是在芯片设计领域确立了国内不可撼动的优势地位，成为中国大陆集成电路产业发展的引领者。在以上海为中心的长三角集成电路产业带中，张江园区重点发展代工制造和设计，凸显高技术能级，是长三角集成电路产业的领头羊。张江园区已经成为国内产业要素

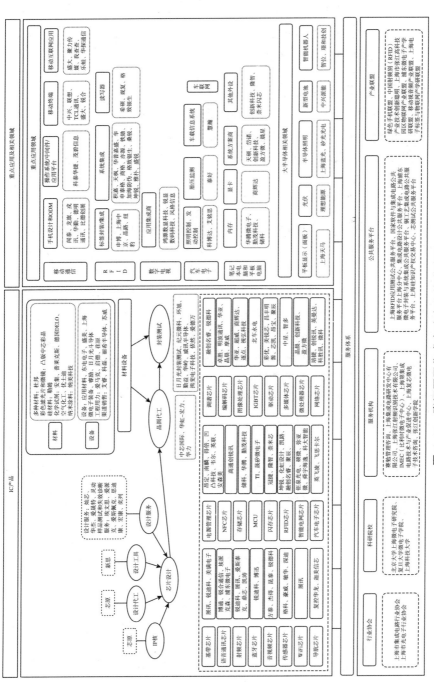

图 6-11　张江园区集成电路产业关联地图

资料来源：张江集团（2013）.

最集中、技术水平最高、产业能级最强的集成电路研发与制造一体化的产业基地之一。

6.2.2.2 新竹 IC 产业集群

新竹科学工业园区已经成为全球集成电路产业链最为完整的园区之一。截至 2013 年，新竹科学工业园区集成电路产业营业额达 7 746 亿元新台币，占园区营业额的 69.6%，较 2012 年增长 4.9%。其中，芯片制造包括晶圆代工及 DRAM 营业额 3 928 亿元新台币，占园区集成电路产业比重高达 50.7%；其次集成电路设计业营业额达 2 677 亿元新台币，占园区集成电路产业比重为 34.6%。

新竹科学工业园区在全球集成电路产业中占据重要的地位。2007~2009 年，园区 IC 产业产值占全球的比重都在 8% 以上（见表 6-21）。其中，芯片设计产值 2 156 亿元新台币，排名全球第二；IC 制造业产值达到了 3 692 亿元新台币，全球占有率高达 66%，排名世界第一；IC 封装与测试业分别以 47% 和 65% 的全球占有率排名第一（见表 6-22）。

表 6-21   2007~2009 年中国台湾与新竹科学工业园 IC 产业全球地位

年份	2007	2008	2009
全球产值（亿元新台币）	2 556	2 487	2 264
台湾产值（亿元新台币）	14 667	13 473	12 497
园区产值（亿元新台币）	8 194	7 040	6 014
园区/全球（%）	9.71	8.58	8.05
园区/台湾（%）	55.9	52.3	48.1

资料来源：新竹科学工业园区管理局（2011）.

表 6-22   2009 年中国台湾与新竹科学工业园 IC 产业全球地位

	台湾产值（亿元新台币）	全球占有率（%）	排名	园区产值（亿元新台币）	园区/台湾（%）
IC 设计	3 859	25	2	2 156	55.9
IC 制造	5 766	66	1	3 692	64.0
IC 封装	1 996	47	1	160	8.0
IC 测试	876	65	1	6	0.7

资料来源：新竹科学工业园区管理局（2011）.

目前，中国台湾新竹科学工业园区已吸引岛内外集成电路产业厂商进驻，使得上下游垂直分工体系更加显著，形成了全产业链的发展模式（见图 6 - 12）。截至 2013 年，新竹科学工业园区已有 194 家集成电路企业入驻，分布于集成电路产业的各个领域（见表 6 - 23），在全球集成电路发展中扮演举足轻重的角色。

表 6 - 23　　　　　　　　2013 年新竹科学工业园区集成电路产业主要企业

EDA	IC 设计	光罩	芯片制造	封装测试	设备材料
益华、思源 SIP 智原、创意、力旺	联发科、联咏、瑞昱、瑞鼎、凌阳、钰创、晶豪、旭曜、义隆、致新、联阳、力积、硅成、原相、茂达、盛群、凌通、诚致、凌阳多媒体、宏阳、擎泰、智微、讯杰、天钰、伟诠、凌阳创新、通嘉、络达、益芯、台湾模拟、创杰、点晶、联笙、亚信、联杰、飞虹、沛亨	台湾光罩、翔準、梦圆、大日印光罩	台积电、联电、力晶、旺宏、世界先进、新唐、巨晶、汉磊、茂硅、茂德、采钰、敦南、元隆	联测、南茂、颀邦、福隆、硅品、星科金朋、立卫、聚成、精材、科仪	应材、科林研发、汉民、汉民微测、汉辰、志圣、东京威力科创、致茂、均豪、中美晶、信越半导体、中德、复盛、陶氏化学、杜邦

资料来源：根据新竹科学工业园区管理局（2011）整理.

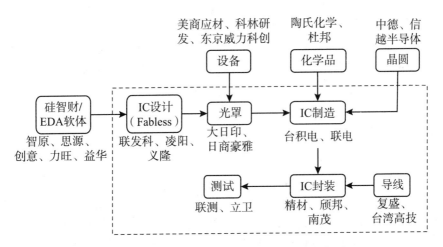

图 6 - 12　2014 年新竹科学工业园区集成电路产业链
资料来源：根据新竹科学工业园区管理局（2011）整理.

　　晶圆代工是新竹科学工业园区集成电路产业具有优势的发展环节。在晶圆代工部分，由于台积电及联电对 12 英寸晶圆制造厂的及早布建与发展，现已具备国际级地位，竹科芯片制造总产值已占全岛逾 7 成比重。伴随着全球经济衰退，全球主要整合组件制造商（IDM）纷转向轻晶圆厂（Fab – lite）、或无晶圆厂的制造策略，致使高阶制程委外代工比重节节高涨，让及早转入先进制程的新竹晶圆代工与封测业者获益良多。台积电是园区最为重要的晶圆制造企业，成立于 1987 年，在晶圆制程技术与最佳的制造效率上具有显著优势。2011 年，台积电公司所拥有及管理的产能达到 1 322 万片八英寸晶圆。台积电在中国台湾设有三座先进的十二英寸超大型晶圆厂（Fab 12，14 & 15）、四座八英寸晶圆厂（Fab 3，5，6 & 8）和一座六英寸晶圆厂（Fab 2），并拥有二家海外子公司 WaferTech 美国子公司、TSMC 中国有限公司及其他转投资公司之八寸晶圆厂产能支持。联电成立于 1980 年，是第一家导入铜制程产出晶圆、生产 12 英寸晶圆、产出业界第一个 65 纳米制程芯片的公司，也是第一家采用 28 纳米制程技术产出芯片的公司，同时也是中国台湾第一家上市的半导体公司（1985 年）。联电 1993 ~ 1997 年所累积的美国专利数是台积电的 2 倍、中国台湾工研院的 3 倍。目前，联电有两座运转中的 12 英寸晶圆厂，Fab12A 位于台南，Fab 12i 位于新加坡，除了 12 英寸厂外，联电拥有七座 8 英寸厂与一座 6 英寸厂，生产半导体产业每个主要领域所需的产品。

　　受惠于后段晶圆制造，新竹科学工业园区的设计业得以迅速发展。在 2007 ~ 2013 年期间，竹科 IC 设计产值逐年成长，占集成电路产业营业额的比重从 30% 上升至 34.6%。2010 年，在全球前二十大 Fabless 公司中，新竹园区就占联发科、联咏、瑞昱三家。新竹集成电路设计业正努力开拓中国大陆市场，参与标准或规格的制定，逐渐摆脱过去以国际大厂为主的供应链模式。园区 2010 年共计核准集成电路产业 9 家均为 IC 设计企业，包括电源管理 IC、LED 驱动 IC、储存系统 IC 及集成电路测试服务等企业。其中，美商艾萨公司（LSI）申请进驻园区有利于国内原所缺乏的储存装置相关 IC 的开发。其所聚焦的半导体 40 纳米以下先进制程技术，以及 2.5D、3D 等 IC 相关技术的开发整合，都是岛内半导体产业目前积极投入的重点。2011 年园区共计核准 15 家厂商，包括 GaAs 晶圆代工、LED 智能调光驱动整合 IC 技术、硅基高速光链接模块、xtROM 逻辑制程兼容之单层复晶硅非挥发性内存、车用电源控制稳压 IC 及嵌入式的硅智财（IP）等企业。另外，全球行动装置 IP 领导者安谋国际（ARM）在竹科成立 ARM 新竹设计中心，以研发实体 IP 为主，并针对计算机处理器及绘图处理器等产品直接提供竹科晶圆代工、软件开发及 IC 设计公司等技术服务。

新竹科学工业园区内中国台湾工业技术研究院在园区半导体产业发展，尤其是初期发展中起到了非常重要的作用。中国台湾工业技术研究院（Taiwan Indus-trial Technology Research Institute，ITRI）成立于 1973 年，目前下属 6 个研究所和 11 个研究中心。中国台湾工研院的衍生企业已超过 165 家创新公司，走出 70 多位产业 CEO，其中不乏台积电和张忠谋这样的著名企业和行业领军人物。

6.2.3　张江与新竹不同的区位条件

张江高科技园区与新竹科学工业园区位于不同的经济区，具有不同的创新资源及发展优势。不同的区位条件是两地产业集群进行合作的重要前提条件。

张江高科技园区位于中国大陆经济最为发达的上海市。新竹科学工业园区核心部分位于中国台湾地区的新竹市与新竹县内。张江高科技园区与新竹科学工业园有着不同的经济腹地。长三角区域是张江高科技园区发展的主要腹地，经济发达，人口众多，有着广阔的市场。中国台湾地区是新竹科学工业园区的主要经济腹地，2011 年其人口约为 2 324 万，人均 GDP 达到 2 万多美元。长三角地区是张江高科技园区的主要经济腹地，2011 年保持了持续增长势头，地区生产总值首次超过了 10 万亿元，达到了 100 625 亿元（长三角联合研究中心，2012）。根据 2015 年 8 月江苏省无锡市统计局 10 日发布的《2015 年上半年长三角核心区经济发展报告》，2015 年上半年，长三角核心区 16 城市 GDP 达到 5.36 万亿元，增速均值为 8.5%，高于全国平均水平 1.5 个百分点。

相比新竹科学工业园区，张江高科技园区市场区位优势更加明显。张江高科技园区位于交通便利、经济发达的浦东新区，其园区内企业所生产商品能够方便到达中国大陆的所有区域，供应全国十几亿人使用。在第二届环球电子产品及零件采购交易会上，全球知名的贸易促进机构环球资源公布最新调查结果，2012 年中国消费电子市场规模将达到 13 680 亿元人民币，成为全球最大的电子消费市场。巨大的电子消费市场使得中国成为苹果和三星等巨型企业的战略要地。根据 GFK 发布的数据显示，2011 年，欧洲、北美地区的数码类电子产品消费平均增长率分别为 3% 和 5%，但亚太发展中国家的消费增幅则高达 17%，其中中国占主要部分。苹果公司发布 2011 财年第四季度财报时，CEO 蒂姆·库克就透露说，中国已经成为苹果的第二大市场，第四财季为该公司贡献了 45 亿美元的收入，同比增长 270%。

相比新竹科学工业园区，张江高科技园区的劳动力区位优势明显，为企业降低生产成本提供了有力保证。2012 年 4 月 27 日，国家统计局网站公布了 2011 年中国农民工调查监测报告。报告显示，2011 年全国农民工总量达到 25 278 万人，比上年增加 1 055 万人，增长 4.4%。其中，外出农民工 15 863 万人，增加 528 万人，增长 3.4%。在长三角地区务工的农民工为 5 828 万人，比上年增加 18 万人，增长 0.3%。根据 2008 年上海统计局人口抽样调查数据显示，2007 年，来沪农民工总量达到 403 万人。在 403 万来沪农民工中，在业人数为 391 万，比上年增加 26 万人，增长 7.2%，就业率达到 97.1%。在业农民工中，284 万人集中于制造业、建筑业和批发零售业三大行业，占72.5%。此外，一些跨国企业雇佣上海大批高校毕业生成为研发机构降低研发成本的关键。根据上海市教委，2015 年上海高校毕业生人数共有毕业生 17.7 万人，为大量高新技术企业提供充足人力资源支持。

与张江高科技园区相比，新竹科学工业园区的技术、研发等区位优势明显，研发机构众多，研发经费投入强度大（见表 6 – 24），培育出一大批巨型龙头企业。新竹科学工业园区内大学及研究机构林立，拥有"清华大学"、"交通大学"、工业技术研究院、食品工业研究所、精密仪器发展中心等，附近地区又有"中央大学"、"中原大学"、"中正理工学院"、"中科院"及"交通部电信研究所"等，具备设置科学工业园区的最佳条件，且交通便利，距离国际机场、港口及公路要道都在 2 小时车程之内。在科研院所及大型企业的推动下，新竹科学工业园区内企业研发突出，拥有专利众多。2003 年，新竹拥有专利授权数 3 026 个。平均每家企业就有 8 个专利，每亿美元的研发投入的专利产出数 173 件。2003 年，新竹每千人拥有专利数 29.7 件，是张江的近 2 倍，是硅谷的近 4 倍，是中关村的 10 倍之多（见图 6 – 13）。

表 6 – 24　　　　　1988～2010 年新竹科学工业园区历年研究发展

经费支出占营业额比重　　　　　单位：%

年份	产业类别						总计
	集成电路	计算机及周边	通信	光电	精密机械	生物技术	
1988	6.7	4.5	6.6	3.7	6.1	3.8	5.1
1990	9	4.6	3.2	3.5	9.8	3.9	5.4
1995	5	2.3	7.1	7.8	8.9	42.8	4.2
2000	4.5	2.9	4.6	4.6	5.1	65.1	4.2

续表

年份	产业类别						总计
	集成电路	计算机及周边	通信	光电	精密机械	生物技术	
2001	11.8	4	6	7.1	2.1	19.9	8.9
2002	10.6	3.7	5.9	5	3.6	28.4	8.5
2003	8.3	3.4	3.9	4.9	4.4	24.1	6.8
2004	6.4	4.3	4.3	4.8	5.6	16.2	5.8
2005	7.9	4.6	4.8	3.9	6.2	14.6	6.8
2006	6.6	4	5.4	3.4	5.6	17.5	5.9
2007	6.8	3.6	6.1	2.4	9.8	22.4	5.9
2008	10	4.3	7.9	2.7	10	14.2	8.2
2009	10.6	2.2	6.1	3.3	7.8	4.3	5.6
2010	8.73	2.44	6.76	2.11	10.34	10.38	4.59

注：2009 年起以园区总公司（不含分公司）财务报表统计.

资料来源：新竹科学工业园区管理局（2012）.

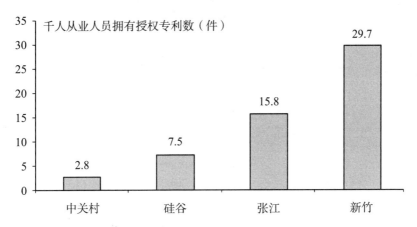

图 6 - 13　2003 年各园区每千人从业人员拥有授权专利数

资料来源：长城企业战略研究所，中关村与世界一流园区基准和目标比较研究，2006.

6.2.4　张江与新竹 IC 产业丰富的 FDI

张江高科技园区与新竹科学工业园区丰富的 FDI 促使产业集群之间知识、

技术、人才等创新要素的流动，推动了张江与新竹 IC 产业集群形成跨界产业集群之间合作网络形成与发展。在新竹 IC 产业发展的早期，新竹科学工业园是 FDI 的接收地，后期成为 FDI 的来源地。张江高科技园区在发展初期采用吸引 FDI 策略，引进了大批跨国企业进驻，快速提升了园区 IC 产业的技术。这些 FDI 促使张江 IC 产业集群与新竹 IC 产业集群之间知识、信息、资本不断流动，加快了跨界产业集群之间合作网络的形成与发展。

6.2.4.1 新竹科学工业园区 IC 产业集群中的 FDI

在发展的早期阶段，新竹科学工业园区是 FDI 的接收地，随后 FDI 慢慢减少，并逐渐成为世界 FDI 的输出国。初创时期的新竹科学工业园区 IC 产业主体为外商企业，主要从事后道封装、成品外销。早先，外资企业完成了园区 80% 的出口，几乎占据排名出口前 10 位（邵颖萍，2012）。1967 ~ 1970 年陆续有外商德州仪器、飞利浦建元电子等在园区设厂，引进 IC 封装、测试及管理技术，为半导体封装业奠定了初步基础（王立军，2004）。此后中国台湾新竹管理部门引导内生力量增长，培育本土大型企业，推动园区转型升级，迫使外资所占比重大幅下降（邵颖萍，2012）。外资所占比重从 1987 年的 26.4% 下降至 2000 年的 3.4%（见表 6-25）。到 2000 年左右，其信息产业完全由宏基等本土企业所主导，外商除飞利浦等少数几家零组件制造商外均退出了中国台湾。2000 年后，新竹科学工业园区主要 IC 产业成长为国际领先企业，并在世界各地投资建设分支机构，成为 FDI 的投资主体。

表 6-25　　　　　　　　　新竹科学工业园区企业投资来源情况

年份	投资来源地			岛外资本所占比重（%）
	本岛（百万美元）	岛外资本（百万美元）	华侨资本（百万美元）	
1987	232.67	87.76	11.96	26.4
1988	381.53	134	38.23	24.2
1989	754.73	253.37	60.95	23.7
1990	1 185.98	328.64	73.04	20.7
1991	1 533.35	425.25	97.05	20.7
1992	1 891.02	496.54	109.54	19.9
1993	1 991.74	430.59	113.31	17.0

年份	投资来源地			岛外资本所占比重（%）
	本岛（百万美元）	岛外资本（百万美元）	华侨资本（百万美元）	
1994	3 067.53	363.15	93.88	10.2
1995	4 903.74	597.76	94.22	10.4
1996	8 215.9	1 094.51	95.56	11.6
1997	1 145.01	1 519.71	92.25	11.6
1998	13 764.08	1 432.18	75.33	9.4
1999	16 178.06	1 286	76.14	7.3
2000	21 144.09	752.13	341.5	3.4
2001	23 565.53	1 771.57	71.86	7.0

资料来源：王振，朱荣林（2003）；新竹科学工业园管理局官网.

6.2.4.2　张江高科技园区 IC 产业集群中的 FDI

与新竹科学工业园 IC 产业发展不同的是，张江高科技园区 IC 产业长期以来对 FDI 依赖程度较高，是 FDI 的主要接收地，外向型特征非常明显。从 1993～2008 年，张江高科技园区共吸引投资额 118.27 亿美元，其中外资额高达 89.78 亿美元（见表 6－26）。张江高科技园区 IC 产业中外资企业也远比内资企业数量多（见图 6－14）。

表 6－26　　　　　**1993～2008 年张江高科技园区招商引资情况**

	1993～2004	2005	2006	2007	2008	1993～2008合计	2014
引进项目（项）	938	126	126	163	213	1 566	—
吸引投资额（亿美元）	101.24	4.31	1.74	6.2	4.78	118.27	—
其中：吸引外资（亿美元）	78.76	2.25	1.23	4.57	2.97	89.78	11.72

资料来源：2008 年张江高科技园区统计年报；张江集团，2015.

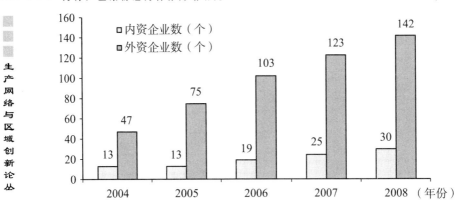

图 6 - 14   2004~2007 张江高科技园区集成电路企业数

资料来源：2004~2008 年张江高科技园区统计年报.

外资企业与研发机构在张江高科技园区 IC 产业集群中扮演着重要的角色。根据浦东统计所统计，2010 年张江高科技园区集成电路大型企业拥有中芯国际等 8 家企业，包括数家知名大型外资企业（见表 6 - 27）。此外，IC Insights 发布的 "2011 Top 25 Fabless IC Suppliers" 企业排名前 10 位中有 6 家（AMD、Broadcom、NVIDIA、MARVELL、XILINX、ALTERA）在张江高科技园区设立研发中心。张江通过吸引 FDI 方式，吸引外部资本、人才、技术等进入园区，构建了与外界的通道，增加了张江高科技园区 IC 产业集群嵌入全球创新网络的可能性。

表 6 - 27　　　　　　　　**2010 年张江高科技园区集成电路大型企业**

企业名称	营业收入
中芯国际集成电路制造（上海）有限公司	五十亿——百亿级
日月光封装测试（上海）有限公司	十亿——五十亿级
展讯通信（上海）有限公司	十亿——五十亿级
上海宏力半导体制造有限公司	十亿——五十亿级
格科微电子（上海）有限公司	五亿——十亿级
上海华虹集成电路有限责任公司	三亿——五亿级
应用材料（上海）有限公司	三亿——五亿级
美满电子科技（上海）有限公司	三亿——五亿级

资料来源：浦东统计所，2010 年张江高科技园区综合发展报告，2010.

6.2.5　张江与新竹 IC 产业不同的技术水平

张江与新竹 IC 产业之间的技术差距是跨界产业集群之间合作网络形成与发展的重要前提条件,是产业集群之间知识流动的推动因素。新竹科学工业园区 IC 产业起源于 20 世纪后半期,目前已经成为国际 IC 产业发展的重要力量,技术先进,产业规模较大。张江高科技园区 IC 产业发展较慢,技术较新竹落后。北京大学微纳电子学研究所王阳元院士指出:"近 10 年来,我国集成电路芯片制造技术始终落后于国际先进水平 1～2 个技术节点"。目前以 Intel、三星半导体、台积电等为代表的世界领先半导体企业的 32 纳米集成电路芯片生产线已纷纷建成投产,相对于国内 65 纳米大批量生产、45 纳米批量生产的最高技术而言,依然领先了一个世代,差距在 2～4 年。同时,国内在通用 CPU、存储器、微控制器、数字信号处理器等量大面广的通用集成电路产品方面基本还是空白,几乎全部依赖进口。中科院院士、材料学家邹世昌强调:"中国集成电路芯片进口超过石油,关键技术和设备仍依赖国外生产,所需关键设备 96% 和国内所需的集成电路组件 80% 都依靠进口,原材料半数以上需要进口"。不过近年来,张江高科技园区通过不断引进技术和吸纳国际人才,推动了园区 IC 产业技术的快速发展,缩短了园区 IC 设计和制造技术与新竹等地的差距。

6.2.5.1　IC 设计技术差距

整体来说,张江高科技园区与新竹科学工业园区 IC 设计水平还有一定差距。清华大学微电子所所长魏少军在 2012 年指出:"从产业发展的角度来看,国内集成电路设计业还比较弱。目前国内大陆设计业全行业销售额加起来尚不及世界排名前两位的设计企业销售额之和,且平均企业毛利率为 27.61%,比国际公认的行业平均毛利水平 40% 低了 12.39 个百分点"。在 2011 年全球前 25 位 Fabless 产商中,新竹科学工业园区内有联发科、联咏、瑞昱和晨星四家企业,其中联发科高居第六,而张江高科技园区内仅有展讯(排名第十七)一家企业。根据《电子工程专辑》的第十一届中国 IC 设计公司调查,中国大陆地区的数字 IC、模拟 IC、ASIC、EPGA 设计技术均落后于台湾地区(图 6-15～图 6-18),台湾地区在数字 IC 与模拟 IC 设计领域内达到 $0.13\mu m$ 和 $0.18\mu m$ 技术水平的企业要比中国大陆多。2006 年,台湾 IC 设计产业产值占全球的 18% ~19%，排名仅次于美国，居世界第二位。台湾 IC 设计企业本土化程度非常高。根据电子工程专辑的调查，台湾地区高达 90% 的 IC 设计企业为本土企业，纯岛外独资企业仅占 3% 。

生产网络与区域创新论丛

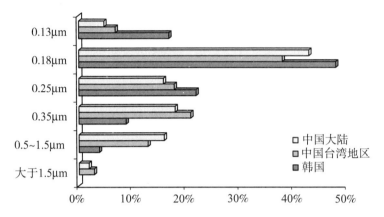

图 6 – 15　2010 年中国大陆、中国台湾与韩国数字 IC 设计工艺技术比较

资料来源：中国大陆、中国台湾地区和韩国 2010 年 IC 设计行业发展调查报告 http：// www. eet – china. com/.

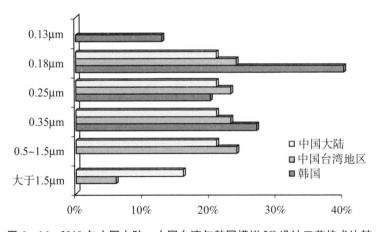

图 6 – 16　2010 年中国大陆、中国台湾与韩国模拟 IC 设计工艺技术比较

资料来源：中国大陆、中国台湾地区和韩国 2010 年 IC 设计行业发展调查报告 http：// www. eet – china. com/.

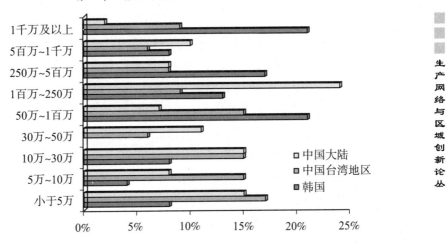

图 6－17　2010 年中国大陆、中国台湾与韩国 ASIC 设计规模比较

资料来源：中国大陆、中国台湾地区和韩国 2010 年 IC 设计行业发展调查报告 http：//www. eet－china. com/.

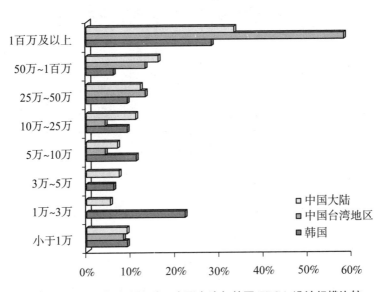

图 6－18　2010 年中国大陆、中国台湾与韩国 EPGA 设计规模比较

资料来源：中国大陆、中国台湾地区和韩国 2010 年 IC 设计行业发展调查报告 http：//www. eet－china. com/.

虽然张江 IC 设计技术与新竹还有一些差距，但台湾硅谷工研院 ITIS 表示，中国大陆 IC 设计业者技术实力已见明显进步，且在政策扶植下，两岸 IC 设计业在产业规模、研发水准、设计技术（45 纳米）等方面的差距已有缩小趋势。

2011 年 9 月，《电子工程专辑》公布了"第十届中国 IC 设计公司调查"结果。结果显示中国一些顶尖企业采用了 28 纳米技术，9.2% 的设计企业采用了 45 纳米及以下工艺技术。在发布会上，《电子工程专辑》出版人石博廉先生表示："过去的十年，中国 IC 产业迅速崛起。2002 年，只有 20% 的中国 IC 设计公司采用 0.25 微米或以下的工艺技术，而美国有超过 72% 的企业采用 0.18 微米以下技术。五年前，中国的 IC 技术仍落后美国两代"。2012 年，张江高科技园区内锐迪科、展讯、复旦微电子三家企业获得"十大中国 IC 设计公司品牌"，说明了张江高科技园区内企业逐渐缩小与新竹等地的 IC 设计技术差距。张江高科技园区 IC 设计技术的迅速提升得益于归国留学人员，园区内部分留学生企业正在从追踪国际前沿逐步发展到站在国际前沿，是目前我国最有可能打破发达国家技术垄断，占领先进技术高地的技术生力军（见表 6 - 28）。

表 6 - 28　　　　　　　2009 年张江各类 IC 企业技术水平

制造工艺	留学生企业（家）	国有及民营企业（家）	台资企业（家）	合资企业（家）	留学生企业/全部（%）
0.13μm 以下	30	6	6	—	71.4
0.18μm	46	38	31	48	28.2
0.25~0.35μm	8	36	30	48	6.6
0.5μm	16	20	30	34	16

注：对于 IC 制造工艺，数值越低，技术水平越先进.
资料来源：赵建吉（2011）.

6.2.5.2　IC 制造技术差距

目前，张江高科技园区与新竹科学工业园区的集成电路制造工艺技术大约相差 1~2 代。截至 2015 年，张江高科技园区拥有 7 条 8 英寸生产线和 2 条 12 英寸生产线（见表 6 - 29）。上海华力微电子有限公司新建的 12 英寸生产线采用了 65 纳米和 45 纳米工艺技术，是园区较为先进的芯片制造技术。相比来说，中国台湾新竹科学工业园区拥有 10 多条 8 英寸生产线和近 10 条 12 英寸生产线（见表 6 - 30）。台积电和力晶分别拥有 3 座 12 英寸晶圆制造厂，而中芯国际与华力各自仅仅只有一座 12 英寸晶圆制造厂。台积电等企业已经将芯片制造技术提升至 28 纳米，其工艺水平比张江中芯国际等制造企业更先进。

表6-29 **2015 年张江高科技园区 IC 芯片制造企业生产线**

企业名称	生产线	晶圆尺寸（英寸）	工艺技术水平	产能（万片/月）	投产日期
中芯国际（上海）	Fab1	8	0.11μm~0.35m	12.0（合计）	2001.9
	Fab2	8	0.11μm~0.35m		2002.7
	Fab3b	8	0.09~0.1Cu 制程	3.0	2001.9
	Fab8	12	90~40~28nm	1.5	2007.12
	Fab10	—	太阳能芯片	—	2006.2
	Fab9	8	CIS（CMOS 图像传感器）	1.0	2005.12
华虹 NEC	Fab1	8	0.11μm~0.35μm	6.0	1999.2
	Fab2	8	0.11μm~0.35μm	3.0	2007.10
上海宏力	—	8	0.09μm~0.35μm	5.0	2003.9
上海华力	Fab1	12	90~65~45nm	3.0	2011.5

资料来源：赵建吉（2011）；2015 上海集成电路产业发展研究报告.

表6-30 **2012 年新竹科学工业园区主要芯片制造企业生产线**

企业	生产线	晶圆尺寸	技术水平	产能（万片/月）	备注
台积电（TSMC）	Fab2	6	—	125（年产1508）	
	Fab3	8	—		
	Fab5	8	—		
	Fab6	8	—		台南
	Fab8	8	—		
	Fab10	8	—		上海松江
	Fab11	8	—		美国
	Fab12	12	0.13μm~28nm		
	Fab14	12	0.13μm~28nm	18	位于南科
	Fab15	12	0.13μm~28nm		位于台中
联电（UMC）	7 座	8	—	—	中国台湾新竹、日本
	1 座	6	—	—	
	Fab 12A	12	45nm~40nm	5	位于台南
	Fab 12i	12	45nm~40nm	4.5	位于新加坡

续表

企业	生产线	晶圆尺寸	技术水平	产能（万片/月）	备注
力晶	Fab8	8	0.25μm ~ 0.11m	3.5	
	FabP1	12	0.11μm ~ 65nm	4.5	
	FabP2	12	0.11μm ~ 65nm	4.5	
	FabP3	12	65nm	4	
旺宏	Fab1	6	0.35μm ~ 1.0m	3.7	
	Fab2	8	—	5.7	
	Fab5	12	—	2	
世界先进	2座	8	0.18μm	14.5	

资料来源：根据各企业官方网站制作．

进入 2011 年，全球晶圆代工企业已经进入 28 纳米制程工艺技术，新竹台积电和美国环球晶圆都拥有了 28 纳米制程工艺技术。而中芯国际在 2011 年下半年才拥有 40 纳米制程工艺技术，技术远落后于其他国际大型企业（见图 6-19）。2012 年，在台积电决定跳过 22 纳米直接投入 20 纳米制程研发后，全球晶圆也对外宣布，将倾力布局 20 纳米制程，并试图以闸极优先（Gate First）的高介电层/金属闸（Hight - k Metal Gate，HKMG）技术和极紫外光（EUV）微影技术与台积电进行区隔。全球晶圆企业计划管理部门副总裁尼克·凯普勒（Nick Kepler）表示，20 纳米是 28 纳米全世代（Full Node）微缩后的制程节点，也是许多客户聚焦发展的重心，因此该公司也将在 20 纳米技术上投注最大心力。

2011 年，纽约州政府宣布成立 G450C（Global 450 mm Consortium），结合世界五大半导体厂商，分别是 TSMC（台积电）、IBM、Intel、Samsung 以及 GF（Global Foundries），主要的目的在于结合厂商共同的力量支持晶圆制造的转换，由 300mm（12 英寸）到 450mm（18 英寸）。台积电预估在 2018 年将会量产 18 英寸晶圆（切入制程为 10 纳米），2016 ~ 2017 年将会建立第一条小量生产线。而张江园区内集成电路制造企业的技术发展规划远远落后于这些巨型企业。

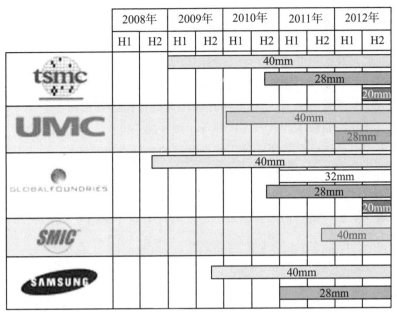

图 6 - 19　全球主要晶圆代工厂先进制程技术比较

资料来源：资策会 MIC，网站 http：//www. mem. com. tw/article_content. asp? sn = 1010290006.

6.2.6　张江与新竹的制度与文化作用

制度与文化对跨界产业集群之间合作网络形成与发展的作用具有两面性。制度设计的主要目的在于推动本地产业集群的发展。对于跨界产业集群之间合作网络来说，制度可能会起到积极也可能会产生消极作用。对于单个产业集群来说，园区制度会促进创新要素集聚，推动产业集群发展。同时，制度与文化也会阻止高端技术的外流，从而阻碍跨界产业集群之间合作网络的形成与发展。张江高科技园区与新竹科学工业园区具有不同的组织管理体系，但都以加速园区内部创新要素的增加及创新能力升级为目的，对张江与新竹 IC 产业跨界产业集群之间合作网络的形成与发展既有积极作用，也有消极作用。张江与新竹两地的制度通过吸引国际人才、跨国企业、研发激励和与其他园区建立合作关系等方式来促进跨界产业集群之间合作网络的发展。此外，中国台湾地区阻止高端技术外流的政策阻碍了跨界产业集群之间合作网络的发展。张江与新竹相似的大中华文化基础有利于张江与新竹 IC 跨界产业集群之间合作网络的形成与发展。

6.2.6.1 张江与新竹的组织管理体系

张江高科技园区与新竹科学工业园区的管理运营体系并不相同。张江高科技园区是以政府主导、企业化运营的开发管理模式，而新竹科学工业园区是以政府主导的开发管理模式。2012 年，张江高科技园的管理体制是由上海市人民政府、张江高新技术产业开发区领导小组、浦东新区人民政府、张江高科技园区管理委员会和张江集团等部门齐抓共管的多层级管理体制（见图 6–20）。新竹科学工业园区是在国科会、园区指导委员会的领导下，由新竹工业园区管理局具体管理。新竹工业园区管理局包括企划、投资、劳资、工商、营建与建管 6 个组及信息、秘书、人事、会计与政风 5 个室（见图 6–21），2011 年工作人员为 230 人。

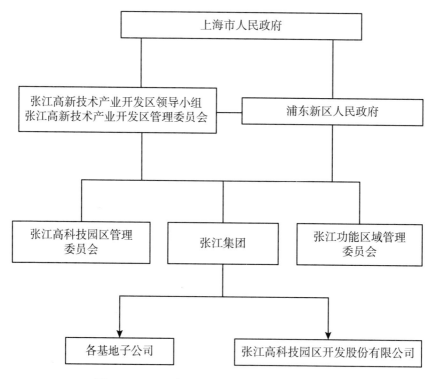

图 6–20　2012 年张江高科技园区开发管理体系

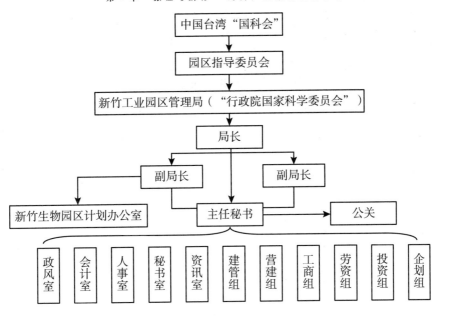

图 6-21　新竹科学工业园区管理体系

资料来源：根据新竹科学工业园区管理局（2012）修改.

6.2.6.2　张江与新竹制度的积极作用

张江与新竹两地的制度对于各自产业集群的创新资源集聚具有积极的推动作用。此外，新竹园区通过与世界各地科技园区建立合作关系推动与其他区域的合作发展。张江园区通过制定相关制度吸引新竹等地的创新资源进入，推动张江与新竹 IC 跨界产业集群之间合作网络的形成与发展。

首先，张江与新竹的制度都促使园区吸引大批国际人才，促使产业集群创新资源集聚。新竹科学工业园成立后，相关政府就不断出台相关人才政策，以吸引硅谷等人才回岛。20 世纪 80 年代，为了吸引海归回台湾创业，新竹科学工业园管理局出台了一条政策，规定经筛选合格的海归项目，其注册资本的 50% 以内可以由管理局投资（最高限额为 500 万新台币）。截至 2004 年，新竹科学工业园有海外人员 4 000 多名，创办企业 116 家，占园区总企业的 40%。张江高科技园区同样出台了一系列人才吸引政策，效果显著。张江高科技园区集成电路产业中归国留学人员从 2004 年的 212 人增加至 2008 年的 391 人。截至 2014 年年底，张江高科技园区拥有中央"千人计划"人才 99 人，占上海市 19%；上市"千人计划"人才 92 人，占全市 21%；浦东新区"百人计划"人才 23 人，占全区 72%（见图 6-22）。

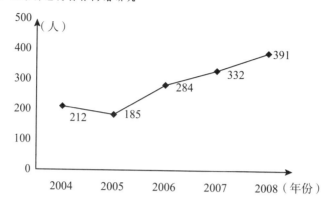

图 6 - 22 2004 ~ 2008 年张江高科技园区 IC 产业归国留学人员

资料来源：2004 ~ 2008 年张江高科技园区统计年报.

其次，张江与新竹都通过制定相关政策吸引外资，推动园区企业数量的增加。无论是张江高科技园区还是新竹科学工业园区，都通过提供土地、税收等优惠政策吸引大型跨国企业入驻。新竹管理局每年都会在美国、日本、印度等地组织进行招商。张江高科技园区依托"聚焦张江"、浦东综合配套改革等政策，不断吸引跨国企业入驻，为本地网络的快速发展奠定基础。

再次，张江与新竹都通过制定研发激励、创新产品补助等政策推动园区IC 产业集群创新能力升级。张江高科技园区相关管理部门通过制定《关于进一步推进张江高科技园区自主创新的实施意见》、《上海市促进张江高科技园区发展的若干规定》和《关于推进张江核心园建设国家自主创新示范区的若干配套政策》等政策，推动园区企业加大研发强度，提升园区创新能力。一直以来，新竹科学工业园区管理局通过研发补助推动园区企业创新。2013 年，新竹科学工业园区管理局资助了 20 家企业，金额达到 7 660.5 万元新台币（见表 6 - 31）。

表 6 - 31　　　　　1986 ~ 2011 年新竹科学工业园区历年研发计划补助

单位：百万新台币

年度	家数	案件数	奖助金额	计划总金额	奖助百分比（%）
1986	9	22	20	75	27
1990	16	23	35	145	24
1995	34	36	90	297	30
2001	30	30	72	311	23

续表

年度	家数	案件数	奖助金额	计划总金额	奖助百分比（%）
2002	31	36	100	386	26
2003	28	29	76	308	25
2004	36	39	106	428	25
2005	21	21	64	233	27
2006	3	3	9	39	23
2007	12	13	48	170	28
2008	11	12	42	125	33
2009	73	78	338	1 301	26
2010	33	33	142	553	26
2011	23	23	84	319	26

资料来源：新竹科学工业园区管理局（2012）.

　　最后，新竹通过与其他园区建立联系或建立海外协会等方式推动跨界联系形成。1989 年，美国西玉山协会的成立使新竹和硅谷间的联系逐渐制度化，这进一步促进了两地间技术和技能由单项渠道变成双向渠道，更加便利了两地间相互协作，以发挥各自的优势并互相补充。自 20 世纪 90 年代初，新竹科学工业园区与世界其他科技园区签订合作协议书，加强跨界联系（见表 6 - 32）。

表 6 - 32　　　　　2013 年新竹科学工业园区签订合作协议的园区及城市

国家	名称	官方主页
巴西 （Brazil）	南大河州天主教大学园区 （Parque Cientifico e Tecnologico da Pontifícia Universidade Católica do Rio Grande do Sul）	http：//www. pucrs. br
	北大河州联邦大学 （The Federal University of Rio Grande Do Norte）	http：//www. ufrn. br/english/
加拿大 （Canada）	魁北克省市高科技园区 （Quebec Metro High Tech Park）	http：//www. parctechno. qc. ca/eng/
	卑诗省科学委员会 （The Science Council of British Columbia）	http：//www. scbc. org/

续表

国家	名称	官方主页
法国 （France）	索非亚科学园区 （Sophia Antipolis Science Park）	http：//www. sophia-antipolis. org/
日本 （Japan）	北九州岛岛学术研究都市 （Kitakyushu Science and Research Park）	http：//www. ksrp. or. jp/english/index. html
	横须贺研究园区 （Yokosuka Research Park）	http：//www. yrp. co. jp
韩国 （Korea）	亚洲科学园区协会 （Asian Science Park Association）	http：//cyberaspa. org/eng/
	京畿科技园区 （Gyeonggi Technopark）	http：//www. gtp. or. kr/antp/eng/main. jsp
俄罗斯 （Russia）	莫斯科州立大学科学园区 （Moslpw State University Science Park）	http：//www. sciencepark. ru/eng/index. htm
西班牙 （Spain）	安达鲁西亚科技园区 （Parque Tecnologico de Andalucia）	http：//www. pta. es/
瑞典 （Sweden）	米亚德比科学园区 （Mjardevi Science Park）	http：//www. mjardevi. se/
泰国 （Thailand）	泰国科学园区 （Thailand Science Park）	http：//www. sciencepark. or. th/
土耳其 （Turkey）	Hancettepe 科技园区 （Hancettepe TEKNOKENT）	http：//www. hacettepeteknokent. com. tr/
英国 （U. K. ）	曼彻斯特科学园区 （Manchester Science Park）	http：//www. mspl. co. uk/
美国 （U. S. A. ）	箭镞研究园区 （Arrowhead Research Park）	http：//arrowheadcenter. nmsu. edu/researchpark/
	加州圣荷西市 （City of San Jose）	http：//www. sanjoseca. gov/
	路易斯安那州贝顿鲁治市 （City of Baton Rouge Parish of East Baton Rouge）	http：//brgov. com/
	圣地亚科技园区 （Sandia Science and Technology Park）	http：//www. sstp. org

国家	名称	官方主页
美国 (U. S. A.)	新墨西哥大学科技园区 (Science and Technology Park@ UNM)	http：//www. unm. edu/ ~ unmreo/ stp_index. htm
	加州州立大学系统 (The California State University)	http：//www. calstate. edu/
	加州湾区东岸经济发展联盟 (The Economic Development Alliance for Business) (The San Francisco East Bay)	http：//eastbayeda. org/
	华盛顿州三市科技园区 (Tri – Cities Science & Technology Park)	http：// www. tricitiesresearchdistrict. org/
越南 (Vietnam)	和乐高科技园区 (Hoa Lac High Tech Park)	http：//www. hhtp. gov. vn

资料来源：新竹科学工业园区官网，http：//www. sipa. gov. tw/home. jsp? mserno = 201002260003&serno = 201002260003&men udata = ChineseMenu&contlink = content/ic0. jsp.

6.2.6.3　新竹制度的阻碍作用

虽然制度会推动产业集群的形成与发展，推动产业集群与外界建立外部通道，但也会制约技术，尤其是高端技术的跨界流动，从而阻碍跨界产业集群之间合作网络的发展。为保护国家利益，一些掌握高端技术的发达国家阻止将最为先进的技术流入发展中国家。

张江高科技园区 IC 制造业的发展就受到美国等发达国家的限制，大型企业并不能够及时获得国外先进技术。由于巴统组织的技术封锁，中芯国际进口获得的生产设备一般要比国外晚两代，如当国际最先进的技术是 0. 18 微米时，中芯国际只能进口 0. 35 微米的生产线设备。在中芯国际从 0. 35 向 0. 13 微米、90 纳米、65 纳米升级时，都会遇到同样的问题。发达国家这种对于张江集成电路技术引进的限制制约了张江 IC 产业集群外部通道的发展，阻碍了跨界产业集群之间合作网络的进一步升级。

中国台湾当局为了防止集成电路高端技术流入中国大陆，制定了非常严格的产业与技术转移政策，对于违反政策的台湾企业家及企业进行非常严酷的惩罚。IC 制造业是台湾当局控制最严的行业，严禁投资大陆，特别是技术先进的晶圆厂。2002 年左右，中国台湾当局制定了"有效管理机制"细则，限制在中国大陆投资新设备，并限制投资总额，规定到 2005 年底到大陆投资的芯片生产厂上限为 3 座，规定准备在中国大陆投资的企业必须先在台湾地区建成 12 英寸厂并满负荷运营后才能提出申请（赵建吉，2011）。直到 2006 年，台湾晶圆制造技术更进一步时，台湾"行政院"才决定放宽台半导体代工企业投资大陆 8 英寸晶圆的制程技术，由 0.25 微米放宽至 0.18 微米。当张汝京带着四、五百人的半导体技术人才团队到大陆成立中芯国际违反相关规定时，台湾有关部门对张汝京提出严厉指控并进行一定处罚。2003 年，宏力董事长蔡瑞珍、投资中芯国际的台湾诚宇创投和投资深超科技的台湾剑腾光电公司董事长凌安处分别被中国台湾当局开出 200 万元、100 万元、200 万元的罚单，并被要求撤回中国大陆的投资。在中国大陆创办中芯国际的张汝京被中国台湾当局处以 1 000 万元新台币罚金以及 2 年刑期。中国台湾地区的这种制度设计阻碍了张江与新竹 IC 跨界产业集群之间合作网络的发展。

6.2.6.4　张江与新竹相似的大中华文化作用

张江高科技园区与新竹科学工业园区具有相似的文化，这有利于新竹企业在张江的运营，有利于两地知识、信息的交流，能够推动跨界产业集群之间合作网络的形成与发展。中国台湾文化与大陆文化都属于中国文化的一部分。首先，中国大陆人民与台湾人民具有共同的祖先，具有一定的社会认同感。其次，张江与新竹享有同一种语言，有利于企业或人员之间的交流。中国台湾人与大陆具有千丝万缕的联系，社会关系错综复杂。文化的相似性有利于新竹迅速融入地方网络当中，也能够快速获得当地市场信息，并将技术快速扩散至本地企业当中。正是这种相似的文化推动了张江与新竹 IC 跨界产业集群之间合作网络的形成。

第 7 章

张江与新竹 IC 跨界产业
集群之间合作网络演化

根据不同经济体产业集群之间相互合作密切程度及外部通道特征，从 1970 年新竹出现 IC 产业集群至 2014 年，以 2000 年和 2004 年为节点，张江与新竹 IC 跨界产业集群之间合作网络经历孕育、发展、成熟三个阶段。新竹科学工业园区 IC 产业集群始于 20 世纪 70 年代，在与硅谷建立广泛联系和实施自主创新能力培育的基础上，从封装测试起步，逐渐向制造与设计发展。张江高科技园区 IC 产业集群起源于新竹 IC 产业集群内企业家的迁移，从 IC 制造起步，逐渐带动 IC 设计业发展。在中国大陆广阔市场的作用下，2000 年新竹 IC 产业集群内企业家进入张江创业，初步形成张江 IC 产业集群与新竹 IC 产业集群之间的合作网络。2001～2004 年是张江与新竹 IC 跨界产业集群之间合作网络演化的发展阶段。在张江园区内中芯国际与宏力等巨型企业的网络权力作用下，新竹 IC 产业集群内企业在张江建立分支机构，外部通道逐渐变得丰富，推动张江与新竹 IC 产业集群的深化合作发展。2005 年后，在张江 IC 产业集群自主创新能力获得一定发展后，由企业上下游联系、企业上下级联系、人才流动组成的外部通道推动张江与新竹 IC 产业集群融合发展。

在孕育阶段，在中国大陆市场的吸引下，新竹 IC 产业集群内的企业家、资金、人才等创新资源流入张江高科技园区。张江高科技园区 IC 产业刚刚起步，与新竹科学工业园区 IC 产业技术差距非常大。张江与新竹 IC 跨界产业集群之间合作网络在全球网络中主要处于 IC 微笑曲线的制造和封装环节。在发展阶段，在台资企业的网络权力作用下，新竹 IC 产业集群内的 IC 企业跟随进入张江，促使新竹 IC 产业集群内更多的人才、资金、技术等创新资源进入张江，推动了张江 IC 产业集群的快速发展。新竹科学工业园区内更多的 IC 知识与技术进入张江高科技园区内，推动两地技术差距逐步缩小。张江与新竹 IC

跨界产业集群之间合作网络的制造领域在全球 IC 产业中占据绝对优势，设计领域也获得一定发展。在成熟阶段，张江与新竹 IC 产业集群之间的人才流动更加频繁，上下游合作联系更加密切。在 IC 制造业的带动下，张江与新竹 IC 设计业获得快速发展，并成为全球 IC 设计产业的重心之一。

张江高科技园区与新竹科学工业园区的制度和文化对 IC 跨界产业集群之间合作网络有着复杂的作用机制及影响。2000 年前，新竹科学工业园区的制度设计的主要目的在于推动与硅谷 IC 产业集群的联系，培育园区 IC 产业集群的自主创新能力。2000 年后，新竹园区的制度推动了园区 IC 产业自主创新能力的提升，但限制园区高端技术及大量资金进入中国大陆，阻碍了张江与新竹 IC 产业集群之间外部通道形成，从而阻碍张江与新竹 IC 产业集群之间合作网络发展；张江高科技园区的制度的作用在于吸引大量外资、技术人才进入园区，有利于张江与新竹 IC 跨界产业集群之间合作网络的发展。2005 年后，新竹科学工业园区的制度推动了园区 IC 企业创新能力升级并吸引国际著名研发机构进入，以提升园区创新能力的提升，强化新竹 IC 设计业在国际上的地位。同时，中国台湾地区政府虽然放松了低端技术进入中国大陆，但仍然限制园区高端技术流入中国大陆等地。在此阶段，张江高科技园区的制度推动园区 IC 产业集群自主创新能力的提升，并进一步吸引国际一流研发机构进入以提升园区创新能力，推动园区 IC 产业集群沿着全球价值链向两端移动。此外，相似的大中华文化促进了张江与新竹 IC 跨界产业集群之间合作网络的形成与发展。

7.1 张江与新竹 IC 跨界产业集群
之间合作网络孕育阶段

7.1.1 新竹 IC 产业集群出现与发展

新竹科学工业园区 IC 产业最早出现于 20 世纪六七十年代，至 1999 年共经历了四个阶段（新竹科学工业园区管理局，2001）。在新竹科学工业园区 IC 产业发展的第一个阶段，交大电子研究所、计算器、通讯、电子、半导体、镭射及光电等实验室、硅平面技术研究中心等研究机构成立，培育了大批半导体人才。从 1976 年起，新竹科学工业园区 IC 产业发展进入第二个阶段。在政府间的支持下，工业技术研究院电子所负责引进和移转美国 RCA 公司的 CMOS 集成电路生产技术，逐步建立起台湾本土集成电路制造业。第三阶段是从 1980 年新竹科学工业园区成立以后，正式进入集成电路产业的新纪元。最早由工研院电子所将自 7 微米技术自行发展成功的 3 微米技术转移给国内第一家 CMOS 公司——联华电子，开启了晶圆制造的里程碑。工研院电子所对于集成电路企业的衍生作用非常明显。包括联电、台积电、台湾光罩、世界先进等公司陆续由工研院衍生成立，将新竹的集成电路产业带向世界竞争的舞台。第四个阶段开始于 1987 年，工研院电子所将 6 英寸晶圆制造技术转移给台湾集成电路公司。台湾集成电路公司是全球第一家不涉足 IC 设计及自有产品生产，纯粹以先进制程技术提供晶圆专业制造服务的公司。同年硅统科技亦于竹科成立，堪称是除英特尔（Intel）以外，全球唯一同时掌握处理器、核心逻辑芯片组、绘图芯片、通讯芯片等各项关键技术，并兼具先进制程晶圆厂的企业。从此，新竹集成电路产业迅速发展，成为世界集成电路产业发展的重要区域。

时至 1990 年初期，越来越多的厂商竞相设立 6 英寸晶圆厂，并陆续进入新竹。在集成电路制造业和设计业的吸引下，光罩、设备、材料等企业不断入驻，推动新竹 IC 产业链更加完整。蓬勃发展的集成电路产业更吸引了岛内外集成电路工具、电路布局、晶圆材料等上游及外围厂商来台投资。连最上越游的集成电路专业制造设备厂商都已进驻新竹，园区集成电路产业从下游延伸到上游。新竹先后出现如茂硅、旺宏、华邦、台湾光罩、硅成、钰创、瑞昱、凌阳、义隆等分处产业链上下游的生力军，连带强化集成电路产业群聚效应，促使技术扩散、垂直分工等需求不断攀升，从而吸引包括联发科、联咏、原相、创意、智原、力晶、茂德、世界先进等厂商入区设立。20 世纪 90 年代，在联发科等 IC 设计企业先后成立，新竹 IC 研发范畴横跨无线通信 IC、消费性 IC、数字影像 IC、感测 IC、多媒体应用 IC、定位追踪 IC、内存设计 IC、通讯芯片 IC、模拟 IC 等多元化领域。这些设计服务能量，与台湾 IC 制造、晶圆代工等优势紧密串联，继而使竹科跃居全球半导体制造及设计产业总部汇集地。1997 年创立于竹科的联发科技，先后在 CD – ROM 光储存芯片、DVD 播放器芯片、数字电视芯片等领域缔造佳绩，此后再凭借手机芯片模块发光发热，在中国手机市场一战成名，接着切入品牌手机市场，持续扩张营运版图。联发科的成功模式亦激励凌阳等 IC 设计同业纷纷仿效，切入 3.5G/4G 手机、数字电视等更富含商机的芯片领域。另一方面，举凡日商豪雅光电（HOYA）、大日印光罩及陶氏化学（Dow Chemical）等众多国际知名厂商，亦接续入区设厂，至此新竹整体集成电路产业链已臻完整。1993 年，全球半导体设备业大厂的美商应用材料（Applied Materials），着眼于台湾集成电路产业发展热络，宣布成立台湾应用材料公司，并投入新台币 10 亿元成立竹科研发中心，借以发展零组件制造业务，且同时设立技术训练中心与应用实验室，与客户共同研发制程技术。在第四个阶段，新竹集成电路产业正式进入大规模商业化量产阶段，并逐渐形成 IC 设计、制造、封装、测试及外围产业等上下游产业链，建立新竹自主技术研发及扩散基础。

截至 1999 年，新竹科学工业园区共计有 57 家集成电路设计公司、5 家晶圆材料公司、4 家光罩公司、21 家晶圆制造公司、8 家封装公司、3 家测试公司、3 家导线架生产厂商。如此大规模的产业体系使得新竹成为世界集成电路发展的核心节点。1999 年，在中国台湾地区前十大集成电路产商中，新竹占 7 家，包括台积电、联电、华邦、茂硅、茂德、旺宏、世界先进；在前十大晶圆制造厂商中，新竹园区占九家，除上述七家公司外，还包含力晶，产值占台湾地区的 95.58%；而晶圆代工更独步全球，世界占有率高达 64.6%。1999 年，新竹园区的集成电路设计业、硅晶圆材料和光罩业分别占台湾地区的 93.75%、100%、100%，集成电路设计业的岛内前十大厂商中有 8 家在园区，包括硅统、联发、凌阳、扬智、硅成、瑞昱、联咏及义隆，其总营业额更高居世界第二，仅次于美国。以产品线来看，PC 芯片组、消费性电子、网络 IC、光盘 IC 和利基型内存 IC 均是新竹设计业产值贡献的大功臣。历年 PC 芯片组占设计业产值比重均超过三成，显示 PC 芯片组已成为推升中国台湾地区集成电路设计业的主要力道。其他如 CD－ROM 相关芯片、消费性 IC 亦是新竹园区集成电路设计厂商所擅长。在此阶段，新竹园区晶圆材料业发展不足。1996 年以前，新竹园区集成电路制造业所需之硅晶圆材料百分之百由国外进口，以日本为首。1997 年起，中国台湾中钢公司与美国休斯电子材料公司（MEMC）合资的中德电子材料公司，开始供应集成电路制造业所需之八英寸硅晶圆材料。至 1999 年，台湾的硅晶圆材料自给率提高至 34.8%，但日本仍是台湾硅晶圆材料之主要供应国，比重高达 44.5%。

7.1.2 企业家迁移推动张江与新竹 IC 产业集群跨界合作初步形成

1. 张江 IC 产业出现

2000 年，在集成电路产业第二次全球产业分工与转移的浪潮背景下，张江高科技园区吸引大型跨国企业入驻，迈出了集成电路产业发展的第一步。2000 年，张江园区内中芯国际和宏力半导体两家晶圆代工企业相继开工建设，开启了大陆晶圆代工产业发展先河。2000 年 8 月 24 日，中芯国际落户张江园区，一期项目投资 14. 76 亿美元，建立一厂、二厂和 3B 工厂。中芯国际成为大陆第一家能提供 0. 18 微米逻辑制程技术与服务的芯片代工厂，使中国大陆集成电路制造技术与国际主流技术的差距从三代以上缩小至一到两代之间。2000 年 11 月 18 日，宏力半导体投资 16. 3 亿美元在张江微电子产业基地开工建设。一期工程建成两座完全按照 12 英寸芯片规格来设计和建造的厂房，其中晶圆一厂的 A 生产线引进了当时世界上最先进的半导体制造机械设备，于 2003 年 4 月投入生产。

2. 新竹企业家跨界进入张江构建外部通道

张江高科技园区与新竹科学工业园区 IC 产业的联系主要是由企业家的跨界移动引发的。经过多年发展，新竹本地的生产与研发成本不断上升，台湾本地市场也趋于饱和。受中国大陆市场、低价劳动力市场、土地优惠政策等吸引，新竹张汝京和王文洋两位企业家在张江分别建立中芯国际和宏力半导体 IC 制造企业，吸引大批新竹园区内人才流入张江。通过企业家跨界迁移并成立大型企业的形式，张江高科技园区与新竹科学工业园区 IC 产业集群初步建立了较为简单的外部通道（见图 7 –1）。

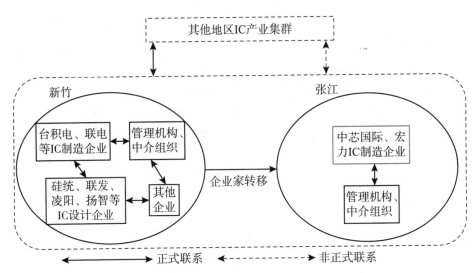

图 7 –1　张江与新竹 IC 跨界产业集群之间合作网络孕育期网络结构

7.1.3 张江与新竹 IC 产业集群资源优势初步整合

通过这种联系,张江高科技园区 IC 产业发展的市场、成本等区位优势与新竹科学工业园区 IC 产业发展的资金、技术、人才等优势结合,推动张江集成电路产业的进一步发展。由于中芯国际与宏力半导体位于集成电路产业链的制造环节,企业规模大,技术等级较高,扮演着技术守门员的角色,对上下游企业的空间与创新行为具有较大影响,能够吸引全球 IC 技术人才汇集张江。中芯国际与宏力半导体的成立能够吸引大批新竹园区内管理与技术人才进入张江,带来丰富的 IC 产业发展所需的显性及隐性知识,迅速提升张江 IC 产业发展的技术能级。此时,张江与新竹 IC 产业集群之间这种简单的外部通道联系对于张江与新竹 IC 产业发展的作用并不是对等的。对于张江高科技园区来说,这种联系有利于产业快速发展和创新能力提升。对于新竹科学工业园区来说,这种联系导致园区内创新资源的减少,甚至高端技术的流失。

7.1.4 张江与新竹制度的不同作用

在张江与新竹 IC 产业建立初步联系的过程中,张江与新竹园区相关制度的作用并不相同。张江高科技园区内的制度设计促进了外部通道的形成,而新竹科学工业园区内的制度设计在一定程度上阻碍了这种外部通道的形成。

2000 年,中国国家相关部门和上海市相关部门出台的政策促进张江与新竹 IC 产业集群形成初步联系。是年,中国出台了国发〔2000〕18 号文《关于鼓励软件产业和集成电路产业发展的若干政策》,通过政策引导,鼓励海内外资金、人才等资源进入,推动集成电路产业的发展,鼓励境内外企业在中国境内设立合资和独资的集成电路生产企业。同时,上海市相关部门也出台了一系列措施,推动张江高科技园区的集成电路产业建设。1999 年,时任上海市市长就提出了"聚焦张江"战略。2000 年 1 月,上海市人民政府沪府发〔2000〕4 号文《上海市人民政府关于发布〈上海市促进张江高科技园区发展的若干规定〉的通知》("张江十九条")发布,张江园区从此成为"政策特区"。在文件中,信息产业成为园区重点扶持的高科技产业之一。张江的这种制度设计有利于吸引海内外 IC 创新资源集聚,形成全球通道,推动园区 IC 产业集群的出现。

为防止岛内 IC 产业竞争优势的消失,新竹科学工业园区上级管理部门中国台湾当局制定严厉的政策，阻止园区内 IC 企业在大陆投资。中国台湾地区的这种规章制度在一定程度上阻止了新竹园区内企业在张江建立分支机构，阻止了新竹的大量知识、技术、人才流入张江，限制了张江与新竹 IC 产业集群外部通道的形成。1996 年 9 月 14 日，李登辉秉持"戒急用忍"原则，限制台商在中国大陆的投资。1997 年 5 月 28 日，台湾《企业对大陆地区投资审查办法》新版公布，进一步限制台商在中国大陆投资基础设施、铁路、公路和电子科技产品等高科技产业，对进入违反规定的企业进行严惩。

7.2　张江与新竹 IC 跨界产业集群之间合作网络发展阶段

7.2.1　张江与新竹 IC 产业链逐步完善

2000 年后，在国际集成电路产业向大陆转移的大背景下，张江高科技园区在两大晶圆制造企业的带动下，聚集了大量集成电路企业。至 2003 年年底，张江共引进和组建了 130 多家集成电路企业，其中芯片设计企业 72 家，一举使张江成为国内集成电路设计企业的集聚区。这些集成电路设计企业中既有展讯通信、华亚微电子和格科微电子等留学归国学生创办的公司，也有英飞凌科技等国际领先企业在张江园区内成立的上海分公司。上海华岭和上海微电子装备、日月光集团等封装测试及设备材料企业也纷纷落户张江园区。在此期间，张江园区依靠上海的国际化优势和大型代工企业的跨国公司，大力发展跨越国界的产品流、资金流、信息流和人才流，使以代工企业为核心的张江集成电路产业集群与国外其他地区产业集群紧密相连，充分便捷地利用全球技术平台，并积累了产业优势、技术优势。

从 2000～2004 年，新竹科学工业园区通过招商引资，不断完善产业链，并在园区管理局创新激励下设计与制造技术能级不断提升，成为全球最为重要的集成电路生产基地。2004 年，新竹科学工业园区集成电路产业工业企业 164 家，就业人数 6.65 万人，实收资本额 7 999 亿元新台币，营业额达 7 443 亿元新台币。在此阶段，新竹科学工业园区集成电路产业发展的重心由制造逐渐向设计转移。2003 年，新竹园区内"硅导竹科研发中心 SoC 设计示范专区"正式启用，不仅有助新厂商减少创业时的支出，亦可消除找不到晶圆代工厂投片的风险，更能够形成独特的创新群聚效应，孕育 EDA/IT 服务平台、IP Mall 交易平台、产品设计测试量测平台等强力支柱，协助新竹 IC 设计厂商尽速蓄积竞争能量。

7.2.2　市场与网络权力吸引企业跨界迁移推动外部通道扩张

受中国大陆广阔市场的吸引和张江高科技园区内中芯国际与宏力半导体等大型企业网络权力的影响，新竹科学工业园区内 IC 企业纷纷在张江建立分支机构。在上海的大多数台湾 IC 设计公司声称，他们的目标是向大陆市场提供现场应用工程服务，并最终将在当地培训专业人才。在张江高科技园区 IC 产业内中芯国际与宏力等技术守门员的影响下，新竹科学工业园区内上下游企业不断在张江投资建立分支机构，与技术守门员等形成新的地方网络（见图 7 -2）。通过这种企业跨界建立分支机构的形式，张江与新竹形成 IC 跨界产业集群之间合作网络的企业组织联系。在企业跨界拓展的过程中，新竹科学工业园区 IC 产业内部分技术与管理人才流入张江，形成张江与新竹 IC 跨界产业集群之间合作网络中的人才联系。

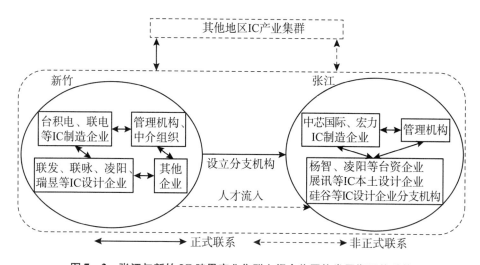

图 7 - 2　张江与新竹 IC 跨界产业集群之间合作网络发展期网络结构

2003 年，台湾 10 大 IC 设计公司中，有 7 家已经在上海和苏州开设了分公司或子公司，仅仅只有 3 家没有在中国大陆设置分支机构，包括瑞丽科技、晶豪科技，以及钰创科技。7 家公司中的 4 家将其子公司或分公司设置在张江，分别是威盛电子、扬智集团、凌阳科技、义隆电子。其中，扬智集团、凌阳科技、义隆电子都由新竹科学工业园区内的企业投资成立。

此外，新竹科学工业园区内非 10 大 IC 设计企业也在中芯国际与宏力制造企业的影响下在张江建立分支机构，迅速抢占大陆市场。张江园区内蔚华集成电路（上海）有限公司于 2002 年由新竹园区内蔚华科技股份有限公司投资成立，成为蔚华进军中国大陆市场的营运中心。具有台资背景的昂宝电子（上海）有限公司成立于 2004 年 7 月，由一批来自国内外国际半导体设计公司的资深专家组成，核心技术团队在模拟及混合集成电路领域有多款成功的开发经验，核心团队中有四位成员来自美国的著名半导体公司，他们在数模/模数变换器、功率器件等方面均有深厚的造诣。泰隆半导体（上海）有限公司是由新竹园区内的 ACE 国际半导体集团投资建立的，成立于 2001 年 3 月 22 日，是一家从事半导体集成电路整体生产服务的大型公司，提供集成电路设计服务、掩膜制造、先进的 CSP 封装测试服务，以及产品的整体通路服务。2002 年，台资企业日月光半导体（上海）股份有限公司在张江成立，日月光集团为全球第一大半导体封装、测试及材料大厂为全球半导体知名业者提供整合型测试、封装、系统组装及成品运输的专业一元化服务，在全球封装测试代工产业中，拥有最完整的供应链系统。

在企业跨界建立分支机构的过程中，新竹内科技人员流入张江，形成张江与新竹的一种外部通道。2002 年，时任中芯国际市场与行销副总裁的张德民博士表示："中芯国际目前有 2 400 名员工，其中台湾同胞约 450 人。海外人士共有约 650 人，是一支标准的国际化部队。公司日常会议上通用的语言是英语"。

7.2.3 张江与新竹 IC 产业集群深化合作发展

在发展阶段，张江与新竹 IC 产业集群的优势资源进一步整合，推动了两地产业的快速发展。集成电路产业的制造厂商投资张江后，为了节省运输成本与关税、维持彼此间的网络关系等原因，上下游设计、封装测试企业也前来张江。而具有台资背景的大型企业中芯国际与宏力在上海投资后，新竹园区内部分配套厂商也愿意配合跟随大型企业来上海。由上下游企业跨界建立分支机构形成的外部通道推动新竹园区内创新资源进入张江，形成张江与新竹 IC 产业的人才联系。2002 年，台湾的一位业界人士沉重地表达企业人才流失的痛苦："从基层制程工程师到副总经理级管理人才，几乎各阶层都需要。台湾的

DRAM 人才为何要去大陆发展呢? 一是考虑升迁的机会, 二是因为冒险的机会, 三是开创新局面的企图"。在企业与人才流动的过程中, 新竹园区内先进的管理经验与技术进入张江, 新竹园区获得更多的中国大陆市场信息, 推动了张江园区 IC 产业集群的发展, 推动了张江与新竹 IC 跨界产业集群之间合作网络的快速发展。

这种外部通道不仅促使张江与新竹之间创新资源流动与信息交流, 而且带动张江园区快速吸引海内外硅谷等地 IC 企业入驻与人才回流, 推动张江 IC 产业地方网络的形成与发展。通过本地网络与人才地方流动, 流入张江的知识与信息扩散至本土企业中, 提升了张江的创新能力。张江与新竹 IC 跨界产业集群之间合作网络中的外部通道对新竹 IC 产业集群内的企业发展也非常重要。外部通道将市场信息带到新竹, 给新竹园区内技术等级较高、规模较大的企业带来更多的发展机遇。

外部通道对于张江 IC 产业集群与新竹 IC 产业集群的作用效果并不相同。对于张江 IC 产业集群来说, 外部通道带来了新竹园区内的企业、知识技术、人才等创新资源, 而且也吸引了世界各地的巨型跨国企业和最为先进的技术信息。对于新竹 IC 产业集群来说, 与张江构建的外部通道带来了市场信息, 但也失去了部分创新资源; 与硅谷等地构建的外部通道吸引大批海外人才进入园区, 带来了国际巨型企业的高端技术与管理运营经验。在这种合作机制的作用下, 张江 IC 产业集群成功嵌入全球生产网络中, 但主要位于价值链低端环节; 新竹 IC 产业集群逐渐由制造为主向设计等高端环节爬升。

7.2.4 张江制度促进与新竹制度阻碍作用

张江高科技园区内的制度有利于吸引世界各地企业入驻, 推动了张江与新竹 IC 跨界产业集群之间合作网络外部通道的构建, 迅速提升了张江本地的产业规模。为了方便企业入驻园区和减少审批时间, 2001 年张江高科技园区相关管理部门发布了文件沪府发〔2001〕20 号《上海市促进张江高科技园区发展的若干规定》(修正), 其中第三条规定设立直接登记的时限从 5 个工作日缩短为 3 个工作日。在提高基建审批时效方面, 张江高科技园区办公室获得充分授权, 对审批程序进行整合, 原先重复审批、分头审批的事项视情况予以取消或合并。一般项目在 40 个工作日内办结。2003 年 12 月 24 日, 沪浦计联〔2003〕17 号《关于张江高科技园区实施行政审批和政府服务"零收费"的意见》发布。从 2004 年 1 月 1 日起在张江高科技园区实行行政审批和政府服务"零收费"的试点，成为全国范围内第一个规范实行上述两个门类"零收费"政策的地区。此外，2003 年，上海市政府与浦东新区政府共同成立了张江专项资金，在完善功能配套、营造创新创业氛围、推动园区 IC 产业发展等方面发挥了巨大作用。

在此阶段，新竹科学工业园区内的制度主要推动了园区创新能力升级，同时为防止技术外泄限制台湾企业进入中国大陆投资。2003 年，为鼓励园区厂商从事研究开发，新竹科学工业园区管理局设立"研发成效奖"，以推动园区创新升级。此外，新竹不断通过制定严格的对外投资政策，限制岛内技术与资金流入中国大陆地区。2002 年，台湾当局虽然放松 8 英寸晶圆厂在大陆的投资，但制定了相当严格的管控措施。2002 年 4 月 24 日，台湾"经济部"规定，8 英寸（含 8 英寸以下）晶圆赴大陆投资需符合总量管制原则。至 2005 年以核准投资三座 8 英寸厂为上限，个别厂商申请须在 12 英寸晶圆厂建厂完成且进入基本量产连续达 6 个月以上。

7.3　张江与新竹 IC 跨界产业集群之间合作网络成熟阶段

7.3.1　张江与新竹 IC 产业集群走向成熟

1. 张江 IC 产业本土设计企业崛起形成"设计＋代工"引领发展模式

2005 年后，在 IC 制造企业的强大带动下，张江园区的集成电路设计企业在集聚过程中迅速成长，逐渐形成了"设计＋代工"引领发展的模式。在设计业快速发展的同时，张江园区集成电路制造、封装测试和设备材料等各环节的规模和能级进一步提升，构成了一条包括集成电路芯片设计、晶圆制造、封装测试、设备制造供应等在内的较完整的产业链。在此阶段，张江高科技园区 IC 产业集群中本土设计企业迅速成长，有些甚至成为地方网络中的技术守门员，在政策支持下创新创新环境得到改善。

在设计领域，张江 IC 产业自主创新能力不断提升，拥有展讯、鼎芯、格科、锐迪科等本土企业，成为 IC 全球生产网络中不可或缺的发展力量。展讯通信是张江园区 IC 设计领域的领头羊，研发出世界首颗基于 TD SCDMA 核心芯片的第三代移动通信国际标准的 SoC 级 TD SCDMA LCR 和 GSM/GPRS 双模多频核心芯片，掌握了3G手机核心技术。这一"中国芯"的诞生标志着中国通信核心芯片的关键技术达到了世界领先水平，打破了手机芯片核心技术长期以来一直被国外通信公司垄断的局面，创造出中国手机芯片拥有自主知识产权和中国手机芯片中国制造的两个第一。在2006年与2012年度国家科学技术奖励大会上，展讯通信的"芯片GSM/GPRS手机核心芯片关键技术的研制和开发"和"TD-SCDMA关键工程技术研究及产业化应用"项目两度获得国家科学技术进步一等奖。2009年，展讯的自主创新成果被科技部授予"国家自主创新产品"证书，同年又成功推出了全球首款同时支持2G/3G/3.5G多制式的单芯片射频解决方案。格科微电子（上海）有限公司于2005年6月成功量产国内首颗采用0.18微米μm工艺的30万像素CMOS图像传感器。2008年金融危机为张江IC设计业提供了新的发展机遇，营业收入不降反增。近几年，张江园区芯片设计业开始新一轮加速整合，以应对芯片设计难度增高、市场竞争加剧等发展问题。2014年，张江园区IC设计业营业收入达159.91亿元，同比增长15%。

在制造领域，张江园区内制造规模不断扩大，制程技术不断升级。2005年后，张江园区增加三条8英寸生产线和两条12英寸生产线，制程技术升级至45纳米。2006年1月，宏力半导体宣布推出0.15微米高压技术。2007年6月，宏力半导体0.16微米低功率制程成功进入高良率量产。2007年12月，中芯国际12英寸芯片生产线成功投产，标志着中芯国际正式进入12英寸芯片生产的新阶段。目前，"909"工程升级改造——华力微电子12英寸全自动芯片生产线55纳米工艺产品开始试流片，标志着这一国家电子信息产业调整和振兴规划确定的重大工程和上海高新技术产业化重大项目建设进入了新阶段。

在封装测试领域，日月光与纪元微科等企业进入并成为国内重要的封装测试厂商。日月光集团主要从事芯片封装测试，为全球半导体知名业者提供整合型测试、封装的专业服务。日月光集团于2006年年底收购威宇科技有限公司，并将其更名为"日月光封装测试（上海）有限公司"，2008年又以3000万美元增至张江封测厂。上海纪元微科电子有限公司是国内最早的专业化集成电路封装测试工厂之一，拥有从美国、德国、日本、瑞士等国引进的具有国际一流水准的封装、测试设备2006年封装产能达到12.5亿块/年，测试产能达到11亿块/年，主要的测试种类有模拟电路、数字电路、数模混合电路、存储器、分立器件和射频器件。

在设备材料领域，张江以自主创新为特色，努力打破国外技术与产品垄断，填补国内空白，并逐渐向高端迈进。2005年成立的安集半导体设备（上海）有限公司自主研发的化学机械抛光液和清洗液产品，技术覆盖 130～45 纳米，达到全球一流垄断公司的技术水平。同年成立的盛美半导体设备（上海）有限公司的 12 英寸单片清洗设备被韩国知名芯片制造厂商海力士（无锡）使用，使我国本土高端 12 英寸半导体设备首次进入韩国一流半导体芯片厂商。中微半导体设备（上海）有限公司于 2007 年成功研制出国内第一台 12 英寸65 纳米化学沉积薄膜（CVD）设备和等离子体刻蚀设备，并投入中芯国际上海 12 英寸生产线安装调试，其性能指标均达到国际同类设备的先进水平。睿励自主研发的 150 毫米硅片光学膜厚测量设备填补了国内空白。此外，张江园区在设备材料领用还拥有福尼克斯、上海微电子装备、东电电子、普莱克斯、应用材料（中国）等企业。

　　在此阶段，张江园区集成电路产业的快速发展与完善的产业发展环境密切相关。张江园区不仅集聚了上海集成电路研发中心、芯片测试公共服务平台等专业产业平台，还有北京大学和复旦大学等建立的高校平台及上海市集成电路行业协会等中介服务机构。2009 年，国内第一个集成电路设计产业化基地——国家集成电路设计上海产业化基地和上海浦东微电子封装与系统集成公共服务平台等专业服务平台相继投入运营。

　　截至 2014 年，作为中国大陆集成电路产业代工模式的塑造者，张江园区已经建立起我国自主可控的集成电路产业体系，尤其是在芯片设计领域确立了国内不可撼动的优势地位，成为中国大陆集成电路产业发展的引领者。在以上海为中心的长三角集成电路产业带中，张江园区重点发展代工制造和高水平设计，凸显高技术能级，是长三角集成电路产业的领头羊。

2. 新竹 IC 产业研发能级提升，设计与制造达到国际领先水平

　　在此阶段，新竹科学工业园区 IC 产业仍然以制造业为发展重点，不过设计业获得快速发展。2013 年，新竹园区 IC 制造占 IC 产业的比重为 50.7%，设计业为 34.6%，其他领域仅占 14.7%。新竹科学工业园区高度重视研发能级的提升，不仅制造技术不断升级，而且设计技术也达到国际顶尖水平。在IC 制造企业保持国际龙头地位的基础上，一些设计企业也成为国际具有一定影响力的企业。此外，不同于 20 世纪 90 年代的发展路径，新竹园区开始通过吸引国际知名 IC 设计企业的研发部门进入，以提升 IC 产业集群的创新能力。

　　IC 制造业仍是新竹园区 IC 产业发展最大的动力，技术能级不断提升，不过近年来遭受环球晶圆、英特尔等企业的激烈竞争。2006 年，新竹园区半导体厂商全力投入建置 12 英寸晶圆厂，晶圆代工业者在制程技术上已具备 45 纳米制程浸润式曝光显影技术，大幅提升了新竹竞争力。在美、日、欧等地整合组件制造（IDM）大厂的委托代工下，新竹晶圆代工业者 12 英寸晶圆厂商的产能不断扩充规模。虽然遭受 2008 年金融危机，但 2009 年后新竹园区晶圆厂正式迈入 40 纳米制程产品并开始出货，同时在第 3 季业绩逐步持续成长。2013 年，新竹园区晶圆厂商已经掌握了 28 纳米和 20 纳米的制程技术。

2005 年后，新竹园区 IC 设计业规模不断扩大，在 IC 产业中的位置不断提升。在 2007～2009 年期间，新竹 IC 设计产值逐年成长，占集成电路产业营业额的比重，依序为 30%、31% 与 35%。近年来，新竹集成电路产业持续吸引技术层次较高的研发型厂商进入，属关键零组件、具高附加值的 IC 设计者不断申请入区设立营运。新进厂商产品类别包括模拟 IC、感测 IC、多媒体应用 IC、消费性 IC、内存设计 IC、微处理器、电源管理 IC、LED 驱动 IC、GaAs 晶圆代工、LED 智能调光驱动整合 IC 技术、硅基高速光链接模块、xtROM 逻辑制程兼容之单层复晶硅非挥发性内存、车用电源控制稳压 IC 及嵌入式的硅智财（IP）等。2007 年园区成立了"硅导竹科研发中心"，整合科技服务及专利 IP 等资源，转移给业者做进一步的商品化应用，持续园区 IC 产业之竞争优势。2009 年，美国 SEMATECH 公司在园区成立台湾营运总部，与台湾半导体制造商、设备材料供货商作先进技术研发与合作。2010 年美商艾萨公司（LSI）申请进驻园区，有利于原所缺乏的储存装置相关 IC 的开发。其所聚焦的半导体 40 纳米以下先进制程技术，以及 2.5D、3D IC 相关技术的开发整合，都是岛内半导体产业目前积极投入的重点。2011 年全球行动装置 IP 领导者安谋国际（ARM）在新竹成立"ARM 新竹设计中心"，以研发实体 IP 为主，并针对计算机处理器及绘图处理器等产品直接提供新竹晶圆代工、软件开发及 IC 设计公司等技术服务。另外，世界知名比利时研究机构 IMEC International 新投资设立台湾爱美科（股）公司，主要规划实验室与台湾本地研发进行合作，可促成台湾产学研在地化等优势。前瞻半导体 IP 服务公司及国际研究机构选择在台湾新竹成立研发设计中心，已展现台湾半导体产业的尖端技术能力及于全球扮演重要枢纽的角色。此外，新竹园区内 IC 设计企业通过兼并提升其国际竞争力。2013 年，新竹联发科与晨星两强合并后，更一举扩大在中国大陆手机及平板市场的影响力。新联发科将能投注更多研发资金补齐高阶应用处理器产品阵容，往上挑战国际芯片设计巨型企业。

在 IC 制造与设计业的带动下，新竹园区吸引封装测试企业进入，促使产业链更加完善。2007 年，新竹成功引进国内唯一晶圆级封装厂商精材科技进驻。经历多年发展，张江与新竹 IC 产业从以制造为主逐渐向 IC 制造与设计并重发展，逐渐沿着 IC 价值链向 IC 设计环节爬升。（见图 7-3）。

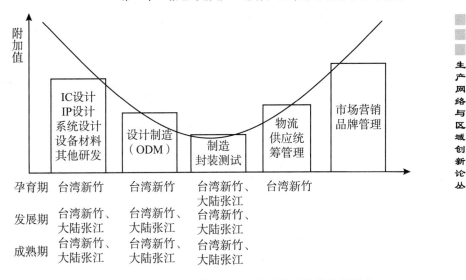

图 7 - 3 张江与新竹 IC 跨界产业集群之间合作网络价值链演变
资料来源：根据曾刚等（2011）；滕堂伟、曾刚（2009）；赵建吉（2011）修改.

7.3.2 企业上下游跨界合作与人才流动推动外部通道走向成熟

在张江与新竹 IC 跨界产业集群之间合作网络的成熟阶段，企业的上下游跨界联系与人才流动是外部通道的主要形式。张江高科技园区所在的上海地区具有广阔的市场优势，而新竹科学工业园区具有 IC 产业人才、资金和技术等优势。尤其是 IC 制造技术，新竹园区台积电、联电等企业的制程技术处于世界顶级水平。不过，虽然张江高科技园区内部分本土企业技术落后于新竹园区内企业，但已经形成特有的营销和运营体系，具有一定优势。这种互补的资源优势特点促使张江与新竹 IC 企业相互合作，形成外部通道。此外，张江大量的高素质劳动力资源也是促使外部通道构建重要原因。日月光半导体创始人张虔生表示，中国大陆每年有 600 余万大学毕业生，提供了足够的高水平人才库，这是选择大陆作为主要制造研发基地的重要原因。除了生产基地，还即将在浦东张江高科技园区兴建"日月光上海总部及研发中心"，为强化技术，每年送 2 000 名大陆优秀工程师至台湾研习进阶的封测技术。

上下游合作是张江与新竹 IC 跨界产业集群之间合作网络成熟期外部通道最主要的表现方式（见图 7 - 4）。由于张江乃至上海 IC 制造技术远远落后于新竹园区内的台积电和联电等巨型企业，所以张江园区内 IC 设计企业往往选择新竹园区内制造企业进行合作，尤其是台积电，联电等技术先进的巨型企业。根据《电子工程专辑》2011 年调查结果显示，在中国大陆代工厂商炙手可热的同时（设计企业选择代工比例：2010 年为 88%、2011 年为 87%、2012 年为 80%）。越来越多台湾地区的代工厂商受到本土 IC 设计公司的青睐（从 2010 年 57% 增至 2011 年的 63%，2012 年达到 67%）。新竹园区内的 TSMC 和 SMIC 是主流代工选择，2011 年分别占 27% 和 20%。根据《电子工程专辑》的"第十届中国 IC 设计公司调查"的结果，大陆 IC 设计企业 63% 会选择台湾的代工厂，而 33.1% 的受访公司认为台积电（TSMC）是最合适的半导体代工伙伴，仅仅只有 18.9% 的受访企业表示中芯国际是他们最合适的代工伙伴。受中国大陆代工技术的限制，张江园区内展讯通信与锐迪科分别选择与台湾台积电与联电合作。早在 2006 年，展讯通信就将 TD – SCDMA3G 手机芯片交给台积电代工。2011 年 10 月，展讯通信由台积电 40 纳米制程技术生产芯片，并由台湾芯片封装商日月光半导体负责后端封包和测试。2012 年，张江高科技园区内锐迪科选择与新竹园区内联电合作。虽然台积电在上海松江建了分厂，但技术只能达到 0.18 微米，不能满足张江园区内高端设计企业的要求。台积电董事长张忠谋曾说："看好'大陆设计、台湾制造'，当愈来愈多的大陆 IC 芯片设计业者蓬勃发展，台积电的生意就愈兴旺。因此，台积电积极与 IC 设计客户合作"。

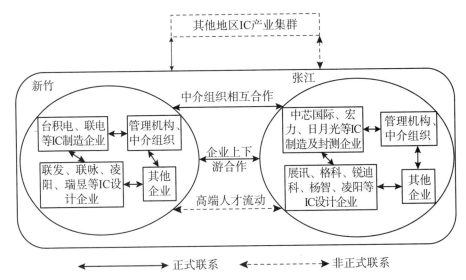

图 7 - 4　张江与新竹 IC 跨界产业集群之间合作网络成熟期网络结构

事实上中国台湾知名设计公司中很多已是华虹 NEC 的客户。同时，也有很多中国台湾 IC 设计公司的产品主要面向大陆消耗量巨大的中低端消费电子产品，他们中有些公司事实上已成为的中国大陆消费电子主要供应商。

——2010 年 3 月：华虹 NEC 总裁

高端人才流动是张江与新竹 IC 跨界产业集群之间合作网络中外部通道的另一种表现形式。虽然张江依托中国大陆诸多高校，并不缺乏工程师，但富有经验的高端技术与管理人员非常稀少。随着张江 IC 企业的发展，不少企业碰到高端技术高端人才缺乏的瓶颈问题。新竹园区具有三十多年的 IC 发展历程，拥有众多的 IC 高端技术与管理人才。张江园区内企业通过提供更多机会吸引新竹园区内高端人才进入，形成两地人才跨界流动。张江园区内中芯国际与宏力等企业拥有大量曾在新竹园区内工作的高端技术人才。台湾新竹工研院产经中心提出，不少台湾新竹的 IC 设计人才，被中国公司以高薪挖角，对台湾的 IC 设计公司产生威胁。如在 2010 年 Broadcom 台湾设计中心和亚洲业务开发部高级主管兼总经理高荣新被张江园区内泰景信息科技任命为泰景亚太区副总裁。

宏力目前拥有的这支国际化的管理团队有很扎实的领导能力与丰富的管理经验，这是我组建这支团队的主要原因，同时我认为国际化的团队能够更好地融合不同国家与地区的文化，从而达到优势互补。目前宏力 95% 的员工都是中国本地人员，海外员工约 100 人，而其中大部分来自中国台湾地区。

——2010 年 9 月上海宏力总裁

处于同一领域的企业合作是张江与新竹 IC 跨界产业集群之间合作网络中相对较少的外部通道。张江园区内部分设计企业的大陆营销与运营体系完善，容易与新竹园区内技术层次较高的 IC 设计企业合作。如在 2009 年，张江园区内捷顶与台湾 TERAX 合并，整合营销与技术优势，强化了两地 IC 产业集群之间的合作。

随着张江 IC 设计企业的崛起，园区 IC 产业集群不仅与新竹建立了各种各样的联系，而且与其他地区具有企业合作、人才交流等联系，并通过全球半导体联盟扩展与世界其他地区之间的联系。2012 年，"ICRD – Synopsys 先进工艺技术联合实验室"成立，是由美国新思科技公司（Synopsys，Inc）和上海集成电路研发中心有限公司（ICRD）共同建立，以研究和开发与高阶工艺相关的各项技术。2012 年，张江高科技园区内锐迪科吸引海外高端人才 Novellus Systems 半导体系统产品执行副总裁陈（Fusen Chen）加盟，以开拓全球市场。2012 年，锐迪科共同创办人、董事长暨首席执行官戴保家成为亚太领袖议会成员，开拓了张江园区 IC 产业集群的全球联系。张江高科技园区 IC 产业集群不仅与硅谷、新竹等技术先进、高端人才汇聚的地区具有联系，而且与印度等新兴市场区域积极构建联系。2012 年，展讯通信与印度领先的手机品牌商 Micromax 公司建立合作关系，双方将共同拓展印度和其他新兴市场的手机业务。

7.3.3 自主创新能力提升推动张江与新竹 IC 产业集群跨界融合发展

张江与新竹 IC 跨界产业集群之间合作网络促使张江与新竹园区的优势资源结合，推动中国 IC 产业快速发展和技术能级快速提升。通过张江与新竹 IC 产业集群构建外部通道，张江园区内的市场等信息进入新竹园区 IC 企业中，为园区部分企业发展提供了新的机遇。同时新竹园区内知识技术等信息进入张江，促使张江园区内本土企业迅速发展，提升技术能级。通过这种隐性知识与显性知识的交流，张江与新竹园区 IC 产业集群的技术差距不断缩小，为张江与新竹 IC 产业集群融合发展提供了技术基础。近十年，张江园区集成电路产业自主知识产权申请和授权数量呈现大幅增长态势。2012 年张江园区集成电路产业专利申请数达 3 590 件，同比增长 78.8%，其中发明专利 3 259 件，同比增长 99.4%；授权数 1 598 件，同比增长 48.5%，其中发明专利授权数 1 224 件，同比增长 68.4%。在 "2011 年 IC 设计产业 CEO 论坛暨中国 IC 设计公司成就奖颁奖典礼"上，《电子工程专辑》出版人石博廉先生（Brandon Smith）表示："在过去十年间，我们见证了中国 IC 设计行业的迅速崛起及高速发展。当我们在 2002 年首次进行'中国 IC 设计公司调查'时，只有 20% 的中国 IC 设计公司采用 0.25 微米或以下的工艺技术，反之超过 72% 的美国已经采用 0.18 微米或以下的工艺技术。即使在五年前，中国在工艺技术方面的发展相比美国依然落后最少两个世代。但今年的调查结果显示，中国领先 IC 设计公司正投资在 28 纳米设计等技术上，以缩短产品面市时间及增强企业在全球市场的竞争力"。2011 年，台湾知名 IC 设计服务商创意电子中国区总裁居龙表示："我们看到大陆的新一代新兴设计包括 65 纳米和 40 纳米的数量非常多，大大超过台湾，虽然目前台湾的销售额仍是大陆的 4～5 倍。并且，ARM 最新的 Cortext A8/9/5/15 等在中国大陆的授权数是台湾的 4～5 倍"。

张江 IC 企业创新能力有较大提升，部分技术已经超过台湾，但一些高端技术仍然掌握在欧美企业手中。

——2012 年 12 月：张江某 IC 设计企业主管

在 IC 设计领域，张江 IC 设计企业依托接近巨大的市场等优势，获得快速发展，技术能级不断提升，推动张江 IC 产业集群自主创新能力不断提升。2009 年，张江地区手机芯片的营收在 3 亿美元左右，并且拥有展讯、锐迪科等创新能力较强的企业。2010 年，园区展讯与锐迪科分列中国 IC 设计产业前二、三名，主攻行动通讯芯片、3G 和智能型手机芯片领域，其产品是目前市场上最流行的智慧手持装置。在智能型手机芯片方面，中国白牌智慧机业者也采用本土芯片商如展讯的基频、CMMB、蓝牙等，而锐迪科、华芯等业者也已投入，以一颗用于白牌智能机中整合 BB + RF + PA + AP 以及 Wifi、蓝牙的芯片产品，价格可压低至 10 美元以下。由于在价格方面存在巨大优势，张江园区 IC 产业集群中展讯、锐迪科与格科微获得快速发展，其增长幅度远远高于联发科等企业（见表 7 - 1）。工研院 IEK 系统 IC 与制程研究部研究员蔡金坤补充，联发科去年面临展讯的强力挑战，流失不少中国大陆 2G 白牌手机市场占有率。

表 7 - 1　　　　　　　　　张江与新竹 IC 设计企业营业收入对比

中国台湾	2012 年前三季营收（百万新台币）	增长率（%）	中国大陆	2011 年营收（亿元人民币）	增长率（%）
联发科	45 250	13.5	海思	66.69	50.0
晨星	27 986	8.1	展讯	38.4	52.8
联咏	26 310	- 1.4	士兰微	19	7.3
群联	24 953	5.9	锐迪科	18.56	51.6
瑞昱	18 436	10.1	华大晶片	16.2	10.9
奇景	16 149	18.6	格科微	13.5	58.8
立锜	8 429	2.5	联芯科技	12	9.1
瑞鼎	7 813	13.6	中兴微	12	50.0
奕力	7 801	21.3	深圳国微	11.2	- 0.7
创意	6 782	0.0	Intel Asia Pacific R&D	10.6	31.3

注：标注企业为张江或新竹园区内 IC 设计企业．
资料来源：根据工研院 IEK、中国半导体行业协会 IC 设计分会、新电子整理．

网络权力与技术守门员是成熟阶段张江与新竹 IC 跨界产业集群之间合作网络作用的重要因素。在张江与新竹 IC 跨界产业集群之间合作网络中，台积电、联电、中芯国际等 IC 大型制造企业作为技术守门员对于网络中的合作具有重要影响。由于新竹园区内技术守门员台积电具有较高的技术等级，网络权力较高，所以不仅能够吸引新竹园区内的上下游企业进行合作，而且吸引张江园区内的企业与其进行合作。相比于台积电、联电等企业，中芯国际等虽然技术等级较低，但具有接近市场等优势，能够吸引新竹园区内部分 IC 设计企业进行合作。在张江与新竹 IC 产业集群中，位于不同网络位置的技术守门员所处的层级也不同，拥有的网络权力具有一定的差别。位于不同层级的技术守门员通过不同的网络权力会重新整合不同经济体中的创新资源，重组跨界企业网络结构，提升了资源的配置效率，推动了张江与新竹 IC 跨界产业集群之间合作网络创新发展。

在中国大陆较低成本与广阔市场的吸引下，硅谷、新竹等 IC 设计企业将研发设计中心不断前移进入张江，推动张江 IC 产业集群的发展，增加了张江与新竹 IC 产业集群之间的联系。

我觉得 IC 设计业在中国还刚刚起步，从规模和数量上还有很大的发展空间，由于中国在人力以及运营上的成本优势，包括设备、材料的成本，新竹等地的许多 IC 企业从成本资源上考虑，会陆续把研发和制造中心转移到中国来。

——2010 年 9 月上海宏力总裁

外部通道在促进张江与新竹 IC 跨界产业集群之间合作网络发展时，对于张江 IC 产业集群和新竹 IC 产业集群的作用是不同的。张江高科技园区 IC 产业集群在跨界合作的过程中获得了高端技术、人才，而且本土人才得到培养，形成国内 IC 产业的人才高地。此外，通过与新竹、硅谷等地的联系，张江园区内本土企业快速成长为地方网络内的技术守门员，并提升其在全球生产网络中的位置。对于新竹科学工业园区 IC 产业集群来说，与张江 IC 产业集群的外部通道虽然使得园区流失大陆 IC 人才，不过也促使新竹园区内企业获得新的发展机遇，开拓了大陆市场。

7.3.4 中介机构跨界合作制度的推动作用

张江与新竹两地制度推动各自 IC 产业集群研发能力升级。2005 年后，张江高科技园区相关管理部门通过制定研发激励政策，推动园区 IC 产业集群升级。2006 年，浦东新区人民政府《关于加快推进自主创新的决定》（浦委 [2006] 1 号），在更高起点上推进实施"聚焦张江"战略，进一步提升张江高科技园区自主创新能力。为进一步营造张江高科技园区的科学氛围，推动以产学研相结合为特征的创新体系和产城融合建设，张江高科技园区领导小组办公室于 2006 年 11 月 28 日制定沪张江园区办［2006］76 号《张江高科技园区科学专项实施办法》。2007 年 7 月 16 日，张江高科技园区管委会发布了沪张江园区管［2007］12 号《上海市张江高科技园区激励自主创新人才发展的暂行办法及实施细则》，有助于进一步完善张江园区创新创业人才的激励机制，提升自主创新能力，提高园区的国际竞争力。2008 年，10 月 10 日，上海海关提出了在张江推进以设计公司为龙头的集成电路产业链保税监管新模式试点。是年，国家税务局同意张江园区集成电路设计企业"自行设计、具有自主知识品牌、委托加工后出口的产品，视同自产产品，享受增值税免抵退"。为了推进张江高科技园区国家自主创新示范园区建设，浦东新区政府出台了浦府［2011］218 号《浦东新区人民政府关于印发推进张江核心园建设国家自主创新示范区若干配套政策的通知》（张江"新十条"），从股权激励、人才集聚、财税支持、金融服务、管理创新等方面推动园区自主创新能力提升。两地制度对于跨界产业集群之间合作网络外部通道促进作用。在吸引外界人才、企业等方面，张江与新竹园区都制定相关政策，以吸引境内外创新资源进入，形成外部通道。这种制度设计是有利于张江与新竹 IC 跨界产业集群之间合作网络的发展。

在融合发展阶段，中介组织的合作在一定程度上推动了张江与新竹 IC 跨界产业集群之间合作网络的进一步发展。由上海市集成电路行业协会和台湾区电机电子工业同业公会等中介机构组织的行业论坛对张江高科技园区与新竹科学工业园区 IC 产业集群的发展具有重要推动作用。2011 年 4 月 19 日，由上海市集成电路行业协会、台湾区电机电子工业同业公会、台湾半导体产业协会联合举办的海峡两岸（上海）集成电路产业合作发展论坛在上海举行。来自台积电、联发科技、中芯国际、日月光半导体、联芯科技、江阴长电科技、上海华力微电子等两岸高科技龙头企业围绕"集成电路产业转型升级与持续发展"展开"高峰对话"。在会上，台湾电机电子工业同业公会副理事长郑富雄指出，台湾科技业在产业和技术层面的成熟度都已具备国际实力。而大陆拥有巨大的市场空间，两岸企业通过上中下游产业链整合、市场整合、技术整合与人才整合等四方面携手合作，优势互补，共同提升两岸集成电路企业在全球市场上的地位。2012 年 4 月 11 日，海峡两岸（上海）集成电路产业合作发展论坛在台北举行。来自台湾工研院、台湾交通大学、骅升科技股份有限公司、环隆科技股份有限公司、瑞昱半导体股份有限公司、中华映管股份有限公司、合晶科技股份有限公司、力晶科技、意法半导体股份有限公司、世界先进积体电路股份有限公司、台湾汽车电子联盟、华力微电子、华虹 NEC、江苏长电科技、南通富士通、上海新阳半导体、上海硅知识产权交易中心、华润上华、中微半导体等两岸高科技企业及院校围绕"深入合作、携手发展，实现两岸集成电路产业的共同愿景"这一主题展开"高峰对话"。台积电、联发科技、中芯国际、华虹 NEC、宏力半导体、日月光半导体、联芯科技等两岸高科技龙头企业齐聚台北。这种论坛给张江与新竹 IC 跨界产业集群之间合作网络发展提供了新的发展契机。2013 年与 2014 年召开的海峡两岸（台北）集成电路产业合作发展论坛进一步推动两地集成电路产业集群合作网络的拓展。

新竹园区内的制度对于跨界产业集群之间合作网络外部通道具有一定的阻碍作用。中国台湾地区的政策措施在一定程度上阻碍了张江与新竹 IC 跨界产业集群之间合作网络的发展。为保持台湾 IC 产业的技术优势，台湾当局虽然放松台资企业进入大陆投资，但制定了种种限制措施，在某些方面阻止了张江与新竹 IC 产业集群的合作。一直以来，中国台湾当局限制岛内 IC 企业将高端技术及大批资金转移至中国大陆，导致台积电、联电、联发科等企业迟迟未能进入中国大陆。2007 年，虽然台湾经济主管部门宣布正式对大陆开放 8 英寸 0.18 微米半导体技术，但这一技术远远落后于国际顶尖水平。这种对于高端技术的海外转移政策阻止了新竹园区内 IC 企业在张江园区内的投资，阻碍了张江与新竹 IC 跨界产业集群之间合作网络的深化发展。

参 考 文 献

[1] Aage T. Acquisition of external information by industrial districts a case study of the leisure and sportswear industry in the industrial district of montebelluna, NE Italy [J]. Clusters, Industrial Districts and Firms: the Challenge of Globalization. (Paper presented at the Conference on) Modena, Italy, 2003 (9): September 12 – 13.

[2] Agrawal A., Cockburn I., McHale J. Gone but not forgotten: knowledge flows, labor mobility, and enduring social relationships [J]. Journal of Economic Geography, 2006, 6 (5): 571 – 591.

[3] Albino V., Carbonara N., Messeni P. A. Technology districts: proximity and knowledge access [J]. Journal of Knowledge Management, 2007, 11 (5): 98 – 114.

[4] Allen T. J. Managing the flow of technology. Technology transfer and the dissemination of technological information within the R&D organization [M]. Cambridge: MA, MIT Press, 1977.

[5] Amin A. Spatialities of globalization [J]. Environment and Planning A, 2002, 34 (3): 385 – 399.

[6] Arundel A., Casali L., Hollanders H. How European public sector agencies innovate: The use of bottom-up, policy-dependent and knowledge-scanning innovation methods [J]. Research Policy, 2015 (44): 1271 – 1282.

[7] Bair J., Gereffi G. Local clusters in global chains: thecauses and consequences of export dynamism in Torreon' sblue jeans industry [J]. World Development, 2001, 29 (11): 1885 – 1903.

[8] Bathelt H., Armin G. Internal and external dynamics of the Munich film and TV industry cluster, and limitations to future growth [J]. Environment and Planning A, 2008, 40 (8): 1944 – 1965.

[9] Bathelt H., Cohendet P. The creation of knowledge: local building,

global accessing and economic development—toward an agenda ［J］. Journal of Economic Geography, 2014, 14 (2): 869 – 882.

［10］ Bathelt H. , Feldman M. P. , Kogler D F. Beyond territory: dynamic geographies of knowledge creation, diffusion and innovation ［M］. New York: Routledge, 2011.

［11］ Bathelt H. , Malmberg A. , Maskell P. Clusters and knowledge: Local buzz, global pipelines and the process of knowledge creation ［J］. Progress in Human Geography, 2004, 28 (1): 31 – 56.

［12］ Beinhocker E. D. The Origin of Wealth: Evolution, Complexity and the Radical Remaking of Economics ［M］. London: Random House, 2006.

［13］ Belussi F. , Sammarra A. , Sedita S. R. Managing long distance and localized learning in the Emilia Romagna life science cluster ［J］. European Planning Studies, 2008, 16 (5): 665 – 692.

［14］ Berger S. , Lester R. K. Global Taiwan: Building competitive strengths in a new international economy ［M］. Armonk and London: ME Sharpe, 2005.

［15］ Bergman E. M. Cluster life-cycles: an emerging synthesis. In: Karlsson, C. (Ed.), Handbook of Research on Cluster Theory, Handbooks of research on clusters series. Edward Elgar, Northampton, MA, 2008.

［16］ Betts B. , Heinrich C. Adapt or Die: Transforming your supplying chain into adaptive business network ［M］. Hoboken: John WileySons, 2003: 20 – 25.

［17］ Blatter J. From spaces of place to spaces of flows? Territorial and functional governance in cross-border regions in Europe and north America ［J］. International Journal of Urban and Regional Research, 2004, 28 (3): 530 – 548.

［18］ Boschma R. A. , Frenken K. Why is economic geography not an evolutionary science? Towards an evolutionary economic geography ［J］. Journal of Economic Geography, 2006, 6 (3): 273 – 302.

［19］ Boschma R. A. , FrenkenK. Some notes on institutions in evolutionary economic geography ［J］. Economic Geography, 2009, 85 (2): 151 – 158.

［20］ Boschma R. A. , Martin R. Constructing an evolutionary economic geography ［J］. Journal of Economic Geography, 2006, 7 (5): 537 – 548.

［21］ Boschma R. A. , Martin R. The handbook of evolutionary economic geography ［M］. Cheltenham, UK and Northampton, MA, USA: Edward Elgar, 2010.

[22] Bramwell A., Nelles J., Wolfe D. A. Knowledge, innovation and insti-tutions: Global and Local Dimensions of the ICT Cluster in Waterloo, Canada [J]. Regional Studies, 2008, 42 (1): 101 – 116.

[23] Bresnahan T., Gambardella A. Building high-tech clusters: Silicon Val-ley and beyond [M]. Cambridge, UK: Cambridge University Press, 2004.

[24] Bridge G. Mapping the terrain of time-space compression: Power net-works in every-day life [J]. Environment and Planning D: Society and Space, 1997, 15 (5): 11 – 26.

[25] Brown J. S., Dugid P. Organizational learning and community of prac-tice: toward a unified view of working, learning and innovation [J]. Organization Science, 1991, 2 (1): 40 – 57.

[26] Brown R. Cluster dynamics in theory and practice with application to Scot-land [R]. Regional and Industrial Policy Research Paper, 2000, 38. UK: Europe-an Policies ResearchCentre, University of Strathclyde.

[27] Bunnell T. G., Coe N M. Spaces and scales of innovation [J]. Progress in Human Geography, 2001, 25 (5): 69 – 89.

[28] Carneiro A., Pereira M., Britto G. Building capabilities through global innovation networks: case studies from the Brazilian automotive industry [J]. Inno-vation and Development, 2012, 2 (2): 248 – 264.

[29] Chaminade C., Fuentes C. Competences as drivers and enablers of glo-balization of innovation: the Swedish ICT industry and emerging economies [J]. In-novation and Development, 2012, 2 (2): 248 – 264.

[30] Chen Y. C. The limits of Brain – Circulation: Chinese returnees and tech-nological development in Beijing [J]. Pacific Affairs, 2008, 81 (2): 195 – 215.

[31] Chou T. L., Ching C. H., Fan S. M., Chang J. Y. Global linkages, the Chinese high-tech community and industrial cluster development: the semicon-ductor industry in Wuxi, Jiangsu [J]. Urban Studies, 2011, 48 (14) 3019 – 3042.

[32] Coe N. M., Dicken P., Hess M. Global production networks: realizing the potential [J]. Journal of Economic Geography, 2008, 9 (8): 271 – 295.

[33] Coe N. M., Hess M., Yeung H. W. C., Dicken P., Henderson J. "Globalizing" regional development: a global production networks perspective [J]. Transactionsof the Institute of British Geographers, 2004, 29 (4): 468 – 484.

　　[34] Coe N. M., Dicken P., Hess M. Making connections: global production networks and world city networks [J]. Global Networks – A Journal Of Transnational Affairs, 2010, 10 (1): 138 – 149.

　　[35] Coe N. M., Wrigley N. Host economy impacts of transnational retail: the research agenda [J]. Journal Of Economic Geography, 2007, 7 (4): 341 – 371.

　　[36] Cohen W., Levinthal D. Absorptive capacity: A new perspective on learning and Innovation [J]. Administrative Science Quarterly, 1990 (35): 128 – 152.

　　[37] Contu A., Willmott H. Re-embedding situatedness: the importance of power relationsin learning theory [J]. Organization Science, 2003, 14 (3): 283 – 296.

　　[38] Cooke P., Asheim B., Boschma R. et al. Handbook of regional innovation and growth [M]. Cheltenham, UK and Northampton, MA, USA: EdwardElgar, 2011.

　　[39] Crescenzi R., Pietrobelli C., Rabellotti R. Innovation drivers, value chains and the geography of multinational corporations in Europe [J]. Journal of Economic Geography, 2014, 14 (6): 1053 – 1086.

　　[40] Crescenzi R., Pietrobelli C., Rabellotti R. Innovation drivers, value chains and the geography of multinational corporations in Europe [J]. Journal of Economic Geography, 2014, 14 (6): 1053 – 1086.

　　[41] DeMartino R., Reid D. M., Zygliodopoulos S. C. Balancing localization and globalization: Exploring the impact of firm internationalization on a regional cluster [J]. Entrepreneurship and Regional Development, 2006, 18 (1): 1 – 24.

　　[42] Dicken P., Kelly P., Olds K., Yeung H. W. C. Chains and networks, territories and scales: towards a relational framework for analyzing the global economy [J]. Global Networks, 2001, 1 (1): 99 – 123.

　　[43] Dicken P., Malmberg A. Firms in territories: a relational perspective [J]. Economic Geography, 2001, 77 (4): 45 – 363.

　　[44] Ejermo O., Karlsson C. Interregional inventor networks as studied by patent coinventorships [J]. Research Policy, 2006, 35 (3): 412 – 430.

　　[45] Engel J. S., del – Palacio I. Global clusters of innovation: the case of Israel and Silicon Valley [J]. California Management Review, 2011, 53 (2): 27 – 49.

[46] Engel J. S., del – Palacio I. Global networks of clusters of innovation: accelerating the innovation process [J]. Business Horizons, 2009, 52 (5): 493 – 503.

[47] Ernst D., Kim L. Global production networks, knowledge diffusion and local capability formation [J]. Research Policy, 2002, 31 (8): 1417 – 1429.

[48] Ernst D. Asia's 'Upgrading through innovation' strategies and global innovation networks: an extension of Sanjayalall's research agenda [J]. Transnational Corporations, 2008, 17 (3): 31 – 57.

[49] Ernst D. Global production networks and the changing geography of innovation systems. implications for developing countries [J]. Economics of Innovation and New Technologies, 2002, 11 (6): 497 – 523.

[50] European Commission. Regional cluster in Europe [M]. 2002.

[51] Faulconbridge J. London and New York's advertising and law clusters and their networks of learning: Relational analyses with a politics of scale? [J]. Urban Studies, 2007, 44 (9): 1635 – 1656.

[52] Filatotchev I., Liu X. H., Lu J. Y., Wright M. Knowledge spillovers through human mobility across national borders: Evidence from Zhongguancun Science Park in China [J]. Research Policy, 2011, 40 (3): 453 – 462.

[53] Foster J. From simplistic to complex systems in economics [J]. Cambridge Journal of Economics, 2005, 29 (6): 873 – 892.

[54] Fox S. Communities of practice, Foucault and actor-network theory [J]. Journal of Management Studies, 2000, 37 (6): 853 – 867.

[55] Freeman J., Engel J. Models of innovation: Startups and mature corporations [J]. California Management Review, 2007, 50 (1): 94 – 119.

[56] Frenken K., Boschma R. A. A theoretical framework for evolutionary economic geography: industrial dynamics and urban growth as a branching process [J]. Journal of Economic Geography, 2007, 7 (5): 635 – 649.

[57] Frenken K. Applied evolutionary economics and economic geography [M]. Cheltenham, UK and Northampton, MA, USA: Edward Elgar, 2007.

[58] Gagné M., Townsend S. H., Bourgeois I., Isabelle B., Rebecca H. E. Technology cluster evaluation and growth factors: literature review [J]. Research Evaluation, 2010, 19 (2): 82 – 90.

[59] Gastrow M., Kruss G. Skills and the formation of global innovation net-

works: a balancing act [J]. Innovation and Development, 2012, 2 (2): 303 – 323.

[60] Gereffi G., Humphrey J., Kaplinsky R and Sturgeon T. Introduction: globalization value chains and development [J]. IDS Bulletin, 2001, 32 (3): 1 – 8.

[61] Gereffi G., Kaplinsky R. The value of value chains: spreading the gains from globalization [J]. IDS Bulletin, 2001, 32 (3): 54 – 71.

[62] Gereffi G. Global commodity chains: new forms of co-ordination and control among nations and firms in international industries [J]. Competition and Change, 1996 (1): 427 – 439.

[63] Gereffi G. Global value chains in a post – Washington Consensus world [J]. Review of International Political Economy, 2014, 21 (1): 9 – 38.

[64] Gereffi G. The organization of buyer-driven global commodity chains: how US retailers shape overseas production networks in Gereffi G and Korzeniewicz M eds Commodity chains and global capitalism [M]. Westport: Praeger CT, 1994.

[65] Gertler M. S., Wolfe D. A. Spaces of knowledge flows. Clusters in a global context, in Asheim B. T., Cooke P. and Martin R. clusters and regional development. Critical reflections and explorations [M]. Routledge, London, 2006.

[66] Gertler M., Levitte Y. Local nodes in global networks: The geography of knowledge flows in biotechnology innovation [J]. Industry and Innovation, 2005, 2 (4): 487 – 507.

[67] Giblin M. Managing the global-local dimensions of clusters and the role of "lead" organizations: the contrasting cases of the software and medical technology clusters in the west of Ireland [J]. European Planning Studies, 2011, 19 (1): 23 – 42.

[68] Giuliani E., Bell M. The micro-determinants of meso-level learning and innovation: evidence from a Chilean wine cluster [J]. Research Policy, 2005, 34 (1): 47 – 68.

[69] Giuliani E., Rabellotti R and Pietrobelli C. Upgrading in global value chains: lessons from latin american clusters [J]. World Development, 2005, 33 (4): 549 – 573.

[70] Giuliani E. Cluster absorptive capability: an evolutionary approach for industrial clusters in developing countries [R]. Paper to be presented at the DRU ID

Summer Conference on "Industrial Dynamics of the New and Old Economy – Who is embracing whom?" 2002. Copenhagen/ Elsinore 6 – 8.

[71] Giuliani E. Cluster absorptive capacity: why do some clusters forge ahead and others lag behind? [J]. European Urban and Regional Studies, 2005, 12 (3): 269 – 288.

[72] Giuliani E. Knowledge in the air and its uneven distribution: a story of a Chilean wine cluster [N]. Paper presented at the Danish Research Unit for Industrial Dynamics (DRUID), Winter Conference, Aalborg, Denmark, 2003.

[73] Giuliani E. Role of technological gatekeepers in the growth of industrial clusters: evidence from Chile [J]. Regional Studies, 2011, 45 (10): 1329 – 1348.

[74] Gluckler J. Economic geography and the evolution of networks [J]. Journal of Economic Geography, 2007, 7 (5): 619 – 634.

[75] Gould R. V. , Fernandez R. M. Structures of mediation: a formal approach to brokerage in transaction networks [J]. Sociological Methodology, 1989 (19): 89 – 126.

[76] Graf H. Gatekeepers in regional networks of innovators [J]. Cambridge Journal of Economics, 2011, 35 (1): 173 – 198.

[77] Haakonsson S. J. The globalization of innovation in the Danish food industry: exploitation and exploration of emerging markets [J]. Innovation and Development, 2012, 2 (2): 230 – 247.

[78] Haberly D. , Wojcik D. Regional blocks and imperial legacies: mapping the global offshore FDI network [J]. Economic Geography, 2014, 91 (3): 251 – 280.

[79] Hagedoorn J. Understanding the rational of strategic technology partnering: Interorganizational modes of cooperation and sectoral differences [J]. Strategic Management Journal. 1993 (14): 371 – 385.

[80] Hakansson H. Industrial technological development: a network approach [M]. London: Croom Helm, 1987.

[81] Handley K. , Sturdy A. , Fincham R. , Clark T. Within and beyond communities of practice: making sense of learning through participation, identity and practice [J]. Journal of Management Studies, 2006, 43 (3): 641 – 653.

[82] Henderson J. , Dicken P. , Hess M. , Coe N. and Yeung H. W. C.

Global production networks and the analysis of economic development [J]. Review of International Political Economy, 2002, 9 (3): 436 – 464.

[83] Henderson J., Nadvi K. Greater China, the challenges of global production networks and the dynamics of transformation [J]. Global Networks, 2011, 11 (3): 285 – 297.

[84] Henn S. Transnational entrepreneurs, global pipelines and shifting production patterns: The example of the Palanpuris in the diamond sector [J]. Geoforum, 2012, 43 (3): 497 – 506.

[85] Hervas – Oliver J. L., Gonzalez G., Caja P., Sempere – Ripoll F. Clusters and industrial districts: where is the literature going? identifying emerging sub-fields of research [J]. European Planning Studies, 2015, 23 (9): 1827 – 1851.

[86] Hess M., Coe N. M. Making connections: global production networks, standards, and embeddedness in the mobile-telecommunications industry [J]. Environment and Planning A, 2006, 38 (7): 1205 – 1227.

[87] Hess M., Yeung HWC. Whither global production networks in economic geography? Past, present, and future [J]. Environment and Planning A, 2006, 38 (7): 1193 – 1204.

[88] Hoekman J., Frenken K., Van O. F. The geography of collaborative knowledge production in Europe [J]. Annals of Regional Science, 2008, 43 (2): 721 – 738.

[89] Horner R. Strategic decoupling, recoupling and global production networks: India's pharmaceutical industry [J]. Journal of Economic Geography, 2014, 14 (3): 1117 – 1140.

[90] Hsu J. Y., Saxenian A. The limits of Guanxi capitalism: transnational collaboration between Taiwan and the USA [J]. Environment and Planning A, 2000, 32 (11): 1991 – 2005.

[91] Huber F. Do clusters really matter for innovation practices in information technology? Questioning the significance of technological knowledge spillovers [J]. Journal of Economic Geography, 2012, 12 (1): 107 – 126.

[92] Humphrey J., Schmitz H. Governance and upgrading: linking industrial cluster and global value-chain research Institute of Development Studies [J]. University of Sussex, IDS Working Paper, 2000: 120.

［93］ Humphrey J. Opportunities for SMEs in developing countries to upgrade in a global economy ［J］. SEED working paper, 2001, 43.

［94］ Ibrahim S. E. , Fallah M. H. , Reilly R. R. Localized sources of knowledge and the effect of knowledge spillovers: an empirical study of inventors in the telecommunications industry ［J］. Journal of Economic Geography, 2009, 9 (3): 405 – 431.

［95］ Isaksen A. 'Lock-in' of regional clusters: the case of offshore engineering in the Oslo region, in Fornahl D and Brenner T, Cooperation, networks and Institutions in regional innovation systems ［M］. Cheltenham, UK and Northampton, MA, USA: Edward Elgar, 2003.

［96］ Isaksen A. Innovation dynamics of global competitive regional clusters: The case of the Norwegian Centres of expertise ［J］. Regional Studies, 2009, 43 (9): 1155 – 1166.

［97］ Jorg M. S. Path dependence in regional development: persistence and changes in three industrial clusters in Santa Catarina, Brazil ［J］. World Development, 1998, 26 (8): 1495 – 1511.

［98］ Karlsen A. , Nordhus M. Between close and distanced links: Firm internationalization in a subsea cluster in Western Norway. Norsk Geografisk Tidsskrift – Norwegian ［J］. Journal of Geography, 2011, 65 (4): 202 – 211.

［99］ Karlsen A. "Cluster" creation by reconfiguring communities of practice ［J］. European Planning Studies, 2011, 19 (5): 753 – 773.

［100］ Kawai N. 2012. The influence of external network ties on organisational performance: evidence from Japanese manufacturing subsidiaries in Europe ［J］. European Journal of International Management, 2012, 6 (2): 221 – 242.

［101］ Kelly P. F. From global production networks to global reproduction networks: households, migration, and regional development in Cavite, the Philippines ［J］. Regional Studies, 2009, 43 (3): 449 – 461.

［102］ Lata R. , Scherngell T. , Brenner T. Integration processes in european research and development: a comparative spatial interaction approach using project based research and development networks, co-patent networks and co-publication networks ［J］. Geographical Analysis, 2015, 28 (1): 1 – 27.

［103］ Lata R. , Scherngell T. , Brenner T. Integration processes in european research and development: a comparative spatial interaction approach using project based research and development networks, co-patent networks and co-publication networks [J]. Geographical Analysis, 2015, 28 (1): 1 – 27.

[104] Lave J. , Wenger E. Situated learning: legitimate peripheral participation [M]. Cambridge: Cambridge University Press, 1991.

[105] Lazaric N. , Longhi C. , Thomas C. Gatekeepers of knowledge versus platforms of knowledge: from potential to realized absorptive capacity [J]. Regional Studies, 2008, 42 (6): 837 – 852.

[106] Lechner C. , Dowling M. Firms network: external relationships as sources for the growth and competitiveness of entrepreneurial firms [J]. Entrepreneurship & Regional Development, 2003, 15 (1): 1 – 26.

[107] Lee C. K. How does a cluster relocate across the border? The case of information technology cluster in the Taiwan – Suzhou region [J]. Technological Forecasting & Social Change, 2009, 76 (3): 371 – 381.

[108] Lema R. , Quadros R. , Schmitz H. Reorganising global value chains and building innovation capabilities [J]. Research Policy, 2015, 44 (7): 1376 – 1386.

[109] Li P. F. , Bathelt H. , Wang J. C. Network dynamics and cluster evolution: changing trajectories of the aluminum extrusion industry in Dali, China [J]. Journal of Economic Geography. 2011, 12 (1): 1 – 29.

[110] Li P. F. Global temporary networks of clusters: structures and dynamics of trade fairs in Asian economies [J]. Journal of Economic Geography, 2014, 14 (2): 995 – 1021.

[111] Lorentzen A. The geography of knowledge sourcing—a case study of polish manufacturing enterprises [J]. European Planning Studies, 2009, 15 (4): 467 – 486.

[112] Lorentzen J. , Gastrow M. Multinational strategies, local human capital, and global innovation networks in the automotive industry: case studies from Germany and South Africa [J]. Innovation and Development, 2012, 2 (2): 265 – 284.

[113] Lorenzen M. , Mudambi R. Clusters, connectivity and catch-up: Bollywood and Bangalore in the global economy [J]. Journal of Economic Geography, 2012, 13 (2): 1 – 34.

[114] Lovering J. Theory led by policy: the inadequacies of the ' New Region-

alism' [J]. International Journal of Urban and Regional Research, 1999, 23 (3): 79 - 95.

[115] Lucas M. , Sands A and Wolfe D A. Regional clusters in a global indus-try: ICT clusters in Canada [J]. European Planning Studies, 2009, 17 (2): 189 - 209.

[116] Lundquist K. , Trippl M. Towards cross-border innovation spaces: A theoretical analysis and empirical comparison of the Öresund region and the Centrope area [J]. SRE Discussion Paper. Vienna University of Economics and Business, 2009.

[117] Lundquist K. , Winther L. The interspaces between Denmark and Swe-den: The industrial dynamics of the Öresund Cross - Border region [J]. Danish Journal of Geography 2006, 106 (1): 115 - 129.

[118] MacKinnon D. , Cumbers A. , Chapman K. Learning, innovation and regional development: a critical appraisal of recent debates [J]. Progress in Human Geography, 2002, 26 (3): 293 - 311.

[119] MacLeod G. New regionalism reconsidered: globalization and the rema-king of political economic space [J]. International Journal of Urban and Regional Research, 2001, 25 (8): 4 - 29.

[120] Malipiero A. , Munari F. , Sobrero M. Focal firms as technological gatekeepers within industrial districts: evidence from the packaging machinery indus-try [N]. Paper presented at the DRUID Winter Conference, Skørping, Denmark, 2005.

[121] Malmberg A. , Maskell P. Localized learning revisited [J]. Growth and Change, 2006, 37 (1): 1 - 18.

[122] Malmberg A. , Power D. On the role of global demand in local innova-tion processes. Fuchs, G. & Shapira, P. (eds.) Rethinking regional innovation and change: path dependency or regional breakthrough? [J]. Springer, New York, 2005: 273 - 290.

[123] Marin G. , Marzucchi A. , Zoboli R. SMEs and barriers to Eco-innova-tion in the EU: exploring different firm profiles [J]. Journal of Evolutionary Eco-nomics, 2015, 25 (3): 671 - 705.

[124] Markusen A. Stricky places in slippery: a typology of industrial districts [J]. Economic Geography, 1996, 72 (3): 293 - 313.

[125] Marshall N. , Rollinson J. Maybe Bacon had a point: the politics of interpretation in collective sense making [J]. British Journal of Management, 2004, 15: S71 – S86.

[126] Martin R. , Sunley P. Deconstructing clusters: Chaotic concept or policy panacea? [J]. Journal of Economic Geography, 2003, 3 (1): 37 – 56.

[127] Metcalfe J. S. , Foster J. , Ramlogan R. Adaptive economic growth [J]. Cambridge Journal of Economics, 2006, 30 (1): 7 – 32.

[128] Molina – Morales F. X. , Belso – Martínez J. A. , Más – Verdú F. , Martínez – Cháfer L. Formation and dissolution of inter-firm linkages in lengthy and stable networks in clusters [J]. Journal of Business Research 2015, 68 (7): 1557 – 1562.

[129] Moodysson J. Principles and practices of knowledge creation: on the organization of 'buzz' and 'pipelines' in life science communities [J]. Economic Geography, 2008, 84 (4): 449 – 469.

[130] Morrison A. Gatekeepers of knowledge within industrial districts: who they are, how they interact [J]. Regional Studies, 2008, 42 (6): 817 – 835.

[131] Mutch A. Communities of practice and habitus: a critique [J]. Organization Studies, 2003, 24 (3): 383 – 401.

[132] Nachum L. , Keeble D. Neo – Marshall an clusters and global networks: The linkages of media firms in Central London [J]. Long Range Planning, 2003, 36 (5): 459 – 480.

[133] Nijkamp P. , Siedschlag I. Innovation, growth and competitiveness [M]. Berlin, Heidelberg and New York: Springer, 2011.

[134] Nunes S. , Lopes R. Firm Performance, innovation modes and territorial embeddedness [J]. European Planning Studies, 2015, 23 (9): 1796 – 1826.

[135] Owen – Smith J. , Powell W. W. Knowledge networks as channels and conduits: The effects of spillovers in the Boston biotechnology community [J]. Organization Science 2004, 15 (1): 5 – 21.

[136] Owen – Smith J. , Powell W. W. Knowledge networks in the Boston biotechnology community [C]. Paper presented at the Conference on 'Science as an Institution and the Institutions of Science' in Siena, 2002, 25 – 26 January.

[137] Perkmann M. Cross-border regions in Europe significance and drivers of cross-border co-operation [J]. European Urban and Regional Studies, 2003, 10

(2): 153 – 171.

[138] Petruzzelli A. M., Albino V., Carbonara N. External knowledge sources and proximity [J]. Journal of Knowledge Management, 2009, 13 (5): 301 – 318.

[139] Petruzzelli A. M. Proximity and knowledge gatekeepers: The case of the Polytechnic University of Turin [J]. Journal of Knowledge Management, 2008, 12 (5): 34 – 51.

[140] Piore M. and Sabel C. The second industrial divide: possibilities for prosperity [M]. New York: Basic Books, 1984.

[141] Porter M. E. Clusters and competition: new agendas for companies, governments and institutions [M]. Boston: Harvard Business Review, 1998b.

[142] Porter M. E. Clusters and the new economics of competition [J]. Harvard Business Review, 1998a (76): 77 – 90.

[143] Porter M. E. The competitive advantage of nations [M]. Free Press, New York, 1990.

[144] Posner M. International trade and technical change [J]. Oxford Economic Papers, 1961, 13 (3): 323 – 341.

[145] Potts J. The new evolutionary micro-economics: complexity, competence and adaptive behavior [M]. Cheltenham, UK and Northampton, MA, USA: Edward Elgar, 2000.

[146] Powell T. C. Organizational alignment as competitive advantage [J]. Strategic Management Journal, 1992 (13): 119 – 134.

[147] Powell W. W. Neither market nor hierarchy: network forms of organization [J]. Greenwich, CT: AI Press, 1990 (12): 295 – 336.

[148] Rajan R., Zingales L. The firm as a dedicated hierarchy: a theory of the origins and growth of firms [M]. NBER Working Paper, 2000.

[149] Rehm S. V., Goel L. The emergence of boundary clusters in inter-organizational innovation [J]. Information and Organization, 2015 (25): 27 – 51.

[150] Roberts J. Limits to communities of practice [J]. Journal of Management Studies, 2006, 43 (3): 623 – 639.

[151] Roelandt T., Gilsing V., Sinderen J. New policies for the new economy cluster-based innovation policy: international experiences [C]. The 4th Annual EUNIP Conference. Tilburg, the Netherlands, 7 – 9 December, 2000.

［152］Rosenfeld S. A. Bringing business clusters into the mainstream of economic development ［J］. European Planning Studies, 1997, (5) 1: 3 – 23.

［153］Rosser J. B. Handbook of research on complexity, Cheltenham, UK and Northampton, MA, USA: Edward Elgar, 2009.

［154］Salamonsen K. The effects of exogenous shocks on the development of regional innovation systems ［J］. 2015, 23 (9): 1770 – 1795.

［155］Saxenian A. , Hsu J. Y. Transnational communities and industrial upgrading: the silicon valley – Hsinchu connection ［J］. Industrial and Corporate Change, 2001, 10 (4): 893 – 920.

［156］Saxenian A. From brain drain to brain circulation: transnational communities and regional upgrading in India and China ［J］. Studies in Comparative International Development, 2005, 40 (2): 35 – 61.

［157］Saxenian A. The new Argonauts: regional advantage in a global economy ［M］. Cambridge, Mass: Harvard University Press, 2006.

［158］Saxenian A. Transnational communities and the evolution of global production networks: the cases of Taiwan, China and India ［J］. Industry and Innovation, 2002, 9 (3): 183 – 202.

［159］Scherngell T. , Barber M. J. Spatial interaction modeling of cross-region R&D collaborations: empirical evidence from the 5th EU framework programme ［J］. Regional Science, 2009, 88 (3): 531 – 546.

［160］Scott A. J. New industrial spaces ［M］. Pion: London, 1988.

［161］Scott A. J. Technopolis: high-technology industry and regional development in southern California ［M］. Oxford: University of California Press, 1993.

［162］Smith A. Power relations, industrial clusters, and regional transformations: Pan – European integration and outward processing in the Slovak clothing industry ［J］. Economic Geography, 2003, 79 (1): 17 – 40.

［163］Sonderegger P. , Taube F. Cluster life cycle and diaspora effects: Evidence from the Indian IT cluster in Bangalore ［J］. Journal of International Management. 2010, 16 (4): 1 – 15.

［164］Sonderegger P. The role of place in global innovation: the case of information technology R&D centers in Bangalore, India ［D］. Columbia University, 2008.

［165］Storper M. , Christopherson S. Flexible specialization and regional industrial agglomeration ［J］. Annals of the Association of American Geographers, 1987, 77 (1): 104 - 117.

［166］ Storper M. The regional world: territorial development in global economy ［M］. New York: The Guilford Press, 1997.

［167］ Sturgeon T. J. How do we define value chains and production networks ［Z］. IDS (Institute of Development Study, University of Sussex) Bulletin, 2002, 32 (3).

［168］ Taylor M. Enterprise, power and embeddedness: an empirical explora-tion ［C］. In: Vatne E, Taylor M. The networked firm in a global world: small firms in new environments. Aldershot and Burlington, VT: Ashgate, 2000. 199 - 233.

［169］ Templeton B. The real secret behind Silicon Valley's success. 2012 - 7 - 11. http: //www. forbes. com/sites/singularity/2012/07/11/the-real-secret-behind-silicon-valleys-success/.

［170］ Tödtling F. , Grillitsch M. Does combinatorial knowledge lead to a better innovation performance of firms? ［J］. European Planning Studies, 2015, 23 (9): 1741 - 1758.

［171］ Todtling F. , Lehner P. , Trippl M. Innovation in knowledge intensive industries: The nature and geography of knowledge links ［J］. European Planning Studies, 2006, 14 (8): 1035 - 1058.

［172］ Trippl M. , Tödtling F. , Lengauer L. Knowledge Sourcing Beyond Buzz and Pipelines: Evidence from the Vienna Software Sector ［J］. Economic Geogra-phy, 2009, 85 (4): 443 - 462.

［173］ Trippl M. Developing cross-border regional innovation systems: key fac-tors and challenges ［J］. Tijdschrift Voor Economische En Sociale Geografie, 2010, 101 (2): 150 - 160.

［174］ Tushman M. L. , Katz R. External communication and project perform-ance: An investigation into the role of gatekeepers ［J］. Management Science. 1980, 261071 - 261085.

［175］ Waxell A. , Malmberg A. What is global and what is local in knowledge-generating interaction? The case of the biotech cluster in Uppsala, Sweden ［J］. En-trepreneurship & Regional Development, 2007, 19 (2): 137 - 159.

［176］ Wei Y. H. D. , Liefner I. and Miao C. H. Network configurations and

R&D activities of the ICT industry in Suzhou municipality China [J]. Geoforum, 2011, 42 (4): 484 – 495.

[177] Wei Y. H. D. , Luo J. , Zhou Q. Location decisions and network configurations of foreign investment in urban China [J]. The Professional Geographer, 2010, 62 (2): 264 – 283.

[178] Wenger E. C. , Snyder W. M. Communities of practice: the organizational frontier [J]. Harvard Business Review, 2000 (1): 139 – 145.

[179] Wenger E. , McDermott R. A. , Snyder W. Cultivating communities of practice: a guide to managing knowledge [M]. Boston: Harvard Business School Press, 2002.

[180] Wenger E. Communities of practice and social learning systems [J]. Organization, 2000, 7 (2): 225 – 246.

[181] Wenger E. Communities of practice: learning, meaning, and identity [M]. Cambridge: Cambridge University Press, 1998.

[182] Wickham J. , Vecchi A. Local firms and global reach: business air travel and the irish software cluster [J]. European Planning Studies, 2008, 16 (5): 693 – 710.

[183] Williamson. Transaction cost economics: the governance of contractual relations [J]. Journal of law and Economics, 1979, 22 (4): 3 – 61.

[184] Witt U. Evolutionary economics, papers on economics and evolution [R]. No. 0605, Jena: Max Planck Institute of Economics, Evolutionary Economics Group, 2006.

[185] Witt U. The evolving economy: essays on the evolutionary approach to economics [M]. Cheltenham, UK and Northampton, MA, USA: Edward Elgar, 2003.

[186] Yang Y. R. , Hsia C. J. Spatial clustering and organizational dynamics of transborder production networks: a case study of Taiwanese information-technology companies in the Greater Suzhou Area, China [J]. Environment and Planning A, 2007, 39: 1346 – 1363.

[187] Yeung H. W. C. , Coe N. M. Toward a dynamic theory of global production networks [J]. Economic Geography, 2014, 91 (1): 29 – 58.

[188] Yeung H. W. C. Regional development and the competitive dynamics of global production networks: An East Asian perspective [J]. Regional Studies,

2009a, 43 (3): 325 – 351.

［189］Yeung H. W. C. Transnational corporations, global production networks, and urban and regional development: a geographer's perspective on multinational enterprises and the global economy ［J］. Growth and Change, 2009b, 40 (2): 197 – 226.

［190］Yeung H. W. C. Transnationalizing entrepreneurship: A critical agenda for economic geography ［J］. Progress in Human Geography, 2009c, 33 (2): 210 – 235.

［191］Zaheer S., Lamin A., Subramani M. Cluster capabilities or ethnic ties? Location choice by foreign and domestic entrants in the services off shoring industry in India ［J］. Journal of International Business Studies, 2009, 40: 944 – 968.

［192］Zeller C. The pharma-biotech complex and interconnected regional innovation arenas ［J］. Urban Studies, 2010, 47 (3): 2867 – 2894.

［193］巴泽尔. 产业集群研究的新视角 ［J］. 世界地理研究, 2005, 14 (1): 1 – 8.

［194］白景锋, 周旗, 王海洋. 基于 GIS 的我国汽车产业空间布局与市场耦合分析 ［J］. 世界地理研究, 2011, 20 (3): 112 – 118.

［195］彼得·迪肯著, 刘卫东等译. 全球性转变: 重塑 21 世纪的全球经济地图 ［M］. 北京: 商务印书馆, 2009.

［196］蔡南雄. 全球 IC 产业的演变与中国 IC 产业的振兴之路 ［J］. 集成电路应用, 2003 (2): 9 – 14.

［197］柴忠东, 施慧家. 新新贸易理论 "新" 在何处——异质性企业贸易理论剖析 ［J］. 国际经贸探索, 2008 (12): 14 – 18.

［198］陈爱玮, 卢仁祥. 基于成本视角的国际直接投资与国际贸易问题研究 ［J］. 商业时代, 2012 (32): 43 – 44.

［199］陈建华. 知识管理的新趋势: 确认和支持实践社区 ［J］. 外国经济与管理, 2001 (6): 34 – 37.

［200］陈金丹, 黄晓. 集群协同创新网络研究回顾与未来展望 ［J］. 科技进步与对策, 2015, 32 (7): 155 – 160.

［201］陈守明, 李杰. 外部联系与我国知识密集型服务业产业集群的发展 ［J］. 科技进步与对策, 2009, 26 (12): 62 – 65.

［202］单双, 曾刚等. 国外临时性产业集群研究进展 ［J］. 世界地理研

究，2015，24（2）：115 – 122.

[203] 董美玲. "斯坦福—硅谷"高校企业协同发展模式研究 [J] 科技管理研究，2011（18）：64 – 68.

[204] 杜德斌. 跨国公司在华 R&D——现状、影响及对策 [M]. 北京：科学出版社，2009.

[205] 杜海涛. 跨国公司关闭在华工厂"中国制造"直面成本考验 [EB/OL]. 人民网 http：//acftu. people. com. cn/n/2012/0720/c67502 – 18558300. html，2012 – 12 – 28.

[206] 樊钱涛. 技术守门员与产业集群的外部联系 [J]. 科技进步与对策，2007，24（3）：62 – 64.

[207] 樊瑛. 新新贸易理论及其进展 [J]. 国际经贸探索，2007（12）：4 – 8.

[208] 冯伟，邵军，徐康宁. 市场规模、劳动力成本与外商直接投资：基于我国 1990 ~ 2009 年省级面板数据的研究 [J]. 南开经济研究，2011（6）：3 – 20.

[209] 盖文启. 创新网络——区域经济发展新思维 [M]. 北京：北京大学出版社，2002.

[210] 高雪莲. 上海张江与台湾新竹产业集群创新能力的比较研究——基于钻石模型的案例分析 [J]. 科技进步与对策，2010，27（10：）：48 – 51.

[211] 浩然. 走进世界五大科技园 [J]. 新经济导刊，2012（5）：48 – 52.

[212] 胡新华，张旭梅. 集群内合作网络构建中的政府作用：欧洲经验 [J]. 重庆大学学报（社会科学版），2015，21（1）：91 – 98.

[213] 胡昭玲. 国际垂直专业化分工与贸易：研究综述 [J]. 南开经济研究，2006（5）：12 – 26.

[214] 华泰联合证券. 半导体封装行业研究报告 [R]. 深圳/上海：华泰联合证券，2011.

[215] 黄肖琦，柴敏. 新经济地理学视角下的 FDI 区位选择 [J]. 管理世界，2006（10）：7 – 13.

[216] 黄晓，胡汉辉，于斌斌. 产业集群式转移中新集群网络的建构与演化 [J]. 科学学研究，2015，33（4）：539 – 548.

[217] 纪慰华. 社会文化环境对企业网络构建的影响——以上海大众供货商网络为例 [D]. 华东师范大学博士学位论文，2004.

[218] 江小涓. 中国对外开放进入新阶段：更均衡合理地融入全球经济

[J]. 经济研究, 2006 (3): 4–14.

[219] 杰里米·里夫金. 第三次产业革命 [M]. 北京, 中信出版社, 2012.

[220] 解鸿年. 科技园区与区域发展——以台湾新竹为例 [D]. 同济大学博士学位论文, 2008.

[221] 金钿. 国家安全论 [M]. 北京: 中国友谊出版公司, 2002.

[222] 金芳. 国际分工的深化趋势及其对中国国际分工地位的影响 [J]. 世界经济研究, 2003 (3): 4–9.

[223] 景秀艳, 曾刚. 从对称到非对称: 内生型产业集群权力结构演化及其影响研究 [J]. 经济问题探索, 2006, 26 (10): 41–44.

[224] 景秀艳, 曾刚. 全球与地方的契合: 权力与生产网络的二维治理 [J]. 人文地理, 2007, 22 (3): 22–27.

[225] 景秀艳. 网络权力及其影响下的企业空间行为研究 [D]. 华东师范大学博士学位论文, 2007.

[226] 居占杰. 跨国公司发展的新趋势及其对世界经济的影响 [J]. 社会主义研究, 2004 (6): 107–109.

[227] 孔翔, 曾刚. 全球技术空间体系及我国的对策初探 [J]. 人文地理, 2003, 18 (5): 42–45.

[228] 雷欣, 陈继勇. 技术进步、研发投入与外商直接投资的区位选择 [J]. 世界经济研究, 2012, 8: 62–67.

[229] 李春成, 杨晓敏. 产业集群协同创新模式比较研究 [J]. 科技进步与对策, 2015, 32 (5): 59–63.

[230] 李福柱. 演化经济地理学的理论框架与研究范式: 一个文献综述 [J]. 经济地理, 2011, 31 (12): 1975–1980.

[231] 李健等. 全球生产网络的浮现及其探讨——一个基于全球化的地方发展研究框架 [J]. 上海经济研究, 2011 (9): 20–27.

[232] 李莉. 全球产品内分工背景下贸易利益研究的演进及启示 [J]. 对外经贸实务, 2012 (9): 4–7.

[233] 李平, 许家云. 海归型人力资本、外商直接投资与技术外溢 [J]. 科技与经济, 2011, 24 (2): 95–99.

[234] 李帅帅. 企业集群互动合作与创新机制研究 [D]. 吉林大学, 2010: 21.

[235] 李小建, 李国平, 曾刚等. 经济地理学 [M]. 高等教育出版社, 2006.

生
产
网
络
与
区
域
创
新
论
丛

[236] 李晔，王舜. 台湾新竹科学工业园区的发展模式及启示 [J]. 科学管理研究，2006，24（3）：118-120.

[237] 廖建锋，李子和，夏亮辉. 新竹科学工业园的发展状况和成功要素分析 [J]. 科技管理研究，2004（5）：84-86.

[238] 林兰，曾刚. 企业网络中技术权力现象研究评述 [J]. 人文地理，2010（3）：16-19.

[239] 刘珂. 产业集群升级的机理及路径研究——基于我国产业集群的发展实践 [D]. 天津大学，2006：44.

[240] 刘丽华，徐济超. 国内外实践社区理论研究综述 [J]. 情报杂志，2010，29（10）：64-67.

[241] 刘亮. 基于国际展览会的暂时性集群发展研究 [D]. 华东师范大学，2012.

[242] 刘卫东. 硅谷：一个大学与地区经济协同发展系统——应用协同理论透视硅谷奇迹 [J]. 科技进步与对策，2003（8）：19-21.

[243] 刘志高，崔岳春. 演化经济地理学：21世纪的经济地理学 [J]. 社会科学战线，2008（6）：65-75.

[244] 刘志高，王琛，李二玲，滕堂伟. 中国经济地理研究进展 [J]. 经济地理，2014，69（10）：1449-1458.

[245] 刘志高，尹贻梅. 演化经济地理学：当代西方经济地理学发展的新方向 [J]. 国外社会科学，2006（1）：34-39.

[246] 吕国庆，曾刚，顾娜娜. 经济地理学视角下区域创新网络的研究综述 [J]. 经济地理，2014，34（2）：1-8.

[247] 吕国庆，曾刚，马双，刘刚. 产业集群创新网络的演化分析 [J]. 科学学研究，2014，32（9）：1423-1430.

[248] 马双，曾刚，吕国庆. 集群非正式联系的形成及其对技术创新的影响 [J]. 经济地理，2014，34（10）：104-110.

[249] 梅丽霞，王缉慈. 权力集中化、生产片断化与全球价值链下本土产业的升级 [J]. 人文地理，2009（4）：32-37.

[250] 苗长虹，魏也华，吕拉昌. 新经济地理学 [M]. 北京：科学出版社，2011.

[251] 苗长虹. 全球—地方联结与产业集群的技术学习——以河南许昌发制品产业为例 [J]. 地理学报，2006，61（4）：425-434.

[252] 南旭光. 人才流动、知识溢出和区域发展：一个动态知识连接模

型 [J]. 科技与经济, 2009, 22 (3): 24 - 27.

[253] 赛迪顾问. 全球半导体产业发展演变研究 [J]. 电子工业专用设备, 2010 (9): 60 - 62.

[254] 沙德春, 曾国屏. 超越边界: 硅谷园区开放式发展路径分析 [J]. 科技进步与对策, 2012, 29 (5): 1 - 5.

[255] 上海市经济和信息化委员会等. 2012 年上海集成电路产业发展研究报告 [M]. 上海: 上海教育出版社, 2012.

[256] 上海市经济和信息化委员会等. 2015 年上海集成电路产业发展研究报告 [M]. 上海: 上海教育出版社, 2015.

[257] 邵颖萍. 全球城市价值链中的产业集聚——以台湾新竹科学工业园 IC 产业集群为例 [J]. 中国名城, 2012 (4): 33 - 38.

[258] 沈坤荣, 耿强. 外国直接投资、技术外溢与内生经济增长——中国数据的计量检验与实证分析 [J]. 中国社会科学, 2001 (5): 82 - 93.

[259] 盛垒. 跨国公司在华 R&D 的空间格局及成因 [J]. 经济地理, 2010, 30 (9): 1484 - 1491.

[260] 宋梦华, 尹贻林. 中国游艇产业集群形成的驱动要素分析研究 [J]. 经济问题探索, 2015 (5): 60 - 66.

[261] 苏友珊. 台湾产业集群之源起与演进——新竹科学园区、中部科学园区、南部科学园区之发展经验 [J]. 科学学研究, 2014, 32 (1): 14 - 23.

[262] 孙国强, 张宝建, 徐俪凤. 网络权力理论研究前沿综述及展望 [J]. 外国经济与管理, 2014, 36 (12): 47 - 55.

[263] 汤继强. 世界科技园的成功密码 (上) [J]. 中国高新区, 2008 (11): 106 - 109.

[264] 汤继强. 世界科技园的成功密码 (下) [J]. 中国高新区, 2008 (12): 104 - 107.

[265] 滕堂伟, 曾刚等. 集群创新与高新区转型 [M]. 北京: 科学出版社, 2009.

[266] 田江艳, 王承云. 中日汽车产业发展模式的比较 [J]. 世界地理研究, 2010, 19 (1): 94 - 101.

[267] 童昕, 王缉慈. 硅谷—新竹—东莞: 透视信息技术产业的全球生产网络 [J]. 科技导报, 1999 (9): 14 - 16.

[268] 汪怿等. 未来 30 年上海全球城市的人才资源开发与人才流动研究 [R]. 上海社科院, 2015 (6).

[269] 王德禄, 赵慕兰, 张浩. 硅谷、中关村人脉网络 [M]. 北京: 清华大学出版社, 2012.

[270] 王缉慈, 谭文柱, 林涛, 梅丽霞. 产业集群概念理解的若干误区评析 [J]. 地域研究与开发, 2006, 25 (2): 1-6.

[271] 王缉慈. 产业集群和工业园区发展中的企业邻近与集聚辨析 [J]. 中国软科学, 2005 (12): 91-98.

[272] 王缉慈. 关于中国产业集群研究的若干概念辨析 [J]. 地理学报, 2004, 59 (S1): 47-52.

[273] 王缉慈. 中国产业集群研究中的概念性问题 [J]. 世界地理研究, 2007, 16 (4): 89-97.

[274] 王缉慈等. 超越集群——中国产业集群的理论探索 [M]. 北京: 科学出版社, 2010.

[275] 王缉慈等. 创新的空间——企业集群与区域发展 [M]. 北京: 科学出版社, 2001.

[276] 王立军. 我国台湾地区新竹 IC 产业集群的成长环境研究 [J]. 高科技与产业化, 2004 (10): 43-48.

[277] 王秋玉, 吕国庆, 曾刚. 内生型产业集群创新网络的空间尺度分析 [J]. 经济地理, 2015, 35 (6): 102-108.

[278] 王伟, 章胜晖. 韩国大德研究开发特区的投融资环境与模式研究 [J]. 科技管理研究, 2011 (12): 56-59.

[279] 王振, 朱荣林. 台湾新竹科学工业园创新网络剖析 [J]. 世界经济研究, 2003 (6): 34-39.

[280] 魏浩, 王宸, 毛日昇. 国际间人才流动及其影响因素的实证分析 [J]. 管理世界, 2012 (1): 33-45.

[281] 魏江, 徐蕾. 知识网络双重嵌入、知识整合与集群企业创新能力 [J]. 管理科学学报, 2014, 17 (2): 34-47.

[282] 魏江, 叶波. 产业集群技术能力增长机理研究, 科学管理研究, 2003 (1): 52-56.

[283] 魏江. 产业集群: 系统创新与技术学习 [M]. 北京: 科学出版社, 2003.

[284] 文嫮, 曾刚. 从地方到全球: 全球价值链框架下集群的升级研究 [J]. 人文地理, 2005, 84 (4): 21-25.

[285] 文嫮, 曾刚. 嵌入全球价值链的地方产业集群发展——地方建筑

陶瓷产业集群研究 [J]. 中国工业经济，2004（6）：36 – 42.

[286] 文嫮. 基于全球性互动的地方产业网络发展研究 [J]. 当地经济管理，2006，28（4）：77 – 28.

[287] 文嫮. 嵌入全球价值链的中国地方产业网络升级机制的理论与实践研究 [D]. 华东师范大学博士学位论文，2005.

[288] 文嫮. 全球化背景下人才跨国环流与地方产业发展研究 [J]. 科技进步与对策，2008（6）：172 – 175.

[289] 吴勇志. 企业网络理论的四大流派综述 [J]. 技术经济与管理研究，2010（2）：106 – 108.

[290] 项后军，裘斌斌，周宇. 核心企业视角下不同集群演化过程的比较研究 [J]. 科学学研究，2015，33（2）：225 – 233.

[291] 谢永平，韦联达，邵理辰. 核心企业网络权力对创新网络成员行为影响 [J]. 工业工程与管理，2014，19（3）：72 – 78.

[292] 新竹科学工业园区管理局. 2011新竹科学工业园区年报 [R]. 台湾新竹：新竹科学工业园区管理局，2012.

[293] 新竹科学工业园区管理局. 2012新竹科学工业园区年报 [R]. 台湾新竹：新竹科学工业园区管理局，2013.

[294] 新竹科学工业园区管理局. 2013新竹科学工业园区年报 [R]. 台湾新竹：新竹科学工业园区管理局，2014.

[295] 新竹科学工业园区管理局. 新竹科学工业园区三十周年纪念专刊 [R]. 台湾新竹：新竹科学工业园区管理局，2011.

[296] 新竹科学工业园区管理局. 新竹科学工业园区二十周年纪念专刊 [R]. 台湾新竹：新竹科学工业园区管理局，2001.

[297] 徐康宁，陈健. 跨国公司价值链的区位选择及其决定因素 [J]. 经济研究，2008（3）：138 – 149.

[298] 亚当·斯密. 国民财富的性质和原因的研究 [M]. 北京：商务印书馆，1979.

[299] 杨慧，殷为华. 钻石模型分析视角下山西杏花村酒业集群转型对策研究 [J]. 世界地理研究，2015，24（2）：138 – 147.

[300] 杨中华，涂静，庄芳丽. 基于核心企业的产业集群外部知识获取研究 [J]. 情报杂志，2009，28（5）：126 – 129.

[301] 叶笛，林峰. 产业集群网络内核心企业转型与集群成员关系重构 [J]. 现代财经，2015（5）：73 – 79.

［302］叶娇. 文化差异对跨国技术联盟知识转移机制的影响——基于知识转移过程的分析［D］. 大连理工大学博士学位论文，2011.

［303］于海云，赵增耀，李晓钟，王雷. 基于企业衍生的 FDI 知识转移影响因素研究［J］. 科研管理，2015，36（3）：13-20.

［304］苑涛. 西方产业内贸易理论述评［J］. 经济评论，2003（1）：91-94.

［305］张辉. 全球价值链理论与我国产业发展研究［J］. 中国工业经济，2004（5）：38-46.

［306］张江集团. 2009 年度张江高科技园区产业发展报告［R］. 上海：张江集团，2010.

［307］张江集团. 2010 年度张江高科技园区产业发展报告［R］. 上海：张江集团，2011.

［308］张江集团. 2011 年度张江高科技园区产业发展报告［R］. 上海：张江集团，2012.

［309］张江集团. 2012 年度张江高科技园区产业发展报告［R］. 上海：张江集团，2013.

［310］张江集团. 2014 年度张江高科技园区综合发展报告［R］. 上海：张江集团，2015.

［311］张江集团. 2014 年张江核心园发展情况［R］. 上海：张江集团，2015.

［312］张瑾. 国际人才培养与人才流动的特点［J］. 现代教育管理，2012（2）：115-119.

［313］张珺. 从全球生产网络看世界经济发展的失衡及中国的选择［J］. 开发研究，2008，（4）：28-32.

［314］张珺. 技术社区在中国台湾高新技术产业发展中的作用［J］. 当代亚太，2007（4）：32-37.

［315］张巍，党兴华. 企业网络权力与网络能力关联性研究——基于技术创新网络的分析［J］. 科学学研究，2011，29（7）：1094-1101.

［316］张学全，董倩. 攀登手机核心芯片技术科研高峰［EB/OL］新华网 http：//www. sh. xinhuanet. com/zhuanti2009/2009-08/26/content_17511852. htm，2012-12-28.

［317］张玉杰. 技术转移理论、方法、战略［M］. 北京：企业管理出版社，2003.

［318］张云逸，曾刚. 技术权力影响下的产业集群演化研究—以上海汽

车产业集群为例 [J]. 人文地理，2010（2）：120 – 124.

[319] 张云逸. 基于技术权力的地方企业网络演化研究 [D]. 华东师范大学博士学位论文，2009.

[320] 长城企业战略研究所. 中关村与世界一流园区基准和目标比较研究 [R]. 长城课题组研究报告，2006.

[321] 长三角联合研究中心. 长三角年鉴2012年 [M]. 南京：河海大学出版社，2012.

[322] 曾刚，林兰. 技术扩散与高新技术企业技术区位研究 [M]. 北京：科学出版社，2008.

[323] 曾刚，文嫄. 上海浦东信息产业集群的建设 [J]. 地理学报，2004（S1）：59 – 66.

[324] 曾刚，袁莉莉. 长江三角洲技术扩散规律及其对策初探 [J]. 人文地理，1999（1）：1 – 5.

[325] 曾刚. 技术扩散与产业升级 [R]. 长春：中国地理学会（长春）年会，2008.

[326] 曾刚. 技术扩散与区域经济发展 [J]. 地域研究与开发，2002（9）：38 – 41.

[327] 曾菊新. 现代城乡网络化发展模式 [M]. 北京：科学出版社，2001.

[328] 赵建吉，曾刚. 技术社区视角下新竹IC产业的发展及对张江的启示 [J]. 经济地理，2010，30（3）：438 – 442.

[329] 郑准，王炳富，王国顺. 知识守门者与我国开放式产业集群的构建 [J]. 科学学与科学技术管理，2014，35（4）：129 – 135.

[330] 郑准，文连阳，庞俊亭. 我国产业集群双重锁定的形成机理与突破策略 [J]. 经济地理，2014，34（11）：101 – 106.

[331] 中国电子信息产业发展研究院，赛迪顾问股份有限公司. 中国集成电路产业地图白皮书2011 [R]. 北京：赛迪顾问股份有限公司，2011.

[332] 周春山，李福映，张国俊. 基于全球价值链视角的传统制造业升级研究 [J]. 地域研究与开发，2014，33（1）：28 – 33.

[333] 朱华友，王缉慈. 中国沿海外贸加工集群的去地方化问题 [J]. 经济地理，2014，34（9）：80 – 85.